❶ 日常生活领域

按的工作

擦镜子

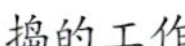
捣的工作

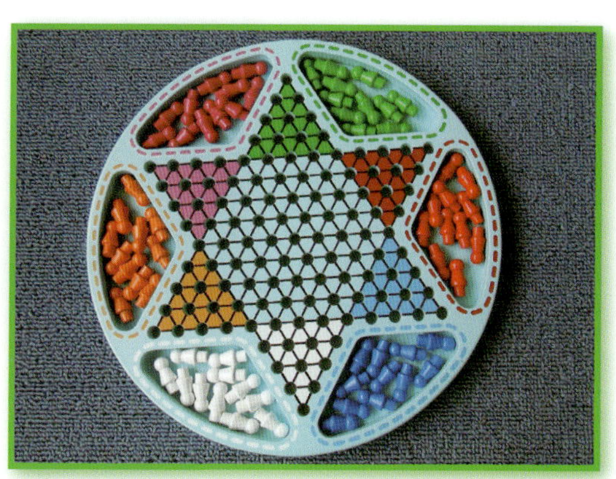

分类

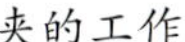
夹的工作

迷宫游戏

三指捏木桩

筛的工作

系鞋带

2 感官领域

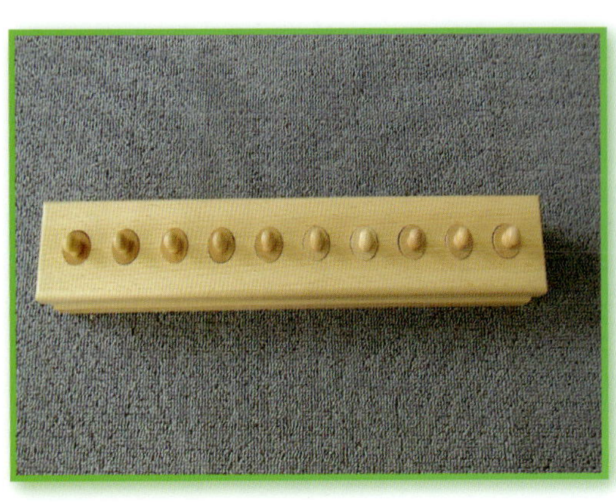

插座圆柱体

棕色梯

红棒

彩色圆柱体

彩色圆柱体创意建构 1

彩色圆柱体创意建构 2

智慧塔

色板第一盒

色板第二盒

色板第三盒

几何图形橱

几何图形示范屉

三角形盒

小六边形盒

二倍体

二项式

触觉板

重量板

温觉板

听筒

味觉瓶

投影板

③ 数学领域

数棒

数字与筹码

彩色串珠

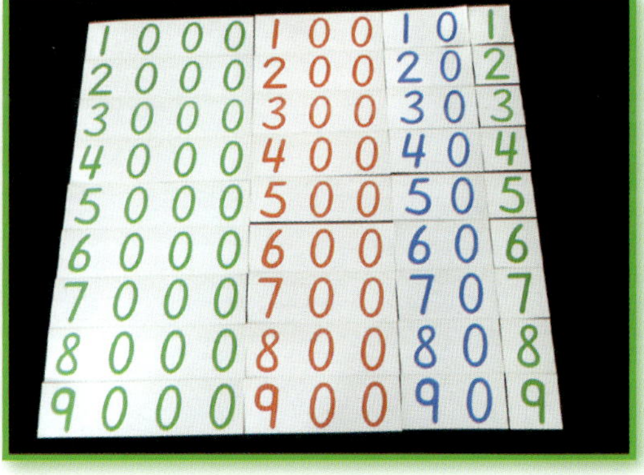

数卡 9 的排列

银行游戏情境创设

邮票游戏

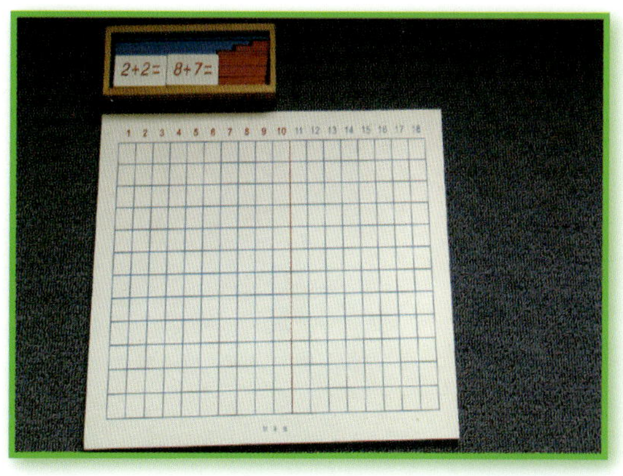

加法板

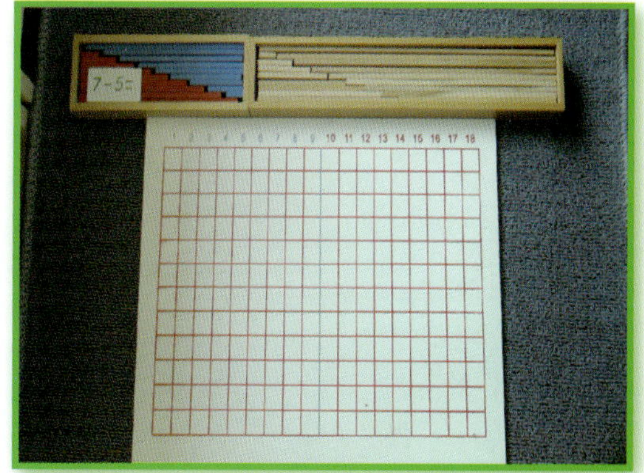

减法板

加法蛇

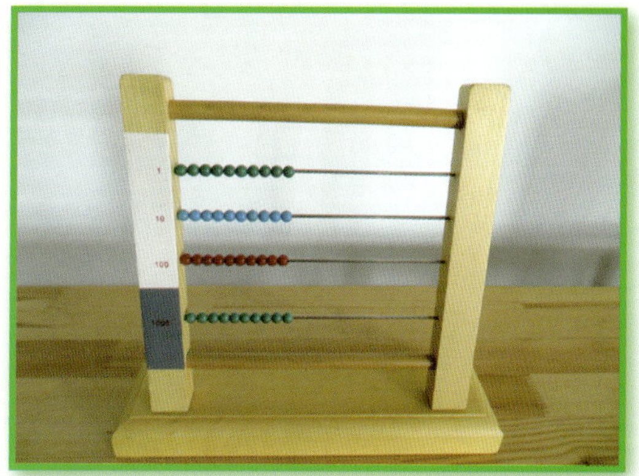

大计算架

4 语言领域

铁质嵌板

砂纸笔画板

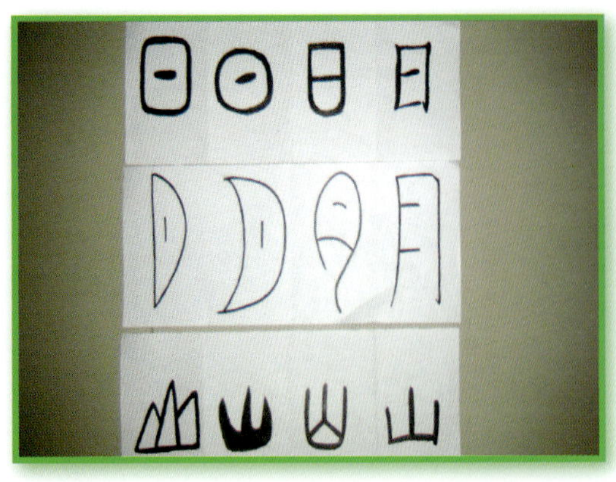

文字的演变卡

词语接龙卡

5 科学文化领域

蝴蝶的一生三步卡

蝴蝶嵌板

活动时钟

树的小书

学 前 教 育 专 业 （ 新 标 准 ） 系 列 教 材

依据《幼儿园教师专业标准（试行）》《中小学和幼儿园教师资格考试标准（试行）》编写

蒙台梭利婴幼儿教育实操教程

主　编／李桂云　李升伟

副主编／高　瑜　张晓艳　陈国钰　黄　星　魏中杰

zjfs.bnup.com | www.bnupg.com

图书在版编目(CIP)数据

蒙台梭利婴幼儿教育实操教程 / 李桂云，李升伟主编. —北京：北京师范大学出版社，2017.5(2020.1 重印)

ISBN 978-7-303-22364-0

Ⅰ.①蒙… Ⅱ.①李… ②李… Ⅲ.①学前教育—教育理论—中等专业学校—教材 Ⅳ.①G610

中国版本图书馆 CIP 数据核字(2017)第 092271 号

营销中心电话 010-58802755 58800035
北师大出版社职业教育分社网 http://zjfs.bnup.com
电子信箱 zhijiao@bnupg.com

出版发行：北京师范大学出版社 www.bnup.com
北京市西城区新街口外大街 12-3 号
邮政编码：100088

印　　刷：北京溢漾印刷有限公司
经　　销：全国新华书店
开　　本：787 mm×1092 mm 1/16
印　　张：19.25
字　　数：420 千字
版　　次：2017 年 5 月第 1 版
印　　次：2020 年 1 月第 7 次印刷
定　　价：45.00 元

策划编辑：于晓晴　　责任编辑：于晓晴
美术编辑：焦　丽　　装帧设计：焦　丽
责任校对：陈　民　　责任印制：陈　涛
封面插图：蒋雨泽

前　言

近年来，随着国家着力部署加快发展现代职业教育一系列政策的出台，特别是指明了“引导一批普通本科高校向应用技术型高校转型”的方向，普通本科高校在人才培养模式变革和课程与教学改革中面临着如何正确处理好知识的学科完整性与实践应用性、课堂理论教学与生产应用实践、个人学术化发展与“双师素质型”教师队伍建设等关系的挑战。而高职院校在我国职业教育发展中，其人才培养模式和课程改革已迈入以现代学徒制本土化实践为引领的人才培养和超越能力本位课程改革的新阶段。

本教材立足普通师范本科和中高职院校学前教育专业在人才培养和课程改革中面临的现实困境，以当前我国职业教育工学结合一体化课程理念为引领。编写者队伍包括课程专家、高职学前教育专业带头人、骨干教师、托幼机构中从事蒙台梭利教育的行业专家等，注重专业学者、教学组织者与教育实践者相结合。教材采用项目教学法、角色扮演教学法、模拟教学法等具有行动导向教学特征的基本教学方法，突出强调师生在真实的工作环境中动手操作、动手学习，实现工作内容和学习内容、工作过程和学习过程、工作环境和学习环境等的一体化，在做中教、做中学，共建师生学习与发展共同体。

当前托幼机构在大力开展蒙台梭利教育方法特色课程实践中出现了诸多问题，如，以蒙台梭利教育为特色进行高收费——这与蒙台梭利探索教学模式的初衷——救助弱势群体背道而驰，易造成幼儿教育功利化；再如，将蒙台梭利教育简单化，认为教室里摆放有可作为操作材料的蒙台梭利教具就是蒙氏教育——蒙台梭利教具是体系化的，具有尊重幼儿身心发展特点的内在规律，不是简单摆弄就能显现这一功能的，这容易造成幼儿教育的形式化；还有，将蒙台梭利教育机械化、生搬硬套，认为教具是教育的中心，教师只要按部就班的展示和操作教具，让幼儿模仿练习就行了——蒙台梭利认为“我只不过是对儿童进行观察研究，是接受儿童给予我的，并把它表现出来而已”，蒙台梭利强调儿童是主体，对他们进行引导并对他们的行为、语言等予以及时、灵活的应答才是教育的关键。

本教材编写者针对以上问题，在把握和沿承蒙台梭利教育思想精髓的前提下，结合现代幼儿教育的发展需求，尤其在《幼儿园教育指导纲要(试行)》和《3—6 岁儿童学习与发展指南》的指引下，致力于探索蒙台梭利教育的本土化实践，详尽介绍了 0～6 岁婴幼儿蒙台梭利教育的实践，旨在使学生理解蒙台梭利教育思想，把握蒙台梭利教育根本，准确、灵活开展教育实践，具备蒙台梭利教育精神品质。同时，本教材顺应教育现代化的要求，理念篇配有微课，实操篇配有操作微视频，为教学模式改革提供有力支持，促进学生自主学习，激发学生学习的内在动力，提高职业认同感。

本书由河北对外经贸职业学院(原河北外国语职业学院)李桂云、李升伟担任主编，负责全书框架拟定和统稿工作，具体编写分工如下：李桂云编写项目七、项目八，李升伟编写项目一至五及项目十二，李升伟、赤峰学院魏中杰编写项目六、项目九，孙秀云、天津师范大学学前教育学院陈国钰编写项目十，红黄蓝早教中心宋荣荣、赤峰学院张晓艳编写项目十一，刘月民、吴泓波、张悦、邢春梅参与了文字编辑工作。同时，向本书中引用的资料作者表示诚挚的感谢。

本书既可作为各类院校学前教育专业蒙台梭利教育方法课程的教材，也可供蒙台梭利教育机构、各类托幼机构中教师及其他社会学习者日常学习和参考。

由于蒙台梭利教育方法内容极其丰富且在本土化探索进程中不断涌现出新成果，本书难免存在疏漏，希望相关专家、学者、同人给予批评指正，以便教材不断改进、完善。

编　者

2017 年元旦于北戴河

目　录

第一部分　理念篇　/ 1

项目一　蒙台梭利及其教育理论　/ 3

任务一　蒙台梭利的生平及其教育活动　/ 4

任务二　蒙台梭利的教育理论　/ 8

项目二　蒙台梭利的教师观和教师守则　/ 21

任务一　蒙台梭利的教师观　/ 22

任务二　蒙台梭利的教师守则　/ 25

项目三　蒙台梭利教具的特点及操作守则　/ 31

任务一　蒙台梭利教具的特点　/ 32

任务二　蒙台梭利教具的操作守则　/ 36

项目四　蒙台梭利教育环境创设　/ 39

任务一　蒙台梭利教育环境创设的目标与内容　/ 40

任务二　蒙台梭利室内外教育环境创设　/ 44

项目五　蒙台梭利教学活动流程　/ 50

任务一　蒙台梭利教学活动　/ 51

任务二　蒙台梭利教学活动流程　/ 54

第二部分　实操篇　/ 63

项目六　蒙台梭利日常生活教育　/ 65

任务一　蒙台梭利日常生活教育概述　/ 66

任务二　蒙台梭利日常生活领域教具操作活动　/68
项目七　蒙台梭利感官教育　/99
任务一　蒙台梭利感官教育概述　/100
任务二　蒙台梭利感官领域教具操作活动　/105
项目八　蒙台梭利数学教育　/162
任务一　蒙台梭利数学教育概述　/163
任务二　蒙台梭利数学领域教具操作活动　/167
项目九　蒙台梭利语言教育　/219
任务一　蒙台梭利语言教育概述　/220
任务二　蒙台梭利语言领域教具操作活动　/222
项目十　蒙台梭利科学文化教育　/240
任务一　蒙台梭利科学文化教育概述　/241
任务二　蒙台梭利科学文化领域教具操作活动　/246
项目十一　0～3 岁蒙台梭利早期教育　/261
任务一　0～3 岁蒙台梭利早期教育概述　/262
任务二　0～3 岁蒙台梭利早期教育活动的设计、组织与实施　/266
项目十二　蒙台梭利主题教育活动　/286
任务一　蒙台梭利主题教育活动概述　/287
任务二　蒙台梭利主题教育活动的设计、组织与实施　/289
视频索引　/296
参考文献　/298

第一部分　理念篇

项目一 蒙台梭利及其教育理论

学习目标

1. 了解蒙台梭利的生平及其教育活动的缘起和发展。
2. 识记蒙台梭利的基本教育理念。
3. 理解并能用蒙台梭利儿童观指导实践。

内容图解

任务一 蒙台梭利的生平及其教育活动

- 一、蒙台梭利的童年时期
- 二、蒙台梭利的青年求学时期
- 三、蒙台梭利的青年工作时期
- 四、蒙台梭利的老年时期

任务二 蒙台梭利的教育理论

- 一、蒙台梭利的基本教育理念
- 二、蒙台梭利的儿童观
- 三、蒙台梭利教育法的施行步骤

项目导言

有一次，刚与父母度假回来的蒙台梭利吵着肚子饿，想吃东西，可是她父亲却说："亲爱的，你必须先等一下。"然而蒙台梭利却不愿意等，于是母亲打开橱柜，拿出一个月前剩下的一小片面包，说："如果你不愿意等，就吃这个吧。"由此可见，蒙台梭利是在一个具有爱与纪律的环境中长大的。

任务一　蒙台梭利的生平及其教育活动

玛丽亚·蒙台梭利是意大利著名的儿童教育家。她毕生致力于研究儿童教育实践，创办了举世闻名的"儿童之家"，探索出了一整套科学的育儿方法，出版了多部幼儿教育理论著作，极大地推动了现代学前教育的改革和发展，被称为"幼儿园的改革家"。①

一、蒙台梭利的童年时期

1870 年 8 月 30 日，玛丽亚·蒙台梭利生于意大利的安科纳省。她虽是一名独生女，思想保守的军人父亲与出身良好家庭的母亲却不曾溺爱过她，使她从小就能够关怀别人，养成择善执着的个性。

蒙台梭利 5 岁那年，因为父亲职务上的关系，全家迁往罗马。在那里，蒙台梭利开始了她多彩多姿的求学历程。

二、蒙台梭利的青年求学时期

蒙台梭利 13 岁时进入工科学校工科组就读(当时极少有女孩子进入工科组)，在这里她对数学产生了极大的兴趣，这也是日后她认为发展"数学心智"是"培养抽象思考能力最好途径"的思想来源。

20 岁时蒙台梭利自达文奇工科大学毕业，在学期间主要修习自然科学及现代语言，这为她后来发展语文及自然科学教学方法，植下了良好的学识根基。

此后，她拒绝了父母要她当教师的期望，决心研读她热爱的科目——生物学，并执意进入医学院就读。然而，当时的社会非常保守，不曾有女子就读医学院的先例，蒙台梭利几经奋斗终在 22 岁进入了医学院，也因此更加忤逆了父亲，她的经济来源被切断了。靠奖学金及家教的经济收入，她度过了那段学医的艰辛路程，并由此奠定了她生物学的深厚学养，帮助她了解了人类成长的法则与规律。在被同学歧视、社会不谅解的情况下，

---

① 本书中提及的"蒙氏"皆为蒙台梭利的简称，如编写者有时会将蒙台梭利教育简称为"蒙氏教育"。

她承受了巨大的压力。毕业那年她 26 岁，以第一名的成绩创下了罗马大学医学院成绩的最高纪录，获罗马大学医学博士学位，成为意大利的第一位女医学博士。

三、蒙台梭利的青年工作时期

(一)在与特殊儿童接触中开始了儿童教育探索

蒙台梭利虽以她的才华和斗志，突破了种种常人难以克服的束缚，26 岁就以最优异的成绩，成为了意大利历史上第一位女医学博士，名震全国，但这仍然无法改变当时社会对女性的成见，她只能在罗马大学精神病诊所担任助理医师。借此机会，她接触到了智障儿童(在当时智障者和精神病患者同被关在精神病院)，并从一开始便帮助他们解决生活困难，转而研究智障儿童的治疗及教育问题。在精神病诊所工作的两年中，她察觉到："儿童除了食物之外，还会在屋子里面到处乱抓、乱摸，找寻可让两手操作的东西，以练习他们的抓握能力。"这种认识奠定了她"发展智力需要通过双手操作"的基本教育理念。并且由这两年的体验，她改变了对低能儿童教育的看法："要克服智能不足，主要还得靠教育的手段，不能只用医药去治疗。"一改传统专以药物治疗低能儿的偏执做法。

1898 年，意大利政府委任蒙台梭利在罗马建立了一所收容低智能儿童的国立特殊儿童学校。在这里蒙台梭利把自己根据塞根的特殊教育思想和伊塔的实验所研究出的方法，实际地应用到这些可怜的孩子身上；同时也为她学校的同事和罗马的教师们，预备了一套适于低能儿童的"特殊观察法"(以此来了解每个孩子的需要)和教育法(帮助孩子智能的进步)。

不仅如此，她更针对这些孩子们的问题，用心研制了各式各样的教育工具，帮助他们"手脑并用"增进智能。每天从上午八点到下午七点她亲自和儿童相处，观察他们，了解他们，并做笔记分析和比较，不断研究出更好的教育方法。在这未来的两年中，孩子们学会了许多她认为不可能的事，他们不但会读会写，而且通过了当时罗马地区为正常儿童举行的公共考试。

(二)总结特殊儿童教育经验，开始研究正常儿童教育

对特殊儿童教育的惊人成就引发了蒙台梭利的反思，她觉得既然教育上的努力对人类智慧具有改变的可能(当时的学者都认为智力取决于遗传因子)；而且，由正常儿童在公共考试所表现的成绩并不比智障儿童优异的结果来看，绝大多数正常儿童的智力发展，不是被抑制或被不正当的教法所贻误，就是开始得太晚，或者两者兼而有之。这是不能忽略的大事，她认为这是人们应该去寻找答案、要努力解决才能安心的大问题。因为，在她看来，人类未来的幸福、世界和平的希望，是寄托在大多数正常儿童身上的，于是她毅然地接受了新的挑战。

她相信，既然对低能儿使用的方法能使较低的心智获得成长，它背后的"教育原理"

必定也能更广泛地运用在正常儿童身上，较高的心智将能达到更高的境界。

为了证明这种方法应用于正常儿童的可能性，她决心重新研究“正常教育学”。她从驰誉全欧的校长高位上离开，回到罗马大学重新注册作学生，主攻生物科学、实验心理学、教育学、教育人类学等学科，以便彻底探索人类成长的自然法则，找出科学的教育理论和方法。经过沉潜苦研的七年时间，她逐渐摸索出了人类生命发展的规律，初步形成了她的教育思想和理论。所缺乏的就是验证的机会了。

(三)创立“儿童之家”，儿童教育思想在实践中逐渐成熟

1906 年，因为一个偶然的机会，在罗马优良建筑公会的支持下，蒙台梭利获得了研究和验证提升世界正常儿童智力的机会：1907 年 1 月 6 日，第一所“儿童之家”在犯罪率极高且代代恶性循环的罗马圣罗伦佐贫民区正式成立，3 个月后第二所蒙台梭利“儿童之家”成立。

“儿童之家”能给孩子提供有发展机会的“环境”，它是“公寓中的学校”，不仅具有家的内涵，“如成员的彼此关爱、辅助，环境中的一切设备也都符合儿童的需要”，更是幼儿受教育的场所。“家”里的大人们必须经常致力于“学校”环境的改造，使它们适合儿童各方面的发展。

蒙台梭利在这里为这些行为不良但心智良好的儿童，用心研制了能够促进其心智发展的种种教具，来提升人类的智慧，发掘无穷的潜能；也在这里的观察中体会出教师应该扮演的角色，创立了举世闻名的蒙台梭利教学法。

在“儿童之家”里，蒙台梭利应用在那 60 名 3～5 岁儿童身上的方法，得到了惊人的成果，那些走进“儿童之家”时品行不端的孩子，离开时却个个行为得体，礼貌友善；加上欧洲各报刊、书籍对“儿童之家”生动的报道与描绘，使来自各国的参观者络绎不绝，交口称赞。随着不断的研究和实践，蒙台梭利对于自己的教育理念有了更加理性的认识，也使得这一教育法变得更加系统化和合理化。1909 年，《运用于“儿童之家”的幼儿教育的科学教育方法》一书在意大利出版，标志着蒙台梭利教育(法)正式形成。

(四)蒙台梭利教育思想的传播与推广

1. 蒙台梭利教育在美国

1912 年蒙台梭利教育被引入美国，其发展经历了“兴—衰—兴”的历程。1912 年英译本《蒙台梭利方法》刊印出版，美国很多教育人士远赴意大利罗马参观“儿童之家”并参与了很多蒙台梭利国际教师讲习班。此后，蒙台梭利教育在美国激起很大的波澜。1913 年底，蒙台梭利应邀访问美国，受到热烈欢迎，美国教育家杜威出席仪式并致词，麦克卢尔称蒙台梭利是“历史上最伟大的女教育家”。蒙台梭利本人多次受邀赴美访问讲学，这在很大程度上推动了蒙台梭利教育在美国幼儿教育领域的传播与发展。然而，由于诸多原因，包括著名人物克伯屈的尖锐批评，导致从 1912 年到 1917 年，仅仅五六年时间，美

国的蒙台梭利教育推广就由高涨变为低落。20 世纪六七十年代，美国幼儿教育领域的蒙台梭利教育法开始了再次复兴，1960 年“美国蒙台梭利学会”成立。

2. 蒙台梭利教育在英国

在英国，蒙台梭利教育一直长盛不衰。自 1912 年《蒙台梭利方法》英文本问世后，英国的一些幼儿学校就开始采用蒙台梭利教育的方法。英国一些地区陆续的开办了蒙台梭利式的“儿童之家”以及蒙台梭利师资训练班。如今，蒙台梭利学校遍及全英。据统计全国范围内共有 118 所登记的蒙台梭利学校，这其中，伦敦最为集中有 31 所之多①。在英国，蒙台梭利教育一般提供的是学前阶段的教育，接收 2～5 岁的儿童入学。

3. 蒙台梭利教育在中国

自 20 世纪 50 年代，蒙台梭利教育开始在台湾地区兴起。蒙台梭利教育著作被翻译出版，相关学者也开始了对蒙台梭利理论和方法的研究。进入 80 年代，有关于蒙台梭利教育的推广与实践获得一定的发展，这其中蒙台梭利启蒙研究基金会对这一发展起到了极大的推动作用，该基金会还创办了一份大众化发展的刊物——《蒙台梭利》，这是中国范围内首份关于蒙台梭利教育理论和方法的刊物。

(1)兴起阶段

20 世纪初至 30 年代，蒙台梭利教育传入中国，由于不符合中国国情，最终遭到了遗弃。中国接受蒙台梭利教学理念始于 20 世纪初。1913 年《教育杂志》刊登了《蒙台梭利女士之新教育法》，1914 年 10 月出版了《蒙台梭利教育法》一书。这些中译本的出现初步向人们介绍了蒙台梭利教育法原理。蒙台梭利教育理念与当时国内幼教理念有极大的不同。以对儿童的尊重、精准的教具、优雅的老师、有准备的环境为代表的新颖的蒙台梭利教育一经传入就征服了大批中国教育者。我国幼儿教育家陈鹤琴先生曾高度评价蒙台梭利，认为她揭开了幼稚教育新篇章，使幼稚教育耳目一新。

(2)沉寂阶段

20 世纪 40—70 年代蒙台梭利教育在中国沉寂，并受到批判。在新中国成立前，中国人民一直饱受战乱之苦。在此背景下，人的生存权尚且受到威胁，便无法谈及受教育权。虽然当时的教育部门颁布了《幼稚园规程》，后又修正改为《幼稚园设置办法》，但因战乱，文件成了一纸空文。同时，幼稚园的数量也在急剧下降。即使在解放区，保育院和幼稚园的课程设置也不够全面细致。蒙台梭利教育从此被人遗忘，在中国沉寂下来。

(3)复兴阶段

20 世纪 80 年代至今，蒙台梭利教育重新受到关注，中国兴起蒙台梭利教育热。20 世纪 80 年代，在改革开放的大潮中，国外一些先进的心理学、教育学理念传入国内并在实践中被逐渐接受。人们用全新开放的态度对待外来的教育经验。1985 年北京师范大学出版社出版了由卢乐山教授编著的《蒙台梭利的幼儿教育》一书。1990 年和 1993 年人民教育

---

① 张莅颖．蒙台梭利教育思想与实践[M]．石家庄：河北教育出版社，2006.

出版社出版翻译了蒙台梭利的四本专著，即《童年的秘密》《吸收性的心智》《蒙台梭利教育法》和《儿童自发性活动》。随着宣传的深入，人们中止了对蒙台梭利的批判代之以对蒙台梭利教育的客观介绍，开始了对它的研究。

四、蒙台梭利的老年时期

蒙台梭利在晚年时不顾身体的衰弱，不停地工作，于 1952 年 5 月 6 日逝世于荷兰努特维克，享年 82 岁。她生前曾经获得许多荣誉和奖励，反映了世界各国人民对她的热爱与尊敬。例如，法国授予她“荣誉社团会员勋章”；她的故乡安科纳和米兰等地授予她“荣誉公民”的称号；荷兰阿姆斯特丹大学授予她“荣誉哲学博士”学位；苏格兰教育研究院授予她“荣誉院士”职位。1949 年到 1951 年她连续 3 年获得“诺贝尔和平奖”候选人的资格。她不仅是著名的科学家，更是伟大的教育家，为了儿童，为了人类精神的复兴及人性的发展，奉献了她所有的智慧与全部生命。

任务二　蒙台梭利的教育理论

一、蒙台梭利的基本教育理念

蒙台梭利终其一生，并没有将“蒙台梭利法”作过系统的整理和归纳，就算说明，也只限于一些原则性的阐述。这主要源于她尊重儿童，尊重生命，知道儿童内心蕴蓄的宝藏，像海水一样深；对生命本体的研究，是无穷无尽的，绝难有定论。所以她自己曾谦虚地说：“我只不过是对儿童加以研究，只不过是接受儿童给予我的，并把它表现出来而已。”她的孙子小玛利奥·蒙台梭利也说：“她并没一个理论体系……”后来，国内外研究蒙台梭利的学者将其教育理念整理归纳为六个方面：环境适应论、独立成长论、生命自然发展论、吸收性心智论、工作人性论和奖惩无用论。

(一)环境适应论

蒙台梭利曾将“环境”类比于人的头部，以此强调环境对儿童发展的重要性，因为人类的一切成长都与头部有关，头部是发号施令者，控制着生理与心理上的发展成熟度；而环境对于人类而言，也像头部一样，是决定一个人的智慧的最大关键。在教育上，后天良好环境的影响能够弥补个人先天的不足，环境能诱发内在的潜能，把人性导向正常化发展。

1. 个人在适应环境的过程中发展各种体能与智能

适应环境是万物生长的一种本能。人一生下来，就有适应环境的本能。这种本能帮助他生存，甚至驱使他去发展未来生存必备的生理或心理机能。可以说，人类的各种智能与体能都是为了适应环境而增长的。

智能和体能的成长，除了遵循年龄阶段发展规律外，个体与环境相适应的优劣，亦是决定智能和体能成长快速或者缓慢的主要原因之一。个人的成长如果不能与环境相适应，人的各种基本机能便无从发展，严重的甚至难以生存。如狼童的例子，他们不但失掉了人的本性，由于年龄已大，即使将他们带回“人”的世界，也已经无法适应人类的生活方式，生命因而非常短暂。

2. 环境的质量决定成长的优劣

假如能提供儿童一个学习刺激非常丰富的环境，且儿童在这个环境中能勤勉、多方地去适应，那么其智能与体能的成长速度和品质就会很好。如“孟母三迁”中孟子住在葬仪社旁时，天天学着他们哭哭啼啼，孟母带其迁到学校旁边后，孟子便走上学者之途。

蒙台梭利将环境列为教育的第一要素，她遵循儿童成长的法则，设计出了适应儿童个体差异并能激发儿童成长的各类教具，使其能在环境中学会适应进而了解如何利用环境。

（二）独立成长论

蒙台梭利十分重视培养幼儿的独立性与自主性。她指出：教育要引导儿童沿着独立的道路前进，“任何教育活动，如果对幼儿教育有效，那么就必须帮助儿童在独立的道路上前进。”“谁若不能独立，谁就谈不上自由。因此，必须引导儿童自由、主动地表现，使儿童可能通过这种活动走向独立。”即独立是成长的必要条件也是成长的首要目标。

1. 独立成长的含义

独立成长即是引导儿童走向独立的道路，即随个体的生命发展，在适应环境中生理、心理功能逐渐成熟，以致实现独立、自由成长。

所以蒙台梭利教育是“不教而教”的教育，她反对以教师为中心的“填鸭式”教学，主张由日常生活训练着手，配合准备好的学习环境、丰富的教具，让儿童自发地主动学习，自己建构完善的人格，帮助其实现独立成长。

2. 帮助儿童独立成长的方法

蒙台梭利分析说：“我们习惯服侍孩子，这对他们不仅是一种奴化，而且也是危险的，因为这很容易窒息他们自发的活动和独立自主的意识，扼杀他们十分有益的主动性和创造性……大自然赋予了他们可以进行各种活动的身体条件，也赋予了他们智慧，可以学会怎样进行活动。”蒙台梭利强调成人的责任是帮助儿童自己去完成有益于他们的活动，而不是越俎代庖。

（三）生命自然发展论

1. 生命的自然发展

蒙台梭利在观察中，注意到了生命“自然发展”的事实，她发现人的“完成”，实际上是经由自己的不断活动达成的。蒙台梭利继续探寻生命体自我活动的根据，她发现，儿童在出生以前，就具有了发展的预定计划，由于这个计划从生命的一开始就已存在，正如鸡蛋会变成鸡，人的受精卵会发展成胚胎，变成人，所以她称未出生之前便具有这种“发展功能”的儿童为“精神和肉体胚胎”。“胚胎”在卵受精的那一刻，就含有了“未来成为人”的这一大自然的“预定计划”，于是“预定计划”也按着大自然定下的步骤，产生了自我实现的活动，进而不断地自我活动，完成了伟大的生命。

2. 儿童的内在需要

“计划”要靠“过程”来达成，而过程要靠“内在需要”来推动。儿童的身心发展速度因人而异，所以儿童成长阶段的进程也会各自不同；然而发展的共性是：为了使身心成长，从胚胎开始，个体会有很多的内在而非外显的需要出现，“内在需要”会导致个体主动地去寻寻觅觅，找他要的“东西”，以满足迅速成长的目标。例如刚出生的婴儿肚子饿了，他会闭着眼睛找，用嗅觉找奶香，用嘴唇去找奶头，解决饥饿的问题。在这种情况下，假如大人没注意到这个事实，不懂孩子会因“内在需求”而“主动活动”，反而认为孩子只是一个被动的空容器，需要大人填塞，就会出现养育上的“差错”。孩子的成长确实需要大人的“援手”，但不需要填塞，而是需要大人了解和尊重他们的内在需求，支持他好好地长大成人。

所以就教育的立场来说，大人能做的，是提供孩子一个良好的学习环境，任由孩子在其中去自由地选择，不受干扰地满足他的内在需要，使生命能够自然地发展，一步一步建构成完善的个体。

(四)吸收性心智论

蒙台梭利观察到，从婴儿期开始，儿童就对每种经验具有很强的吸收力，而且这种吸收是直接的。在儿童吸收经验的过程中，心理逐渐得到发展。所以，儿童是在直接从他所处的物理和社会环境中吸收经验时，发展了内部的精神力量。正如蒙台梭利所定义的：“印象不仅仅进入他的心理，而且形成心理。它们被儿童纳入自己的体内，变成儿童自身的一部分。儿童创造了自己的‘精神肌肉’，用于吸收从周围世界中积累的经验。我们把这种心理称作‘有吸收力的心灵’。”

根据蒙台梭利的观点，这种强有力的心理结构发生在出生到 6 岁之间，它包括两个阶段：第一个阶段是从出生到 3 岁，这时儿童处于无意识吸收阶段。这一时期的儿童通过感知觉和动作探索环境，同时学习所处文化的语言。儿童会记住这些经验，但他们自己却没有意识到。也就是说，这些经验还不能因儿童的使用需求而有意识地提取。蒙台梭利指出：“如果我们把成人心理称作有意识心理，那么必须把儿童(3 岁以下)的心理称作无意识心理。但无意识心理并不一定是低级的，无意识心理可能是最富于智慧的。”

蒙台梭利举例证明了儿童对声音、节奏和语言结构具有很强的吸收能力。当环境中充满各种声音时，婴儿能自然而然地、无意识地从中区分出人的嗓音。渐渐地，不需要任何意识努力或成人的直接传授，儿童就能记住本国语言的声音、节奏以及词语、语义和句法。儿童，至少在发展早期，是没有有意识记忆的，必须通过经验，无意识地吸收人类语言结构，而且这种吸收是强有力的、直接的。

根据蒙台梭利的观点，3 岁以后，儿童的这种强大的吸收力开始变得有意识、有目的。这时儿童变成了一个讲求实际的、感性的探索者。他能注意到事物之间的关系，并能进行对比。此时，儿童将感觉经验分类、提炼，将过去吸收的经验带入意识中。这样，“他逐渐建构自己的心理，直到其拥有记忆力、理解力、思维能力。”

这些观点为蒙台梭利在教育过程中坚持感觉训练、运动训练和智力发展提供了心理学依据。

（五）工作人性论

在蒙台梭利教室里会出现下面的情景：

“毛毛从老师手里接过玻璃杯，玻璃杯外围 2/3 的地方已经被老师先行贴了一圈红胶带。毛毛拿着杯子，到了洗手台前，转开水龙头，将水装到杯子红胶带所指示的地方，关上了水龙头，双手小心翼翼地捧着杯子回到了活动室。毛毛看看老师，老师用手指了指地板上的那头，原来，老师也用红胶带在地板上贴了一条直线。毛毛慢慢地走到了线的起端，双脚并拢，眼睛看前面，一步接一步地踩在直线上，缓缓地向前走去。他的步伐是这么小心，杯里的水也没有溢出来。当走到线的尽头，他将水倒回洗手台，把杯子还给老师，回到了座位，他的神情流露出极有成就的愉快，老师也报以微笑，表示肯定和鼓励。”

这就是幼儿很正常的“工作”，在“儿童之家”里，孩子们会在日常生活中学习自我成长的各种本领。

为什么蒙台梭利把促进儿童发展的活动称为“工作”，而不是像前人一样称为“游戏”呢？这主要是因为，她在“儿童之家”中亲眼目睹了儿童不喜欢现成的普通玩具而热衷于操作她所设计的教具的情形，同时也确实感受到儿童喜欢“工作”一词而不喜欢“游戏”一词。正是从这个意义上，蒙台梭利对儿童的“工作”和“游戏”进行了区分，她将儿童使用教具的活动称为“工作”，而将儿童日常的玩耍和使用普通玩具的活动称为“游戏”。可见，蒙台梭利所谓工作既不是以往所谓游戏，也不是成人所从事的工作，它是自发地选择、操作教具并在其中获得身心发展的活动。

在蒙台梭利看来，儿童身心的发展必须通过“工作”而不是“游戏”来完成。蒙台梭利认为儿童的工作与成人不同，这种不同集中表现为儿童是为“工作而生活”，成人是“为生活而工作”。具体地说，儿童工作是内在本能的驱使，遵循自然的法则，而成人的工作必须遵循社会规范和“以最小的努力获得最大的生产量”的原则；儿童的工作以自我实现与自我“完美”为内在工作目标，没有外在目标，而成人的工作追求的则是外在的目标，以团体的共同目标为目标或以外在的诱因为目标；儿童的工作是一种创造性、活动性和建构性的工作，而成人的工作是一种机械化、社会性和集体性的工作；儿童的工作是他自己独立完成的、无人可以替代的工作，而成人的工作是经常需要分工来完成的工作；儿童的工作是适应环境、以环境为媒介来充实自我、形成自我并塑造自我的过程，而成人的工作是运用自己的智力并通过自己的努力来改造环境的过程；儿童的工作按照自己的方式、速度进行，而成人的工作不能拖延，讲求效率和充满竞争。

儿童正是在与成人不同的独特的工作中，实现了心理各方面的发展并走上了心智逐渐成熟的正常化之路。蒙台梭利认为儿童从无意识的工作到心智工作，再到有意识的活动性、创造性与建构性的工作，都是为了沟通人类与环境的关系，展开人类的自然禀赋，使自己得到良好的发展。为了帮助儿童更好地工作，蒙台梭利主张必须为儿童准备工作材料，以此作为有准备的环境的一部分，从而使环境更适合儿童特点和更有教育意义。

蒙台梭利认为儿童的工作遵循着一些自然的法则，可以归纳为：

第一，秩序法则，即儿童在工作中有一种对秩序的爱好与追求；第二，独立法则，即儿童要求独立工作，排斥成人给予过多的帮助；第三，自由法则，即儿童在工作中要求自由地选择工作材料、自由地确定工作时间；第四，专心法则，即儿童在工作中非常投入，专心致志；第五，重复练习法则，即儿童对于能够满足其内心需要的工作，都能一遍又一遍地反复进行，直至完成内在的工作周期。

工作对于幼儿发展的作用主要包括：首先，从生理的角度讲，工作有助于儿童肌肉的协调和控制；其次，从心理的角度讲，工作有助于培养儿童的意志力，使儿童全神贯注于工作是培养儿童意志力的一种途径；最后，工作有助于培养儿童的独立性，增强其自理能力。

蒙台梭利认为："孩子的工作是去创造他自己，成人致力于改善环境，使环境趋于完善；但孩子却致力于改善自己，使自己趋于完美。"

工作对儿童的意义正如蒙台梭利所言："我听到了，但随后就忘了；我看到了，也就记得了；我做了，才会理解。"

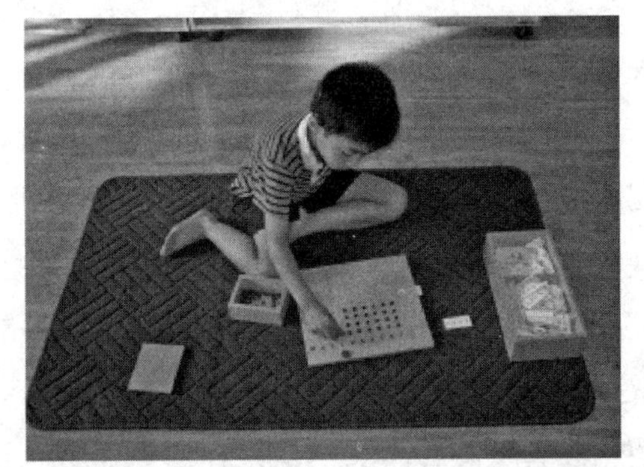

图 1-2-1

(六)奖惩无用论

蒙台梭利一直认为，儿童智能发展的动机不是来自外界的刺激，而是来自儿童的内在，因此，她提出了"奖惩无用"的教育观点。蒙台梭利在"儿童之家"里，通过对儿童的观察，她发现，奖赏或惩罚并不能对儿童产生多大的效果。经常受鼓励的小朋友，他的人格是建立在自己的认知和自我制约上。但是悬赏式的奖励，只会诱使他"有奖才做"，会对他将来的价值观产生负面影响，使其习惯于以名利为衡量价值的标准。儿童的内在需要在得以满足时，他们才会感到宁静，才会产生新的愿望。因此，成人应该引导儿童对自己的行为进行自我选择、自我约束。

二、蒙台梭利的儿童观

（一）儿童发展具有胚胎期

蒙台梭利在《童年的秘密》中曾说："我们的世纪是儿童的世纪。"从此言论可以看出，蒙台梭利对儿童事业的关注和推崇程度。她把儿童视为促进社会发展的关键，加强儿童教育，特别是幼儿教育，就是在为创造新的世纪努力，这无疑表现了她对儿童的极大尊重。"儿童不仅是作为一种实物存在着，更是作为一种精神存在着。它能给人类的改善提供一个强有力的刺激。正是儿童的精神决定着人类进步的进程，它甚至还能引导人类迈入一种更高的文明形式。"①蒙台梭利对儿童的基本观点，决定了她在教学实践中始终把给予儿童自由观察作为教育的起点和终点，一切教育服务都以儿童的自由为宗旨。蒙台梭利在充分尊重儿童的基础上，形成以下儿童观：

蒙台梭利所谓"心理胚胎期"是和"生理胚胎期"相对而言的。在蒙台梭利看来，人和其他动物的一个重要区别是，人有两个胚胎期——生理胚胎期和心理胚胎期。在生理胚胎期，人和其他动物一样，开始时一无所有，以后由一个细胞分裂为许多细胞，然后形成各种器官，并生长发育至瓜熟蒂落。而心理胚胎期则是人类特有的，新生儿期就是这个心理胚胎期的开始。心理胚胎期既区别于儿童在母腹中的生理胚胎期，又不同于成人的心理活动，是儿童通过无意识地吸收外界刺激而形成各种心理活动能力的时期。蒙台梭利认为心理胚胎期的心理发展经历着和生理胚胎期的生理发展同样的路线，开始也是一无所有，经过吸收各种各样的外界刺激，形成许多感受点和心理发展所需要的器官，然后才产生了心理。蒙台梭利指出，正如作为生理胚胎的儿童的发育需要母亲的子宫这一特殊环境一样，作为心理胚胎的儿童的发展也需要一种相适应的特殊环境。这种特殊环境要尽可能排除有害生命力呈现的任何不利因素，要尽可能专门设置能满足儿童各种内在需要的环境，如适应儿童力量和形体的桌椅、促进儿童感官发展和运动协调的教具以及不断观察并及时给予指导的教师等。

（二）儿童发展具有敏感期

蒙台梭利认为儿童对于特殊的环境刺激有一定的敏感时期，这种敏感期与生长现象密切相关，并和一定的年龄相适应，儿童发展就是建立在敏感期所打下的基础之上。蒙台梭利强调说："正是这种敏感性，使儿童以一种特有的强烈程度接触外部世界。在这一

---

① ［意］玛丽亚·蒙台梭利．童年的秘密［M］．马荣根，译．北京：人民教育出版社，1990：122.

时期，他们容易学会每样事情，对一切都充满了活力和激情。同时，儿童不同的内在敏感性使他能从复杂的环境中选择对自己生长适宜和必不可少的东西……使自己对某些东西敏感，而对其他东西无动于衷。”

1. 敏感期的含义

蒙台梭利对敏感期如此解释：当幼儿处于某个敏感期时，会产生一种敏感力。当敏感力产生时，幼儿内心会有一股无法抑制的动力，驱使他对他所感兴趣的、特定的事物产生尝试或学习的狂热，直到满足需求或敏感力减弱，这股力量才会消失。这段时期即“敏感期”。

2. 敏感期与环境的关系

蒙台梭利研究指出：敏感期是在一定的外界环境中出现的，环境提供了心理发展的必要条件。当环境与儿童的内部需要协调一致时，一切都会顺其自然地实现。如果儿童不能在敏感期从事协调的活动，或者说缺乏适宜的环境，儿童将失去这个自然取胜的机会。

3. 敏感期分类

蒙台梭利根据对婴幼儿的观察与研究，将儿童发展敏感期归纳为以下八种：语言敏感期(0～6 岁)，秩序敏感期(2～4 岁)，感官敏感期(0～6 岁)，对细微事物感兴趣的敏感期(1.5～4 岁)，动作敏感期(0～6 岁)，社会规范敏感期(2.5～6 岁)，书写敏感期(3.5～4.5 岁)，阅读敏感期(4.5～5.5 岁)。

(1)语言敏感期(0～6 岁)

婴儿从注视大人说话的嘴形，并发出牙牙学语的声音，就开始了他的语言敏感期。学习语言对成人来说，是件困难的大工程，幼儿能轻松学会母语正因为其具有自然所赋予的语言敏感力。儿童会对语言产生最大的兴趣，他以模仿大人的用字来快速学习，在语言的词汇容量与表达力上，更是神速地增加。儿童不需要文法书，也不需要词类表，自然而然就能经由环境，学习字正腔圆的各种语言。因此，语言能力影响孩子的表达能力，为日后建立人际关系奠定良好的基础。若孩子在 2 岁左右还迟迟不开口说话，应带孩子到医院检查是否有先天障碍。

(2)秩序敏感期(2～4 岁)

扫码看视频

儿童需要一个有秩序的环境来帮助他认识事物、熟悉环境。一旦他所熟悉的环境消失，就会令他无所适从。蒙台梭利在观察中发现，孩子会因为无法适应环境而害怕、哭泣，甚至大发脾气。“对秩序的要求”是幼儿极为明显的一种敏感力。

幼儿的秩序敏感力常表现在对顺序性、生活习惯、所有物的要求上。如果成人未能提供一个有序的环境，孩子便没有一个基础来建立起对各种关系的知觉。当孩子从环境中逐步建立起内在秩序时，智能也因此建构起来。充满秩序感的生活会使他们感到安全，还有助于他们认识事物、熟悉环境，了解周围世界，并形成自己的认知与个性。一个秩序感好的人，逻辑思维强，做事有条不紊，有耐心，能持之以恒，心态平和，这都是一个人取得成功至关重要的品质。而秩序敏感期发展不好的孩子通常表现出粗心大意，规则意识弱，独立性差等特点。

处于秩序敏感期的儿童的主要表现：

第一，儿童喜欢按照自己的秩序做事情，自我意识开始萌芽；

第二，儿童会因为秩序被破坏而哭闹，秩序一旦恢复就会安静下来；

第三，会为了维护秩序而执拗，总爱说“不”，一切要重新来。

成人应把握好儿童的秩序敏感期，进行适宜的教育：

①借助秩序敏感期，培养孩子的规则意识

比如“红灯停、绿灯行”，玩完玩具要放回原处等。需要注意的是，规定好的顺序或要求不能随意改变，要始终保持一致，以免儿童无所适从。而且成人要做好榜样，并利用表扬的方式强化孩子的正确行为。

②借助秩序敏感期，培养孩子的良好行为习惯

第一，作息要尽量有规律，比如起床时间、吃饭的时间地点、游戏时间等，建立科学的生物钟。

第二，把孩子的主要物品进行归类并摆放整齐，清楚明白地告诉孩子每次用完后，要物归原处。

第三，培养孩子做事的条理性，比如洗脚前先把拖鞋和毛巾准备好，洗好之后要倒掉洗脚水，挂好毛巾，等等。良好行为习惯的培养要慢慢来，不能因为孩子做得不够好而放弃，要多给他一点时间适应。

(3)感官敏感期(0～6岁)

孩子从出生起，就会借着听觉、视觉、味觉、触觉等感官来熟悉环境、了解事物。3岁前，孩子透过潜意识的“吸收性心智”感知周围事物；3～6岁则能通过具体的感官判断环境里的事物。因此，蒙台梭利设计了许多感官教具如：听觉筒、触觉板等，以刺激孩子的感官，引导孩子自己产生智慧。

(4)对细微事物感兴趣的敏感期(1.5～4岁)

忙碌的大人常会忽略周边环境中的细小事物，但是孩子却常能捕捉到个中奥秘。因此，孩子对泥土里的小昆虫或衣服上的细小图案产生兴趣时，正是培养孩子观察力和专注性的好时机。

把握好对细微事物感兴趣的敏感期，成人可从以下几方面进行教育：

①培养专注的个性品质

当孩子对某一事物，尤其是细微事物感兴趣时，如果能长时间不被打扰，就有助于他形成高度专注的个性品质。尤其当孩子充满探索欲望时，只要他所关注的事情不具有危险性，家长应尽量放手，不要轻易中断孩子的探索行为。

②满足孩子的好奇心，培养孩子的观察能力

在生活中，孩子如果表现出关注细节的行为，家长应及时给予表扬，以强化孩子的意识和行为。

③培养孩子做事认真细致的良好品质

可以有意识地提醒孩子做事要认真细致，如果孩子在做事的过程中注意到了某个细微之处，要及时加以表扬，告诉孩子，每一个细微之处都对整个事件的成功有着看似小而又小，其实大而又大的作用，从而使孩子逐渐养成认真细致的习惯。

(5)动作敏感期(0～6 岁)

大动作技能发展：二("二"表示 2 个月大，依此类推)抬、四翻、六坐 、八爬 、十站、周岁走、两岁跑、三岁独足跳。

2 岁的孩子已经会走路，最是活泼好动的时期，应充分让孩子运动，以使其肢体动作正确、熟练，这有助于幼儿左、右脑均衡发展。

相比于大肌肉的训练，蒙台梭利更强调小肌肉的练习，即手眼协调的精细动作教育。蒙台梭利认为小肌肉动作不仅能促进儿童养成良好的动作习惯，也有利于智力的发展。

手眼协调的精细动作发展：三("三"表示 3 个月大，依此类推)玩手、四抓、五换手、九对指、一岁乱画、二岁折纸、三岁搭桥。

(6)社会规范敏感期(2.5～6 岁)

2.5 岁以上儿童的自我中心倾向逐渐减弱，开始出现结交朋友、群体活动的倾向。这时，父母应为孩子建立明确的生活规范、日常礼节，在社会交往中，孩子会逐渐将社会规范内化为自己的行为标准，并用它约束自己及他人的行为。

(7)书写敏感期(3.5～4.5 岁)

3 岁半左右，幼儿可能会突然喜欢拿着笔乱画，甚至假装他在写什么东西。这时候，可开始教幼儿写字或者画画，但是不要过于约束他。此时的书写具有三个特点：用笔涂鸦、画"字"；前书写(书写的准备)；自发性。

(8)阅读敏感期(4.5～5.5 岁)

如果幼儿在语言、感官、动作等敏感期内，得到了充足的学习，其书写、阅读能力便会自然产生。此时，可为儿童布置一个有丰富书籍和分享阅读的环境，帮助孩子养成爱读写的好习惯，成为一个学识渊博的人。进入阅读敏感期的幼儿会对图书产生浓厚的兴趣，喜欢自己看书，也喜欢父母给他读书。不要等到孩子到了这个年龄才让他接触书本，而要在孩子一出生就让他玩书，如婴儿布书，使他对书本萌发兴趣。当他进入阅读敏感期，可以尝试培养他的自主阅读能力。

敏感期意味儿童具有积极的接受、交流和创造的功能。成人应在儿童发展的敏感时期对其进行教育、引导和帮助，从而促进幼儿心理的正常发展。幼儿园应为儿童提供适宜的成长环境，以便满足儿童不同成长阶段的敏感期需求。这种环境要为儿童提供足够的感官刺激，从而促进其智力发展。这也是蒙台梭利课程的教学环境和教具具有独特性的理论依据。

(三)儿童发展具有阶段性

蒙台梭利是用发展的观点看待儿童的，她认为儿童处于一个不断发展的过程中，这种发展呈现出阶段性。在发展的每一阶段，儿童的身心发展特点都和前一阶段有所不同，而每一阶段的发展又将为下一阶段的发展打下基础。基于这种认识，她将儿童心理的发展分为以下三个阶段，并对各个阶段的特点提出了自己的看法。第一阶段(0～6 岁)是儿童各种心理功能的形成期。这一阶段的最基本特征是出现一个又一个的敏感期。整个第一阶段还可以进一步划分出两个时期：第一时期是从出生到 3 岁即前面提到的“心理胚胎期”，这一时期儿童没有有意识的思维活动，只能无意识地吸收一些外界刺激；第二时期是个性形成期，这一时期儿童逐渐从无意识转化为有意识，慢慢产生了记忆、理解和思维能力，并逐渐形成各种心理活动之间的联系，获得最初的个性心理特征。第二阶段(6～12 岁)是儿童心理的相对平稳发展时期。第三阶段(12～18 岁)是儿童身心经历巨大变化并走向成熟的时期。

(四)儿童发展是在工作中实现的

蒙台梭利认为活动在儿童心理发展中有着极其重要的意义。她在《教育中的自我活动》一书中指出，儿童受内在生命力和心理需要的驱使会产生一种自发性活动，这种活动通过与环境的交互作用使儿童获得有关经验，从而促进儿童心理的发展。她对这种活动给予了极高的评价：“活动、活动、活动，我请你把这个思想当作关键和指南；作为关键，它给你揭示了儿童发展的秘密；作为指南，它给你指出应该遵循的道路。”但是，蒙台梭利不认为儿童最主要的活动是深受福禄贝尔及其追随者推崇的游戏，她认为游戏特别是假想游戏会把儿童引向不切实际的幻想，不可能培养儿童严肃、认真、准确、求实的责任感和严格遵守纪律的品格及行为习惯。在她看来，只有工作才是儿童最主要和最喜爱的活动，而且只有工作才能培养儿童多方面的能力并促进儿童身心全面发展。

三、蒙台梭利教育法的施行步骤

(一)预备环境

我们总是在强调一个适合生命发展的环境对儿童的重要性，所以在蒙台梭利教育中，如何为孩子创设一个适合他们生命发展的有准备的环境，被视为首要的条件。

(二)发现意愿

儿童表现在外的行为，往往是内在需求的反应，尤其是幼儿时期会在某一阶段对某种需求有特别的“敏感期”。如果能掌握这一时期的需要并予以教育，对孩子的启发效果将是事半功倍的。

(三)协调意愿

蒙台梭利教师与传统教师最大的差别在于，所扮演的角色不是固有知识与技能的传授者，而是儿童及学习意愿的协调者。她必须依孩子的需要而整饰环境，并且观察孩子的需要和意愿，提供适当的教具来让孩子“工作”。

(四)延长工作周期

如果孩子已经专心进入“工作”情境，教师就该鼓励他继续操作，以“延长他的工作周期”，让孩子酌情反复操作。蒙台梭利说：“延长工作周期的目的在于，培养孩子的专心和耐力。”因此，蒙台梭利特别重视并且告诉教师，需要“等待”孩子反复练习的行为发生，并及时予以鼓励，使孩子乐意“再来一遍”，甚至几十遍。因为儿童知道如何使用教具，只不过是教具的功能开始显现的阶段而已。孩子能对教具尽情地反复操作，才会使儿童发生“真正的成长”。蒙台梭利将其称为“心智的任性发展”。这种尽情“反复”操作的情况，只有当儿童感到“工作”的乐趣，且能够符合他的内在需要时才会发生。

(五)教育是“观察—实施—记录—研究—发现—重新针对儿童的需要和进步进行教育计划再设计”的循环过程

由于儿童尚处于成长过程中，且相互间具有一定的个体差异，这就要求教师对教育规划进行不断改进。唯有通过实际的观察、记录、研究，才能深入切实地发现儿童内在的需要，并给予适当的教育和引导，使其生命更美好地成长。

学习建议

1. 阅读以下书籍：《童年的秘密》《发现儿童》《吸收性心智》《蒙台梭利教育方法》《蒙台梭利手册》《家庭中的儿童》，撰写读书笔记并与同学分享。

2. 了解并尝试解决家长或一线教师遇到的蒙台梭利教育的困惑。

3. 参照蒙台梭利教师守则，在班级上开展“谁是最合格的蒙氏教师”的情境表演。

4. 实习或见习时走访以蒙台梭利教育为特色的幼儿园，观察教育环境，以摄像或拍照的方式记录精彩瞬间，进行评述分享。

5. 选择一个蒙台梭利教育班，观察幼儿语言及行为表现，并结合敏感期的理论进行分析。

注：本学习建议适用于思想篇的各个项目，教师可根据教学进度和学生掌握的情况酌情安排。

《童年的秘密》的序言及摘要

蒙台梭利博士举例告诉我们，当她一次又一次发现儿童心灵所带来的启示时，她是多么惊叹。她谈到她第一次在1岁多孩子身上发现他们对细小事物的敏感，而那些东西并不为成人所关注；15个月大的孩子会好奇地凝视着地面上一只快速爬动的、小到几乎看不见的虫子；有的孩子面对大量内容各异的图片，只对某张图片偏僻角落上一辆很小的汽车感兴趣，而那辆车小得只能用一个圆点来表现。蒙台梭利博士把这个现象称为“婴幼儿之谜”。儿童表现出的这些精神活动并不是被蒙台梭利博士所唤起的，她所发现的这些类似的现象，一定是从儿童在地球上出现时起就已经产生了。成年人一定看到过、听到过，但是一直毫无觉察，因为这些事实并没有触动他们的知觉意识，儿童发展的秘密一直不为人所知，直到蒙台梭利博士为我们描绘了“童年的秘密”所包含的深刻精神含义和重要意义。

在她为孩子们准备的环境中，移除了阻碍儿童发展的东西，儿童可以自由地展现他的需要和发展倾向，蒙台梭利博士也尝试训练成年人和她一起探索儿童的秘密。在这种有准备的环境中，“一些始料未及的结果让我大为惊奇，而且常常觉得不可思议”，儿童的秩序感、他选择的工作任务似乎都与内心的需要相呼应、对奖励和惩罚的无动于衷、对安静的理解和热爱、他的自尊及读写能力爆发式地进步等——后来蒙台梭利学校的普及促使蒙台梭利博士注意到儿童的这些特点持续存在，并具有普遍倾向，是“形成教育最重要基础的自然法则”。

童年的秘密就是生命本身的秘密。从受孕的那一刻起，这种创造性力量就在引导人类有机体，为了让我们自己开始了解这种“秘密”，我们必须把儿童看作是内心拥有这种奥秘的人，这是每一个人都拥有的潜能。为了释放出这些潜能，理解这种神秘，洞察神奇生命的核心，我们必须脱掉自己无所不知的成人角色，换上蒙台梭利博士所说的“谦卑的外衣”，只有这样我们才能开始理解；为了洞察“儿童的秘密”，我们必须为生命的神奇和造物的神秘做好思想准备，因为我们所面对的理念不是我们自己的理念，面对的力量也不是我们自己的力量，而是一种超越我们想象的伟大的远景。只有用未被成年人的偏见所遮蔽的眼睛和摆脱了先入为主的头脑来看待儿童，我们才能为儿童的自主成长提供越来越充分的帮助。

这并不意味着要放纵孩子，不意味着只是向孩子授权或只能对其被动观察。它让我们知道，要想提供符合蒙台梭利博士的理论和实践的那种帮助，就必须真正理解成年人的任务，这种帮助不仅仅是一种许可，不是让成长中的儿童自由控制所有行动；这种帮助在于给予孩子自由，让他们沿着人类发展的正常轨道前进，让人的自然本性变得强大和真实。这种帮助是要理解什么样的障碍会阻挡儿童成长的道路，尽最大可能避免这样的事情发生；而且，在理解了童年的秘密，理解了生命的力量和潜能之后，当我们致力于塑造正直诚实、品性优良的完整的人时，这种帮助绝不会成为阻碍，什么时候需要就什么时候出现，但是也从不过于武断，从不强加于人。

只有爱的力量才能让成年人足够接近儿童并理解儿童，爱和谦卑将为我们解开童年的秘密，使我们能够理解蒙台梭利博士工作的内在意义和真正含义。

玛格丽特·E. 斯蒂芬森

（Margaret E. Stephenson）

华盛顿蒙台梭利学院培训主任

美国国际蒙台梭利协会教育委员会主席

项目回顾

内　容	掌握等级
蒙台梭利教育的缘起及发展	☆☆☆
蒙台梭利的基本教育理念	☆☆☆☆☆
蒙台梭利的儿童观	☆☆☆☆

思考与练习

1. 蒙台梭利的基本教育理念有哪些？

2. 蒙台梭利的儿童观是什么？

3. 班级中只要有蒙台梭利教具就是在实施蒙台梭利教育，你认为这种观点正确吗？为什么？

4. 以学习小组为单位，查阅资料，了解蒙台梭利传入中国的开端、推广及发展过程，并提交总结报告。

5. 以学习小组为单位走访周围社区的幼儿园或早教机构，了解蒙台梭利教育的现状，从教学形式、教学内容、师资情况等方面书写调查报告。

学习自评卡

请根据自己的学习情况在相应的掌握程度的空格中画“√”，并将学习反思填写在“分享与总结”一栏中。

所属内容	掌握程度		分享与总结
	能掌握并运用的部分	能理解并识记的部分	
蒙台梭利的生平及其教育能力			
蒙台梭利的基本教育理念			
蒙台梭利的儿童观			

项目二
蒙台梭利的教师观和教师守则

学习目标

1. 了解并掌握蒙台梭利教育的教师角色。
2. 识记并体验成为一名蒙台梭利教师的要求。
3. 识记蒙台梭利教师守则及教师用语。
4. 掌握观察记录的方法并在实践中运用。

内容图解

任务一　蒙台梭利的教师观

- 一、蒙台梭利教师的角色
- 二、合格的蒙台梭利教师的标准

任务二　蒙台梭利的教师守则

- 一、蒙台梭利教师守则
- 二、蒙台梭利教师的日常行为与语言规范
- 三、蒙台梭利教师如何进行观察记录

项目导言

某幼儿园老师说："蒙台梭利老师工作最好做，展示教具就行了，其他的根本不用管，因为我们要给儿童自由。"你认可这位老师的观点吗？蒙台梭利教师究竟要扮演怎样的角色？

任务一　蒙台梭利的教师观

蒙台梭利教育法强调教育者必须信任儿童内在的、潜在的力量，为儿童提供一个适当的环境，让儿童自由活动，反对采取强制性、惩罚性的教育。教师因教授的少、观察的多而被称为"指导员"，教师的作用在于引导儿童的心理和身体发展，支持儿童的自我教育。

一、蒙台梭利教师的角色

(一)环境的提供者

在蒙台梭利看来，由于儿童是在吸收环境的过程中发展的，所以教师应为儿童提供适当的有准备的环境。有准备的环境主要由两部分构成：一是物质环境；二是人文环境。物质环境主要是指蒙台梭利教具，各种符合儿童尺寸的室内设施以及教师自制的教学材料；人文环境则是指各种有价值的人类文化遗产。

图 2-1-1

(二)行为的示范者

1. 教师是儿童的榜样和模范

教师是环境中的行为示范者。教师要注意言行，仪容整洁，举止自然、优雅、宁静。

2. 示范和指导儿童工作程序

在儿童自我选择、使用教具材料之前，教师首先要为儿童示范教具正确的操作方法。教师对教具材料作简单的介绍、示范时，语言要简短、明确、客观，内容必须是直接涉及要解决的问题，不讲不必要的话。当儿童模仿出现错误时，教师不要直接告诉儿童，而要再一次示范或引导选择另一种新的教具。

(三)儿童的观察者

观察是了解儿童的首要途径。蒙台梭利表示"蒙台梭利教师必须发展自己对观察儿童的意识与能力"，教师应观察的"不是儿童外表的成长与活动，而是这些成长及活动的内在协调情形"。

教师随时都可以观察孩子的行为，"以不带成人偏见的眼光来看孩子"。在儿童摆弄和操作物体的时间里，教师的主要职责是了解儿童的自由表现，观察儿童对教具材料的兴趣及兴趣持续的时间，甚至还要注意他的面部表情。观察的目的在于了解孩子的发展和需要，然后以此来提供适宜的环境。

(四)支持者与资源提供者

蒙台梭利认为儿童发展是通过吸收环境而自我达到的，但她同时也强调教师是儿童发展的支持者和资源提供者，离开了教师的协助，儿童的发展将难以实现。儿童需要时，教师会随时出现在孩子的身边，成为孩子情感的支持者和学习活动的最佳资源。

蒙台梭利的教师观使传统幼儿教育中的师生关系得到了根本的改变，在自由教育和自我教育原则的指导下，师生之间由直接交往变成教师—教具—儿童三者的相互作用。儿童成为了教育活动的中心和主体。研究蒙台梭利的著名学者斯坦丁指出："蒙台梭利教学体系中教师的教学艺术关键在于既信奉不干预原则，又知道在何时必须干预，在什么情况下干预到何种程度。"

二、合格的蒙台梭利教师的标准

(一)必须懂得蒙台梭利的教育原理和教学方法

实现蒙台梭利教育理想和方法的"教具"，是根据对"儿童的发现"而设计的。教师如果不明白这个道理，便会一成不变地、机械式地指导儿童，继而忽略了儿童的内在需要、成长的法则和个体的差异，而造成不合理、无效果的干预行为，甚至对儿童造成伤害。所以，对教师而言，始终要明确蒙台梭利教育的一个精神："不是为儿童上学做准备，而是为未来的生活做准备。"

(二)必须要懂得如何操作教具

教师不但要能简易、客观地向儿童示范教具的使用方法，还要能随时了解儿童对此项教具的反应，以决定如何启发他继续操作或引导他暂时停止。

此外，教师还要虚心、认真地观察面前“这个”儿童内心的需要和限制，尤其是心智和体能方面的。同时还要能真正地理解什么是“以儿童为中心”。例如：不用强迫式的语气命令儿童这样或那样去做；会蹲下来与儿童说话，不摆出居高临下的态势；示范时能轻声细语，动作轻慢而利落等。

(三)必须具有综合特质

作为“儿童之家”的教师，都要很有耐心地观察儿童，关心他们的需要，并能根据观察所得，设计出适合儿童成长的环境。儿童如何与环境接触，教师要从中协调与引导。相比于“头脑”的“诱导人”，蒙台梭利教师更是一个儿童学习灵感的“启发者”。教师要维护环境的完整，让儿童与环境的每一次接触，都是完整的学习。

此外，还有一件很重要的事——教师本人须时常保持谦虚的平等心态。教师必须具有谦卑、仁爱之心，要能改变“唯我独尊”或儿童无知无识的错误观念；要重新认识儿童，真正理解儿童是潜力无穷、前途远大的“未来才俊”。要学会以儿童为师，才能真正成为儿童的导师。

(四)掌握一定启发的技巧

很多学校都把“启发式教学”作为教学的指导原则。但是这里须提醒教师，以教师为中心的启发，仍旧是依成人的主见“传授些知识给儿童，让他们被动地去领悟、记忆或模仿”，完全不同于蒙台梭利教育里的“让儿童们自己去打开吸取知识的灵窗，运用自己的思考，而日新月异”。

下面以一段教师指导语来对比传统的和蒙台梭利的教育方式。

传统教育方式：小西，你看看这两个球有什么不一样？哪一个是大的？哪一个是小的？

蒙台梭利教育方式：来！小西，摸摸这两个球，你发现了什么？

(五)具备爱心、诚心、恒心、耐心和宽容心

虽然儿童与生俱来的“内在的动机”会驱使他(她)自动地去接触环境、喜爱环境，尝试各式各样的教具，但如果教师没有用“爱”去关注和启发儿童的学习兴趣，兴趣便难以持久，容易“见异思迁”，蒙台梭利所倡导的儿童的“工作”也会变成一般成人眼中所谓“游戏”。所以有爱心、耐心和较高教育修养的导师，才能使儿童的智力与体能得到有秩序、有层次的发展。

任务二　蒙台梭利的教师守则

一、蒙台梭利教师守则①

1. 在没有获得孩子接纳之前，绝不要任意触摸他。

2. 绝不要在孩子面前或背后刻意批评他。

3. 诚心地辅导孩子，发挥他的长处，使他的缺点自然而然地减至最低。

4. 积极地准备一个良好的环境，并持之以恒地管理。帮助孩子与环境建立相辅相成的关系，引导每一件用品的位置，并示范准确的使用方法。

5. 随时协助解决孩子的需求并倾听、回答孩子的问题。

6. 尊重孩子，让他能在当时或其后发现错误而自行订正；然而，当孩子有损坏环境、伤害自己和他人的行为时，则必须立刻予以制止。

7. 在孩子休息或是在观看他人工作、回想自己的工作或考虑作何选择时，都要尊重他，不要打扰他，或勉强他做任何事。

8. 协助孩子选择合适的工作项目，了解孩子的学习进度。

9. 要不厌其烦地为孩子示范他先前不愿做的工作，帮助他克服困难，学习他尚未熟练的技能。为了达到此目的，必须准备一个生动活泼、充满关爱、有明确规律的环境，配合以温馨和蔼的预期和态度，使孩子时时感到支持与鼓励。

10. 以最和善的态度对待孩子，并将你最好的一面自然地呈现出来。

以上便是蒙台梭利为教师制定的十项守则。

二、蒙台梭利教师的日常行为与语言规范

1. 在任何时候都要充满热情地向孩子问好："早上好""中午好""下午好"。

2. 同儿童讲话时要蹲下来。

3. 不要讨好家长或讨好孩子；对所有孩子要一视同仁。

4. 尊重儿童的人格和意愿。

5. 尊重儿童的物品。

6. 凡事要以商量的口吻和孩子对话，如"我可以"(规则除外)。

7. 凡事都使用"请"："请离开""请帮忙""请让一下"，等等。

8. 不可以直接指出孩子的错误，根据不同的情况请使用正确的方法和积极的语言告

---

① ［意］玛丽亚·蒙台梭利．蒙台梭利早期教育法［M］．北京：中国发展出版社，2006.

诉孩子。

(1)给孩子建立这样的观念："错误可以帮助我们成长。""错误可以帮助我们成功。"

(2)直接告诉孩子正确的做法是什么，不指出错误。

(3)请使用这样的语言："如果这样做会更好。""请试一试这种方法。""没有错误的孩子，只有错误的大人。"

9. 请孩子帮忙要说"请"；孩子做的每一件事情，教师都必须对孩子说"谢谢"。教师帮孩子做事情后也要对孩子说"请说谢谢"。

10. 认真倾听孩子的每一次纠纷，如"请告诉老师发生了什么?""请描述事情发生的全过程。""你自己会解决吗?"帮助孩子建立正确的是非观念。解决纠纷能帮助孩子建立规则，辨别是非、善恶，厘清思路，发展认知能力。

11. 在更多的时候，请使用行为语言，尽量少使用口头语言，尤其是对 4 岁以下的孩子(以帮助孩子顺利度过执拗的敏感期)；对 4 岁以上的孩子，请给他们更多的选择机会(规则例外)，并使用秩序化的语言。学会选择事情，将使孩子学会选择生活。

12. 当孩子哭闹的时候，应这样处理：

倾听孩子；允许孩子生气和哭闹，给孩子宣泄的机会，让孩子知道生气是可以的，以便让孩子调节自己的情绪。在大多数情况下，对待入园孩子哭闹的方式是带他们出去走走，并同他们交谈，使孩子放松，并在老师身上建立安全感。

13. 孩子必须遵守生活的规则：

用爱的形式鼓励和帮助孩子遵守规则和建立秩序。

用语言和神态提示孩子"你忘了什么"。

如果孩子明知故犯，请用平静而坚定的态度告诉孩子："老师爱你，但这件事不可以这样做。"

认真处理所发生的问题，直到解决为止。

采用让孩子自我反省的方法，帮助孩子建立自我反省的智能。

让孩子有勇气给别人道歉，并有勇气要求别人道歉。学会有勇气拒绝别人。

14. 孩子情绪焦虑时(大哭大闹不让老师靠近)，是教师倾听孩子并与孩子建立深厚感情的最佳时机。

15. 不呵斥、责骂、体罚孩子。在任何情况下，教师都不得以任何方式惩罚孩子、吓唬孩子。如果教师不知道如何处理，可以暂时不作处理，以便询问其他的教师或教学负责人。处罚或吓唬孩子的教师均不是合格的蒙台梭利老师。

16. 请把纸屑扔进垃圾桶(篓)里。带孩子一起捡纸，并帮助别人养成这个习惯。

17. 学会打扰别人时的用语。这样就不会产生尴尬的局面，能够自然地面对陌生人和特殊的场合，形成优雅的语言、举止和品行。

18. 教师有错误要向儿童说明并道歉。

三、蒙台梭利教师如何进行观察记录

观察是蒙台梭利教师的重要工作，在蒙台梭利教育中扮演着极重要的角色。可以说，没有观察就没有蒙台梭利教育。因为只有通过观察，教师才能了解每一位儿童的需求，才能为制订教学计划、准备教材提供依据。因此，蒙台梭利教师必须具备观察的能力，并做好详细的工作观察记录。

（一）教师在观察儿童时应注意的问题

1. 进教室观察前，必须先调整自己的心情，不要受自己不良情绪的影响。

2. 保持客观的态度，不对儿童有任何成见。

3. 尽可能每天抽出10分钟，观察某一儿童，叙述儿童选择的活动、名称、动机、时间以及参加活动的时间。重点关注儿童能否专心，如何解决困难，是否有特殊的动作和情绪反应。教师不仅要观察儿童的活动状况，更要“观察”儿童的心理活动。

4. 察觉自己受人注视时，人的表现就不自然、不真实。因此，不要让幼儿感觉到被观察。

5. 观察时，不要任意干涉儿童的活动，也不要夸赞。

6. 记录的文字必须客观、真实，不要使用主观判断的词语。

7. 虽然观察和记录的工作很重要，但当儿童发出“我需要帮忙”的信息时，务必放下记录工作，前往协助。

8. 由于记录工作必须迅速、正确，教师可随身携带便条纸和笔，用自己能懂的符号代替文字记录，待幼儿离园后，再整理在记录本上。

9. 以此观察记录作为以后准备教材、布置环境、设计活动的参考依据。

10. 不仅要了解幼儿外表的成长及活动，也应注意观察幼儿内在的协调情形，若儿童有特殊的反应、不良的行为，应及时与家长联系。

（二）观察记录的方法

1. 叙述法（自由地描述）：这种方法比较常用，并且容易做到，应注意的是尽可能少地破坏孩子的注意力，以免影响孩子的行为。

2. 检核表法：记录孩子活动中的表现，提前准备好表格。

3. 一段时间里的观察：在特定的时间或事件中进行观察。

4. 观察轨迹：观察较长时间内孩子参与教室活动的情况。

5. 图形记录法：利用柱形图或饼形图统计分析孩子对某一项工作的参与度或完成情况。

表 2-1 蒙台梭利教育幼儿观察记录评价表

幼儿姓名： 年龄： 岁 日期： 年 月

评价项目	评价标准	评价①	备注	评价②	备注	评价③	备注	评价④	备注
走线	能保持平衡、专注、动作规范								
对教师展示	认真观察、神情专注								
对教具的反应	能积极地参与								
工作常规	搬动椅子时动作规范、无声								
	离开座位时会安放好自己的椅子								
	拿放托盘时平稳、轻慢、动作规范								
	拿放教具时整齐有序、轻拿轻放								
	能自主地工作、不漫无目的地走动								
	不争抢材料、懂得互相谦让								
	经同意后认真观察同伴工作，不随意打扰别人								
	会轻声说话、不大声喊叫								
	说话时能使用礼貌用语								
	走路动作自然、轻、慢，不乱跑								
	上地板工作时鞋子自觉放整齐								
	收拾工作时认真细致、不慌不忙								
	听到音乐能自觉、完整地收拾工作								
使用教具情况	严格按照教师展示的程序完成整个操作								
	能正确、独立完成整个操作过程								
	在正确操作的基础上创造性地使用教具								
	工作过程中专心致志，不东张西望								
	爱护每一份教具，无破坏性行为								
	工作过程有耐心、不急躁、不轻易放弃								
	工作后能把教具收拾干净放回原处								
	反复多次操作(填反复操作的次数)								

评价符号等级说明：优良“☆”，一般“√”，欠佳“△”。

学习资源分享

蒙氏班每日观察记录内容

1. 工作

(1)每件工作持续时间

(2)观察、选择花费的时间

(3)中断活动花费时间

(4)工作中两次活动间隔时间

(5)近日完成的工作件数

(6)只操作某件工作持续的时间

(7)工作习惯及特点

(8)工作难易程度

(9)一件工作中见到哪些重复动作

2. 独立

(1)操作教具时的专心程度

(2)独自工作时间

(3)和教师一起工作的时间

(4)在教师身旁工作的时间

(5)和其他儿童一起工作的时间

(6)在团体工作中是观察者还是参与者

3. 社交行为

(1)是否主动与他人接触

(2)被他人接受还是拒绝

(3)和同龄人、年龄较小、年龄较大幼儿相处时间的百分比

4. 专心

(1)哪种类型的工作最令幼儿专心

(2)哪种类型的工作不能让幼儿专心

(3)一天中何时最专心

(4)一天中何时最不专心

项目回顾

内　容	掌握等级
蒙台梭利教育的教师角色	☆☆☆☆☆
蒙台梭利教师守则	☆☆☆☆☆
蒙台梭利教师如何进行观察记录	☆☆☆☆
蒙台梭利教师用语	☆☆☆☆☆

思考与练习

1. 蒙台梭利教育中教师承担怎样的角色?

2. 蒙台梭利教师守则有哪些?

3. 蒙台梭利教师应怎样进行观察记录？

4. 根据蒙氏教师观察记录的内容，设计一个蒙台梭利观察记录表。

5. 以学习小组为单位，采访一名蒙氏教师，了解蒙氏教师的工作内容及工作形式，绘制工作流程图，以板报的形式在班级中展示。

学习自评卡

请根据自己的学习情况在相应的掌握程度的空格中画“√”，并将学习反思填写在“分享与总结”一栏中。

所属内容	掌握程度		分享与总结
	能掌握并运用的部分	能理解并识记的部分	
蒙台梭利教育的教师角色			
蒙台梭利教师守则			
蒙台梭利教师用语			
蒙台梭利教师如何进行观察记录			

项目三
蒙台梭利教具的特点及操作守则

学习目标

1. 识记蒙台梭利教具的特点。
2. 理解蒙台梭利教具的操作要求。
3. 掌握蒙台梭利教具的操作守则。

内容图解

任务一　蒙台梭利教具的特点
- 一、蒙台梭利教具及其发展
- 二、蒙台梭利教具的特点

任务二　蒙台梭利教具的操作守则
- 一、蒙台梭利教具的操作要求
- 二、蒙台梭利教具的操作守则

项目导言

我们一直拥有高尚的理想和高超的标准，这成为我们教导下一代的内容，但是战争及斗争却不曾终止。如果教育仍然像过去一样被视为是知识的传递而已，那么人类的前途要么有所改善，要么毫无指望……如果援助和拯救将来到，那必定是来自儿童，因为儿童才是人类的创造者。儿童具有人所未知的能力，能将人类带往一个灿烂的未来。如果我们真的想要一个新的世界，那么教育就该以发展这些隐而未现的潜能为其目标。

——玛丽亚·蒙台梭利

发展潜能的途径是什么？教具是蒙台梭利教育体系中不可或缺的一环。

任务一　蒙台梭利教具的特点

一、蒙台梭利教具及其发展

(一)蒙台梭利教具

蒙台梭利教具是由20世纪意大利著名教育家、蒙台梭利教育法的创始人玛丽亚·蒙台梭利依据其教育思想所发明设计的。蒙台梭利教具是蒙台梭利教育三要素之一，蒙台梭利教学活动的开展需要借助蒙台梭利教具。蒙台梭利更喜欢称那些材料为儿童的“工作材料”，因为儿童能够通过操作那些材料使自己的内心平静，培养出专注的精神和独立的性格。但因蒙台梭利教具一词已被大众普遍使用，为了方便沟通，本书也继续沿用。在“儿童之家”，蒙台梭利本人经常鼓励教师自制蒙台梭利教具，且有相关资料显示，蒙台梭利经典教具并非全都由蒙台梭利一个人设计而成，有些教具是由其儿子马里奥或者蒙台梭利的助理帮忙设计的。

蒙台梭利教具与玩具有明显的区别：玩具是儿童成长过程中必不可少的东西，作为取悦儿童的一种材料，同时还兼有教育的功能。凡是能够提供儿童玩耍的器具，我们都可以称为玩具。而蒙台梭利教具不仅具有娱乐性，同时还具有系统性和规律性。

(二)蒙台梭利教具的发展

当前，蒙台梭利和她的儿子马利奥一起设计的蒙台梭利教具在各地蒙台梭利幼儿园中随处可见。蒙台梭利教育协会国际委员会还在继续监督开发和制造蒙台梭利教具，其中也包括各教育工作者依循蒙台梭利的思想自制的教具。在蒙台梭利教育中，教具对幼儿身心各方面的发展皆起着至关重要的作用。根据荷兰新屋玩具公司20世纪80年代的商品目录，蒙台梭利教具种类繁多，数目达 349 种之多。随着蒙台梭利教育思想传播的日益升温，蒙台梭利教具也如雨后春笋般，从最初的少数几种，发展成为现在的成千上万种，并且还在持续发展。

从蒙台梭利教育思想传入中国至今，其对中国学前教育改革所起的积极作用是毋庸置疑的，主要原因在于蒙台梭利教学法具有一定的灵活性。教育者在运用蒙台梭利教育方法时，要注意灵活地运用，这是蒙台梭利教育的精华。教具作为蒙台梭利教育的重要支柱，是蒙氏教育体系的重要一环，教育者只有在掌握了蒙氏教育的精髓之后，才能把教具的功能发挥得恰如其分。蒙台梭利教育创设的教室，并不是简单地随意摆放一屋的教具，而是要提供一个“有准备的环境”，一个引发儿童探索兴趣的氛围。蒙氏教育方法依托于儿童的自主活动，蒙氏教具就是儿童自主活动的诱因。蒙氏教具能够满足孩子精神和物质方面的需求，并且可以充实孩子的内心世界，它的设计与制作是建立在对幼儿细致观察和认真思考、努力洞察幼儿内心世界的基础上的。由此一来，孩子的精神世界便可以以一种具体的方式得以呈现。

二、蒙台梭利教具的特点

(一)孤立化

孤立化简单来说，是指局部从整体当中分离出来，但是，二者之间紧密相连，“整体”是由各部分组成的，倘若“整体”发展了，构成整体的“部分”也会同时发展。蒙台梭利从部分角度出发，把教育内容分为五类，将它们从整个体系中分离出来，这样有助于各领域的重点得到最好状态的发展。当把这五部分相综合的时候，就能够起到全方面发展的作用，促使儿童身心全面发展。

儿童在幼儿时期各方面的身体机能还不完善，只能适应简单的刺激。幼儿从每一件教具中所发现和理解的问题或错误必须只限一种。在进行感官练习的时候，要对每种感官进行单独训练，才能真正促进各感官的敏锐性。例如操作触觉板时，要戴上眼罩，以便将其他器官隔离，再用教具进行相应的刺激，有针对性地促进相应的感官的敏锐性及灵活性。再如粉红塔，只关注大小的变化，颜色、形状等方面没有不同；而红棒是通过触觉、视觉的辨别，使儿童在知觉上对长度的差别有正确的了解。

(二)错误控制

蒙台梭利认为儿童可以凭借自己内心的发展进行自我教育并达到自然发展的目的，所以她所设计的教具蕴含着自我纠正的功能。蒙台梭利教师在教具创设时需要考虑如何把该原理与教具相融合，以使儿童在工作的时候可以自己把握进度调整步骤，根据所出现的情况及时作出调整，最终使活动顺利进行。儿童通过教具操作，可以达到自我教育的目的。教具的自我纠正功能能够培养儿童独立思考的能力，同时可以帮助儿童从成人的庇护中解放出来，蒙台梭利教具是为幼儿自由教育而设计的。所以对错误的控制应该是教具本身，而不是教师，这样也可以避免由于别人指出错误，给儿童造成心理压力。例如插座圆柱体组是由依次递减的 10 个洞穴以及刚好插入的 10 个相对应的圆柱体组成的，它们一一配套，不能有错；若是操作错误就会剩下一个圆柱和一个洞穴。粉红塔、棕色梯、红棒等其他教具也是如此，若操作有误儿童即刻会知道错在什么地方。直接感知到现象可以提示幼儿操作方法的正误，从而帮助幼儿达成自我教育。

（三）美感有趣

教具本身要符合儿童内心发展的需求，要充分考虑到儿童的兴趣问题。教育者在创设教具的时候需要考虑这一条件，尽量去寻找儿童的兴趣点。例如可在教具的颜色、形状上多下功夫，以使教具能够在第一时间吸引儿童的眼球。学前儿童具有很强烈的吸收性心智，所以衡量教具设计成功与否的首要标准就是看教具是否引起儿童的关注。蒙台梭利的教具要颜色明亮，色泽要朴实干净，要使儿童注意力集中于教具本身。例如，同一组教具应保持颜色的一致性，让儿童一目了然。同时，无论是水平还是竖直摆放，都应呈现出漂亮的造型。可以说，蒙台梭利的教具都有吸引儿童的地方，无论是色板的颜色、瓶中的气味，还是教具的材质，都能从不同角度对儿童进行感官刺激，这有助于吸引儿童的注意力。

蒙台梭利的教具不仅外观美丽有趣，而且能够满足儿童内在的需求。这样有助于儿童自愿地去操作一项教具，并且能保持较长的注意力在工作上。例如，儿童通过反复将圆柱体放置在插座中，不断体验秩序感和成就感，以便满足他内在的需求。

（四）科学性

蒙台梭利每套教具的设计及使用方法都需要依循儿童心理发展的规律。蒙台梭利一直坚信教育要让儿童身心获得全面发展，这就要求教师能对儿童心理发展的规律有全面的了解。蒙台梭利的教具具有层次性，操作过程从易到难，从而适应各年龄段儿童的发展需求。文化、感官、数学等教具的操作方法是根据儿童在不同时期的特点以配对、分类、排序的形式呈现的。例如蒙台梭利教具能够将错综复杂的数学知识有体系、有分类地传递给儿童，能够将抽象的知识转化成具体的操作材料被儿童吸收。基础知识的掌握能够增强儿童的创造力，他们开始脱离那些“工作材料”进行创造，由此满足了儿童的求知欲。蒙台梭利在设计教具时，儿童心理发展的自然程序表是她考虑的重要因素。蒙台梭利认为对于教具的使用也要符合各年龄阶段儿童的自然发展顺序，这样才能真正促进各年龄段儿童的健康发展。

（五）可操作性

蒙台梭利教具具有很强的可操作性，其大小、质量以及形状都符合孩子的体型，并且可以吸引孩子的探究和操作。因此在制作蒙氏延伸教具时，必须考虑是否适合孩子操作，太大、太重或超出幼儿能力范围的教具即使教育功能再强，也要坚决杜绝或改进后再使用。另外，要注意严格遵守蒙氏教具本身的操作顺序和规律，这样才能有效培养孩子的内在纪律。

此外，教育者可以利用蒙台梭利教具对儿童进行系统训练。蒙台梭利各个领域的教具自成体系，且都符合儿童身心发展规律，具有很强的系统性。在"工作"的时候，儿童可以根据教师的指导或者示范，按照操作的程序由易到难、由简到繁地完成某一任务。从"工作"时的最初准备到"工作"后教具的整理都体现出蒙台梭利教具操作的有序性。这些对儿童秩序感的发展具有很大的作用，同时也有助于自律的形成①。

（六）间接预备性

蒙台梭利教具要教会儿童一些生活能力和技能，目的是把儿童培养成一个能够适应社会生活的人。这种准备练习所依赖的教具创设灵感是来源于儿童实际生活经验中的常见的事物。蒙台梭利各领域教具的创设，均把帮助儿童适应社会作为最终目的。

例如日常生活训练是贯穿蒙台梭利课程始终的教育内容。日常生活训练主要是对儿童自身言行的练习，以及教导儿童为人处世的态度。日常生活中的教育包括剪指甲、穿衣服、洗澡等很多生活方面的小细节，引导儿童学习与他人接触的方法、餐桌礼仪、如何照顾小动物和栽培植物等，这些都是为了儿童更好地适应环境，奠定独立生活的基础。

感觉教育是为儿童各个感官的发展做准备，为未来健康的生活做准备。自然生活教育立足于儿童周围的环境，教会儿童如何适应和改变环境。儿童通过自己的劳动获得丰收，由此了解人类生活的状态和生产方式，即人类只有通过辛勤劳动、创造和改变自然，才能生存和生活。

在幼儿学习的过程中，我们常发现孩子拿笔的姿势不正确，上小学后便难以纠正。为了促进幼儿书写能力的发展，提高手眼协调能力和手指的灵活性，蒙台梭利教育在生活和感官区有大量的练习活动，如利用金属嵌图板和砂纸字感知字形，这也是蒙氏教具间接预备性的一种体现。

图 3-1-1 金属嵌图板

图 3-1-2 砂纸字

① 官晓清．蒙台梭利教具及其使用方法研究[D]．福建师范大学硕士学位论文，2013.

任务二　蒙台梭利教具的操作守则

一、蒙台梭利教具的操作要求

蒙台梭利教具所适用的年龄、范围与蒙台梭利课程是密切相关的。蒙台梭利教育的内容具有很明显的层次性，这从蒙台梭利教具便可以体现出来。生活教育的练习为感觉教育奠定了基础，而感觉教育又不单是以发展儿童的感觉教育为目的，更重要的是为更高层次的语言、数学、文化教育打下坚实的基础。根据儿童不同的敏感期设计制作的蒙台梭利教具符合人类心智发展的规律。蒙台梭利教育方法的优越性不仅是因为蒙台梭利教育理念先进，更是因为它可以系统完整地去实践。这是很多教育方法所不能比拟的。正如蒙台梭利博士所言："我们的教具使自主教育成为可能，而且允许进行系统的感觉训练，这种训练不是依靠教师的能力，而是依靠教具系统。"蒙台梭利教具有其自身的体系，对环境、教师以及课程这三方面有严格的要求。对环境的要求将在项目四中详细阐释，对教师的要求已经在项目二中介绍，下面了解一下对课程的要求。

混龄编班是蒙氏教学过程中最经常采取的活动组织形式，也是蒙台梭利教育的一大特色。幼儿园是幼儿步入社会生活的开始，也是幼儿适应社会生活的第一个场所，幼儿将在这里由自然人转化成为社会人。而混龄班级正是一个小社会的缩影，它更接近真实的社会生活，这对幼儿的身心发展具有重要的意义。混龄活动一方面有助于加强幼儿间的交往，另一方面有助于幼儿学会照顾他人。不同年龄的孩子在一起，可以相互学习，相互模仿，和平相处，通过帮助别人提高自信心。不同年龄同伴的互动，有助于幼儿找到各自的立足点，同时也有利于幼儿充分地展现自我，促进幼儿身心发展。

教育者可以为各发展层次的幼儿提供不同难度的教具，这样既充分利用了被闲置的教具，又有助于发挥各种教具的功能。每种教具蕴含着延伸和变化，可以适应于不同年龄的儿童。混龄活动不仅有助于提高幼儿的智力水平，同时也为教师尝试多种教法提供了空间。例如，感官教具中的粉红塔适用于 3 岁左右的儿童，可以帮助幼儿完成大小排序的练习。当幼儿感知大小的初级目标得到发展后，他可以尝试摆出多种形状，或者同另一种感官教具棕色梯相配合使用。5 岁左右的孩子可以通过粉红塔进行识字练习，既有助于幼儿的感官训练，又有助于幼儿智力的发展。可见混龄教学有助于开发和利用教具的潜在功能，同时为教师设计、完善辅助教具提供了一定的借鉴基础。

二、蒙台梭利教具的操作守则[①]

1. 每次只演示一种活动，目的性要明确。

---

① ［意］玛丽亚·蒙台梭利．蒙台梭利儿童教育手册[M]．北京：中国发展出版社，2006.

2. 精确动作，以儿童的节奏进行演示。

3. 简化动作，以儿童理解的方式和语言进行演示。

4. 动作要步骤化，拆分动作要根据需要进行，并加以说明。

5. 进行操作演示时，最好使用简短的语言进行说明，让儿童自己去发现，自己去探索，去享受发现的喜悦。

6. 操作教具的顺序，要从易到难，从具体到抽象，从左到右，从上到下(这也是阅读的顺序)。

7. 教师操作的时候要避免镜面教学。

8. 操作演示时要时刻注意儿童的反应，观察儿童的兴趣所在。

9. 把握时机引导儿童进入操作程序，当儿童完全可以做这项工作时，教师就要离开；但教师仍要持续观察儿童，即当儿童有需要时，教师要出现，反之，教师要立刻消失。

10. 不要刻意打断儿童的操作。

11. 操作教具之前，教师要确保教具的完整性(包括教具的摆放顺序)以及对教具的熟悉，操作教具不能混乱，要培养儿童的秩序感，秩序是儿童内在的一种安全感。

12. 操作教具时请排除任何导致儿童走神的物体，教师的头发要扎起来，摘掉戒指、耳环等小饰物。

13. 操作教具前请告诉儿童教具明确的名称。

14. 操作教具时确保教师的手不会挡住儿童的视线，儿童能看清动作的演示，不能让儿童感觉只是你的手在动。

15. 每次工作要用工作毯确认工作范围，工作毯要防水，颜色最好是纯色的，不要混淆儿童的注意力，因为3岁多的孩子就有了自我意识，此时要培养孩子根据工作来选择工作毯。

16. 鼓励儿童尽可能地重复工作。

17. 时刻观察儿童对教具的操作能力，知道儿童的需求。

18. 随时做好操作记录。

19. 操作教具时，不要因为儿童出现错误而去责怪他。

随着时代的发展，蒙台梭利教具的操作会越来越灵活，学习者首先要领悟蒙台梭利教育的理念。

学习资源分享

自制蒙台梭利教具的特点

自制教具要符合蒙台梭利教具的特点：

(1)教具具有错误控制，可以提示幼儿操作是否正确；

(2)教具具有刺激孤立性，每一件教具只针对幼儿某一方面的具体能力而设计；

(3)教具具有层次性，教具的操作由易到难，每种教具都有上位教具和下位教具，以便满足不同发展水平幼儿的需要；

(4)教具具有探究性，能够引导幼儿在探究过程中获得学习经验；

(5)教具要有可操作性，要让幼儿“有物可玩”；

(6)符合幼儿的敏感期，儿童的各项能力的发展都有其自己的敏感期，如语言、动作、感知、关注细小事物、秩序感、社会化等相继出现在六岁前，教师要根据这一特点进行相应的教具设计，及时抓住教育契机，打开儿童学习之窗。

(7)教具具有吸引力、趣味性，外表美观大方，材料的大小、重量及形状要适合幼儿的体形及操作能力，能够引起幼儿的活动兴趣。趣味性是吸引幼儿工作的重要因素。

项目回顾

内　容	掌握等级
蒙台梭利教具的特点	☆☆☆☆
蒙台梭利教具的操作守则	☆☆☆☆☆
蒙台梭利教具的操作要求	☆☆☆☆

思考与练习

1. 蒙台梭利教具具有哪些特点？

2. 蒙台梭利教具操作守则包括哪些？

3. 蒙台梭利教具操作必须强调操作的固有形式吗？还应该考虑什么？

4. 以学习小组为单位，了解某幼儿园蒙氏教师教具操作情况，根据你了解的教具操作守则，评价这位教师的教具操作质量，并提出改进建议，将评价与建议上传至班级网络平台与同学共享。

学习自评卡

请根据自己的学习情况在相应的掌握程度的空格中画“√”，并将学习反思填写在“分享与总结”一栏中。

所属内容	掌握程度		分享与总结
	能掌握并运用的部分	能理解并识记的部分	
蒙台梭利教具的特点			
蒙台梭利教具的操作守则			
蒙台梭利教具的操作要求			

项目四
蒙台梭利教育环境创设

学习目标

1. 理解蒙台梭利教育环境创设的目标。
2. 了解蒙台梭利教育环境创设的内容。
3. 掌握蒙台梭利室内外环境创设的具体要求。

内容图解

任务一　蒙台梭利教育环境创设的目标与内容

- 一、蒙台梭利教育环境创设的总目标
- 二、蒙台梭利教育环境创设的具体原则
- 三、蒙台梭利教育环境创设的具体内容

任务二　蒙台梭利室内外教育环境创设

- 一、蒙台梭利室内教育环境创设
- 二、蒙台梭利室外教育环境创设

项目导言

"他的周围事物就是一本书，使他在不知不觉中继续不断地丰富他的记忆，从而增强他的判断力。为了培养他具备这种头等重要的能力，真正的好办法是：要对他周围的事物加以选择，要十分慎重地使他继续不断地接受他能够理解的东西，而把不应该知道的事物都藏起来，我们要尽可能用这个方法使他获得各种各样有用于他青年时期的教育和他一生的行为知识"。

——玛丽亚·蒙台梭利

这段文字中的"周围事物"主要指什么？包括哪些内容？我们如何选择与安放？

任务一　蒙台梭利教育环境创设的目标与内容

在前面的项目中已经提到蒙台梭利教育要提供有准备的环境，那么有准备的环境应该是什么样的呢？为了儿童身心健全成长与发展，符合"儿童之家"要求的理想环境，第一，要拥有"自然的、文化的环境"，并且是"能够防止物理性危险的安全环境"；第二，要在此环境中配置蒙台梭利教具；第三，要有"优秀的教师"。这三点是蒙台梭利教育必备的三大要件。这三点也被称为蒙台梭利教育的三要素。对于教师和教具前面已经作过介绍，下面重点介绍一下"儿童之家"的环境。

关于"儿童之家"的环境创设，蒙台梭利说："它不必有固定的形式，只要以当时的情况与财力加以配备即可。"蒙台梭利并没有提出设备的严格标准，甚至对占地面积及建筑面积、房屋的形状及间隔、园舍及活动室面积等都没有特别的规定。仅仅确立了以下两点：一是必须保障儿童自由，应是儿童作为主人能充分活动的场所；二是为了使儿童能充分展开内在生命，并发展身心能力而有完善准备的环境，如设置齐全的教具。

设立"儿童之家"最低限度必须有哪些设备呢？究竟哪些设备设施最理想呢？下面结合 1914 年出版的《蒙台梭利儿童教育手册》和蒙台梭利学校(幼儿园)近些年的发展状况作一些基本的说明。

一、蒙台梭利教育环境创设的总目标

根据蒙台梭利关于环境创设的理念及我们对环境的理解，我们将环境定位为：儿童之家和儿童的学习场所。这也是我们创设环境的总体目标。

(一)儿童之家

这里的"儿童之家"是指孩子们可以开展活动的环境。这种学校没有固定的形式，根据可调配的资金和学校能给孩子提供的机会，它可以有多种形式。儿童之家应该是一个真正的“家”，也就是说，应该有一些房间和一个花园，孩子们就是这间房子的主人。

(二)学习场所

教室及整个幼儿园应当体现出安静、独立且蕴含民族文化的氛围，使儿童能在环境中有意或潜移默化地学习。

二、蒙台梭利教育环境创设的具体原则

(一)区域齐全原则

每个教室中必须有七个位置相对固定的区域，一般每学期调整一次。每个区域的大小要根据本班孩子的需要来设定，而不是平均分配。为了合理地设置每个区域的大小，教师可以做连续两周的“人口分布图”观察，根据进入每个区域的孩子人数，可分析出本班孩子的兴趣所在，从而根据孩子们的兴趣来调整每个区域的大小。

(二)满足集体活动又兼顾个别学习的原则

教室环境既要满足集体活动又能满足个别学习的需要，每个区域要半开放半封闭。半开放是为了满足集体活动的需要，保证有足够容纳全体儿童和教师的场地；半封闭是为了满足儿童个别学习的需要，保证相关区域位置临近，使儿童能够就近活动，而每个区域又相对独立，以免互相干扰。区域的设置要因地制宜，千万不可教条。

(三)就近操作原则

就近操作具有以下实际意义：

1. 方便材料搬运；
2. 让儿童有更长的时间用于操作材料本身；
3. 提供了保证材料安全的可能性；
4. 便于教师观察，使其能根据儿童的需要来调整区域。

(四) 通道畅通原则

区域设置必须考虑教室内的交通通道，以方便儿童行走和活动。进行区域活动时，孩子之间、孩子与柜架之间、地毯与地毯之间以及桌子与桌子之间必须留有通道，做到任何时候都可以畅通无阻。如场地有限，可设计单行线运动方案，既可以保证儿童行动自如，又可以保证材料的安全。

(五)生命教育原则

教室里必须要投放有生命的动植物，必须要有一盆大叶植物和若干小型盆栽植物以

及适宜教室中饲养的小动物，如金鱼、乌龟等。这既美化了环境，又可以让儿童学习照顾动植物，从而培养他们珍惜生命、热爱生活及保护环境的责任意识。

（六）和谐之美原则

整个环境要和谐统一、协调一致且清新雅致，让孩子们体会到美的最高境界就是和谐。

（七）体现民族文化、地域文化氛围原则

体现地域文化的特色是幼儿园课程开发和实施的基本前提。课程地域化要求挖掘本地日常生活中蕴含的教育资源，从地域的自然、文化和社会特点出发，借助适合幼儿学习的地域素材和活动，加深幼儿对自己生活环境的认识和了解，培养幼儿对地域的情感。蒙台梭利课程地域化的过程也是课程民族化和地方化的过程。

三、蒙台梭利教育环境创设的具体内容

（一）基本设施

1. 桌子与工作毯

(1)应根据每个区域的活动材料所需的操作场地的要求(必须在地面？必须在桌面？还是两者皆可？具体列表统计)来确定投放在该区域的工作毯和桌子的数量。这样既能观察到进入该区域的儿童人数及频率，以便根据需要来调整区域大小，又能让儿童学会等待。

(2)一定要认识到桌子和工作毯都是可以活动(能够搬运)的。

2. 柜架

(1)应根据学习材料的长度、宽度、高度及形状来选择适宜的柜架。

(2)一定要认识到柜架是可以活动的，并且是可以根据活动的需要而移动的。因此柜架的设计一定要方便搬运且安有轮子。(注：要用带刹车的万向轮，以保证儿童及活动材料的安全。)

(3)可以按区域来区分柜架的颜色，以此作为方便儿童物归原位的错误控制。

（二）学习材料

1. 学习材料的投放原则

(1)材料的丰富性(数量上的保证)：每种工作材料要投放 3～5 份。

(2)材料的层次性：学习材料要有难易程度之分，体现从易到难的循序渐进性。每种工作材料必须体现 3 个以上的层次。

①按年龄层次分：必须要有分别适合大、中、小 3 个年龄层次的儿童操作的材料。

②按难易层次分：必须要有基础性、选修性、研究性 3 个层次的操作材料。

(3)材料的系列性：材料之间体现循序渐进的关系，构成教学顺序。

①每种工作材料要形成系列，体现从易到难的顺序。如倒的工作：倒的材料可分为固体材料和液体材料；固体材料又可分为：大的颗粒、小的颗粒、粉末；倒的器皿又可分为有嘴有把、有嘴无把、无嘴有把和无嘴无把；倒的动作按难易程度又可分为一对一倒(即从 a 倒到 b)、一对多倒和平均分地倒。

②不同的工作材料要形成系列，构成教学顺序：如 a 工作是 b 工作的基础，a 和 b 就要放在一起，或 a 要放在 b 的前面等。蒙台梭利教育的感官材料和数学材料都有这种系列性，所以不能随意摆放，以免破坏材料之间内在的系列性。

(4)投放的材料要有数量控制：要按份投放，小颗粒必须记数。

(5)多投放选修性、研究性和程序性的工作材料，少投放一些前导性(单一的动作练习)的工作材料。

2. 学习材料的摆放原则

(1)每份工作操作必须装在一个托盘(或容器)里，以方便儿童取放。

(2)材料在教具柜上必须按份(个、套等)正面摆放，不能前后叠放、上下叠放，也不能反放、倒放、斜放，以方便儿童取放，同时培养儿童的秩序感。

(3)每份材料要按照能显现自身特点的方式摆放，便于儿童观察和选择。

(4)所有材料要统一放在距教具柜边沿约 1cm 的位置上，材料的边沿要和教具柜的边沿平行，便于儿童观察和选择材料，同时有利于培养儿童珍惜资源、小心呵护材料的意识。

(5)每份材料之间要留有可轻松伸进两名儿童的手的空隙，便于两名儿童同时取放相邻的材料。

(6)不同的材料要按材料之间的相关性、内在联系、难易关系和教学顺序来摆放，蒙台梭利教育的经典材料必须按规定的要求摆放。

3. 自制学习材料的要求①

(1)要有教育目标和文化内涵。

(2)要有错误控制，即儿童能发现错误并自行订正错误。

(3)每个材料要设有 2 个以上的兴趣点。

(4)必须是半成品，即经过儿童的操作可以成为成品(成果)。

(5)儿童操作后形成的成品最好是立体的。

(6)可重复操作，即可拆开后再供其他儿童重新操作。

(7)能体现和谐之美。

---

① 段云波．蒙台梭利标准教具与制作[M]．济南：山东教育出版社，2007.

(8)利用废旧材料制作，以培养儿童环保意识。

(9)不是单一的动作练习，而是使儿童能够通过操作材料来学习完整地做成一件事。

任务二　蒙台梭利室内外教育环境创设

一、蒙台梭利室内教育环境创设

(一)基本设备

1. 桌椅

桌椅的质材以木质为佳，宜轻且坚固，使幼儿易于搬动；颜色宜柔和，方便幼儿清洁擦拭；椅脚底部不要加橡皮垫，使幼儿随时注意控制自己的肢体动作。至于桌子形状，以长方形最适宜，可两人合用；若合并，则可多人使用。如果空间足够，点心桌可采用圆形或六角形，让空间感觉生动活泼。

表 4-1　幼儿桌椅尺寸参考表

年　龄	桌	椅
1.5～3 岁	长　宽　高 90cm × 55cm × 40cm	长　宽　高 29cm × 24cm × 43cm
3～6 岁	90cm × 55cm × 50cm	29cm × 26cm × 60cm

2. 柜子

幼儿园必备的柜子因用途的不同可分为无门的鞋柜、教具柜(陈列架)以及存放寝具、清洁用具、幼儿个人衣物的有门储物柜和衣橱。这些柜子的尺寸都必须依幼儿的身高设计。

3. 陈列架

可陈列、放置教具，亦可作为隔间使用。高度宜为幼儿的平均身高或略低，1.5～3 岁幼儿使用的尺寸约 120cm(长)×74cm(宽)×30cm(高)，3～6 岁幼儿使用的尺寸约 120cm×90cm×30cm。

4. 工作地毯

幼儿操作教具所使用的工作地毯规格建议为：1.5～3 岁幼儿使用 55cm×75cm 或 50cm×80cm；3～6 岁使用 75cm×105cm。颜色大都采用灰、绿或粉红色，素面无花纹。

地毯架可用来收纳、放置工作用的地毯。若为了节省开支，可以用藤篮、塑料篮替代地毯架。

5. **走线**

蒙氏教育工作室里的地板上必须有一圈椭圆形线条(两侧呈直线，四角为圆弧)。它是用油漆画在地板上或用胶带粘在地板上的，供儿童做走线练习使用。

走线用的线与教具架或墙壁至少距离 30cm，这样在活动进行中，幼儿才不致碰撞教具或因靠得太近而随手玩起教具。如果室内空间不够画成椭圆形，走线的线条可设在韵律室或较大空间的团体活动室里。

6. **教具**

蒙台梭利教具包括日常生活领域、感官领域、数学领域、语言领域、科学文化领域五大方面。

(二)教学区的布置

1. 日常生活区

(1)因常常需要用水，宜选择接近水源的地方。

(2)可选择较接近门口处，以吸引幼儿进入教室工作。

(3)较潮湿，应选择在通风处及有阳光的地方。

(4)在桌上操作的工作较多，故桌子的设置应较其他区多。

(5)需设置点心桌和清扫用具。

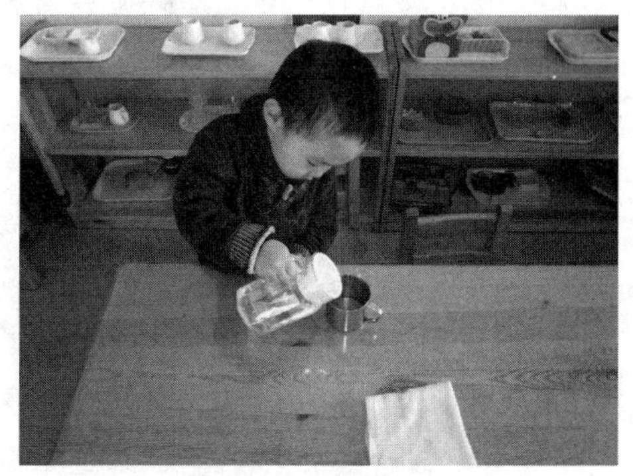

图 4-2-1　日常生活区

有些蒙台梭利幼儿园把日常生活区另辟成厨房区，将日常生活训练中的抓、挤、倒等融入真实的日常动作。如拿抹布、洗涤东西、倒水等是很符合蒙台梭利教育理念的活动。

2. **感官区**

(1)感官教具大多在地毯上操作，因此，桌子分配较少。

(2)应避免和安静区(例如语言区)相邻。

(3)应尽量接近数学区，不宜设置在教室出入口处。

图 4-2-2　感官区

3. 数学区

图 4-2-3 数学区

(1)应尽量接近感官区。

(2)数学教具大多庞杂，需在地毯上操作的工作较多。

(3)可放置身高器、体重器、温度计、时钟、生日卡等与数字有关的器具。

数学教具的零件较多，应加强管理，可用矮柜隔出半开放空间，避免与其他教具相混。

4. 语言区

(1)语言区的工作需要思考，宜安排在较僻静的角落。

(2)宜选择光线充足、柔和的地方，以利于儿童阅读和书写。最好接近窗台，以增加舒适感。

(3)提供软靠垫、盆栽植物，营造静谧的气氛，并可作为幼儿暂时休息的私人天地。

5. 科学文化区

图 4-2-4 科学文化区

(1)临近水源、电源、光源，以利各种实验的操作和进行。

(2)需一定数量的桌子，以方便模型的制作。

(三)其他必备用品

其他必备用品包括：陈列教具的托盘；整理仪容的镜子；抹布、海绵、小扫帚等清洁、扫除用具；整理衣服的烫衣板、熨斗；温度计；供幼儿自己计量和记录成长的体重器和身高器以及生长的植物或动物。

二、蒙台梭利室外教育环境创设

幼儿园外部环境包括运动设备(秋千、滑梯、平衡木、跳垫等)、游戏设备(沙坑、水池)和园艺设备等。蒙台梭利较强调肢体协调与控制的动作训练，例如攀爬架(爬)、平衡木(平衡感)、秋千、跷跷板等都是协调动作与控制肢体的运动器械。如果操场太小，训练大肌肉发展的器材可设置在大活动室内。

图 4-2-5　攀爬

图 4-2-6　平衡

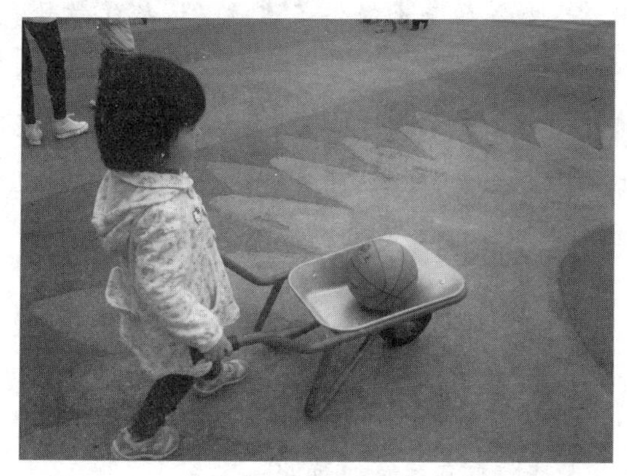

图 4-2-7　带物平衡

学习资源分享

蒙台梭利预备环境的评估

户外环境

1. 每名幼儿是否有 2 平方米的户外活动空间？

2. 户外庭院是否栽植花草树木，并避免假山、喷泉等非自然建筑？

3. 园所附近是否有公园，提供给孩子观察、探索自然环境的机会？

4. 户外活动区的规划是否便于教师监督？

5. 户外活动设施是否安全？检查是否有尖锐金属物？地面是否为软性材质？日照区和阴影区是否均衡？

6. 是否有半开放、户外的活动区，以利于雨天的教学活动？

7. 是否有多种体能设备，供不同身心发展的幼儿使用？

8. 是否有爬杆、平衡木、攀岩等设备，供幼儿发展动作的协调能力？

9. 是否有一个户外储存室，使幼儿能自主放回可以移动的运动器材？

10. 运动场地的排水是否良好？是否有适量的可投放垃圾的设施？

11. 是否有供幼儿饲养动物、养护植物的地方？

室内环境

1. 桌椅、鞋柜、储物柜等儿童日常用品是否符合幼儿的身材、尺寸？并且具有易清洗、擦拭的特性？

2. 窗户的高度是否能让幼儿看到户外？

3. 空调、采光的设备是否完善，不致影响幼儿身心发展？

4. 盥洗室的洗手台、马桶高度是否符合幼儿的身高？数量是否足够使用？

5. 全园是否有一个大空间(阳光房、多功能厅)，足够容纳幼儿进行团体活动？

6. 教室的地板是否适合幼儿坐卧？

7. 是否具备五大教学区？各区是否提供了适量、适龄的教具和教材？其间隔和路线是否明确、顺畅？

8. 各区教具是否井然有序而且不拥挤地用托盘或者篮子、小筐陈列在教具柜上？

9. 各区所陈列的教具，幼儿是否随手可取拿并知道如何归位？

10. 是否有自制符合本土化的文化教具、语言教具？

11. 教室内是否有一个能让孩子安静独处的地方？是否放置了大靠枕和软垫？

12. 教室的墙壁上是否挂有幼儿伸手可及、平视可见的名画和实物、实景的照片(不可有复杂的抽象画，要力求真实，和幼儿已有的知识相近)？

13. 教室内是否有温度计？是否经常保持20℃～26℃？

14. 吵闹和易弄脏的环境是否与安静、需保持整洁的学习区隔离使用？

15. 幼儿的盥洗用具如：毛巾挂钩、拖鞋柜、衣帽柜、储物柜，是否贴上了名字？

16. 在教师的视线范围内班级是否设有静思角？帮助幼儿通过观察别人、反思自己的言行以解决在教学活动中出现的各类问题？

17. 是否在语言区、数学区设置相应数量的桌子，为幼儿的书写做准备？

18. 是否有具有中华各民族特色的物品，帮助幼儿了解自己的本土生活环境？并有其他不同民族、种族的物品，培养幼儿的世界观？

19. 是否有益智玩具(积木、拼图等)，供幼儿在各间歇活动期间使用？是否配有装玩具的篮子或托盘？

20. 是否设有幼儿美劳作品的陈列处？作品的展示栏？

21. 教室内是否有植物、精美的桌布、饰物等室内装饰，让幼儿有家的温馨之感？

22. 是否有家园共育的平台或者空间，帮助家长了解课程或幼儿发展情况？

项目回顾

内　容	掌握等级
蒙台梭利教育环境创设的目标	☆☆☆☆
蒙台梭利教育环境创设的内容	☆☆☆☆☆
蒙台梭利室内教育环境创设	☆☆☆☆☆
蒙台梭利室外教育环境创设	☆☆☆☆

思考与练习

1. 蒙台梭利教育环境创设的目标是什么？
2. 蒙台梭利教育环境创设的原则是什么？
3. 如何进行蒙台梭利室内教育环境创设？
4. 如何进行蒙台梭利室外教育环境创设？
5. 以学习小组为单位，绘制蒙台梭利室内环境创设示意图，课上分享，并进行组间评价。

学习自评卡

请根据自己的学习情况在相应的掌握程度的空格中画“√”，并将学习反思填写在“分享与总结”一栏中。

所属内容	掌握程度		分享与总结
	能掌握并运用的部分	能理解并识记的部分	
蒙台梭利教育环境创设的原则			
蒙台梭利教育环境创设的内容			
蒙台梭利室内外教育环境创设			

项目五
蒙台梭利教学活动流程

学习目标

1. 了解蒙台梭利教学活动包括哪些环节。
2. 识记走线的年龄阶段特征。
3. 掌握开展走线、静寂游戏的方法。

内容图解

任务一　蒙台梭利教学活动

- 一、国内蒙台梭利教学组织形式
- 二、蒙台梭利三阶段教学法
- 三、蒙台梭利教案(展示页)的书写

任务二　蒙台梭利教学活动流程

- 一、走线
- 二、静寂游戏
- 三、教师示范
- 四、幼儿操作，教师个别指导

项目导言

助教老师播放轻音乐，幼儿和老师开始走线(老师走在线内，助教老师和外教老师则和幼儿一起在线上行走)。教师：眼睛看着自己的小脚，脚跟挨着脚尖；如果你和前面同学距离太近了，请等待；双手叉腰；双手打开、放在身体两侧；看着自己的脚，脚跟挨着脚尖；好，前进；双手叉腰；音乐停止，大家围坐在一起。

以上是某幼儿园的走线活动，这样的走线活动形式你认可吗？完整的蒙氏活动除了走线环节，还有哪些？

任务一　蒙台梭利教学活动

一、国内蒙台梭利教学组织形式

蒙台梭利教学法在本土化过程中形成了不同的教学组织形式，主要有专门的蒙台梭利幼儿园、普通幼儿园开设蒙台梭利班或蒙台梭利课以及将蒙氏教具作为区角材料操作的普通幼儿园。

(一)专门的蒙台梭利幼儿园

专门的蒙台梭利幼儿园以蒙氏教育思想为主要办园理念，依照蒙台梭利教师的标准去培训教师，依照蒙台梭利环境的要求去创设环境，课程基本以半日蒙氏活动为主，即半天的时间都是蒙氏的教学活动，下午则结合幼儿的兴趣或需要，开设一些音乐、美术或逻辑思维活动。一般这些活动的主题与近期蒙氏教具的操作相关联，如近期幼儿学习的是建构三角形，则在下午的美术活动中可以让幼儿用三角形创意绘制图画。

(二)普通幼儿园开设蒙台梭利班或蒙台梭利课

这类幼儿园一般是依照常规幼儿园的办园理念，部分引进蒙氏教学理念与方法，以组建个别班级或开设个别课程的形式实践蒙氏教育，与幼儿园的其他课程平行存在。

(三)普通幼儿园将蒙氏教具作为区角材料操作

这类幼儿园一般只关注的是蒙氏教具的作用，把蒙氏教具作为普通操作材料来操作，如果没有专门的蒙氏教师进行有针对性的指导与支持，往往会流于形式，蒙台梭利教育的独特作用很难发挥。

二、蒙台梭利三阶段教学法

蒙台梭利教育的教学方法主要是“三步教学法”(也叫三阶段教学法)。所谓三步教学法是儿童学习实物及其名称的方法，即在成人与儿童之间对物体的命名、辨别、发音三个阶段，使用儿童能记住物体的名称(概念)。在教学时，教师所用的语言要遵循简单、客观、正确这三个原则。

三步教学法要求先选择三种要向儿童介绍的不同的学习对象，将它们放置在工作毯上，远离其他教具。在进行三步教学法时，有时也选择两种或四种学习对象，但三种最佳。开始前，要求孩子们“认真听，它们叫什么名字?”

第一步：向儿童呈现三种学习对象，协助儿童将其名称与儿童已有的经验结合。

第二步：让儿童再认识这三种学习对象，说出它们的名称，使儿童能够将该学习对象同它们的名称统一起来，与其他教具区别开。

第三步：让儿童通过自己的亲手操作，对刚才教师介绍的教具有概念性的认识。

例如：认识色板第一盒中：

①命名。教师：“这是红色，这是黄色，这是蓝色(可带领幼儿跟读)。”

②辨别。教师：“请把红色拿给我。”“请告诉我黄色在哪里?”教师闭上眼睛，“请把蓝色藏起来。”

③发音。教师(指向色板)：“请问这是什么颜色?”幼儿：“这是红色。”“请你闭上眼睛。”教师把一块色板藏起来，“请你睁开眼睛，哪块色板不见了?”幼儿：“黄色不见了。”“请问这是什么颜色?”幼儿：“这是蓝色。”

三步教学法在蒙氏教育中具有重要作用：在日常生活教育和科学文化教育中，三步教学法教孩子们说出使用的工具或材料的名称；在数学教育中，三步教学法教儿童认识数字、符号；在语言教育中，三步教学法可以用来教儿童认识字母，提高词汇水平；在感觉教育中，三步教学法更是被广泛地用来向儿童介绍物品的名称、性质和特点。

三、蒙台梭利教案(展示页)的书写

蒙台梭利教案被通称为展示页，展示页有独特的形式与内容，与普通教案有本质的区别，在教师示范教具前都要详细书写与绘制展示页。展示页有两类，一类是纯文字的，另一类是添加图示的。

第一类展示页由 10 项内容组成，即工作名称、工作前经验(适用年龄)、操作材料、工作目的、工作步骤、变化延伸、错误控制、兴趣点、指导用语、注意事项，详见表 5-1。

工作名称：本次展示教具的名称。

工作前经验(适用年龄)：需要幼儿具备什么教具的操作经验后才能操作本教具，或本教具一般适用于哪个年龄段。

操作材料：本次展示需要哪件教具。

工作目的：直接目的，本次教具能直接实现的目标。

间接目的，本次教具间接做的知识或能力准备。

表 5-1　第一类展示页

工作名称：
工作前经验(适用年龄)：
操作材料：
工作目的：直接目的 　　　　　间接目的
工作步骤： 1. 2. 3.
变化延伸：
错误控制：
兴趣点：
指导用语：
注意事项：

工作步骤：操作教具的先后步骤的详细描述。

变化延伸：基于本次操作可以变化的其他相关类似操作。

错误控制：本次展示教具的错误提醒是什么。

兴趣点：幼儿对操作该教具感兴趣的地方。

指导用语：教师在展示教具过程中使用的指导幼儿的语言。

注意事项：操作该教具时需要注意的问题。

第二类展示页除以上十项外还增加一项图示，即在绘制主要操作步骤时配上照片。一般是比较复杂或抽象的操作会使用这种方式绘制展示页，详见表 5-2。

表 5-2　第二类展示页

<table>
<tr><td colspan="2">工作名称：</td></tr>
<tr><td colspan="2">工作前经验(适用年龄)：</td></tr>
<tr><td colspan="2">操作材料：</td></tr>
<tr><td colspan="2">工作目的：直接目的
　　　　　间接目的</td></tr>
<tr><td colspan="2">工作步骤：
1.
2.
3.</td></tr>
<tr><td>变化延伸：</td><td rowspan="5">图示

绘制主要操作步骤也可贴照片</td></tr>
<tr><td>错误控制：</td></tr>
<tr><td>兴趣点：</td></tr>
<tr><td>指导用语：</td></tr>
<tr><td>注意事项：</td></tr>
</table>

任务二　蒙台梭利教学活动流程

蒙台梭利教学活动一般包括走线、静寂游戏、教师示范、幼儿操作四个环节。

一、走线

(一)蒙氏教育中让儿童走线的原因

玛丽亚·蒙台梭利在《童年的秘密》中指出：“儿童掌握行走的能力，靠的不是等待这种能力的降临，而是通过学习走路获得的。学会走路，对儿童来说是第二次出生，这使他从一个不能自主的人，变成了一个积极主动的人，成功地迈出第一步，是儿童正常发展的主要标志之一。”关注儿童自主能力发展的蒙台梭利认为应该把发展儿童走路的能力放在重要位置，因为这是儿童实现独立自主的第一步。

(二)走线形式的由来

蒙台梭利在讲学时曾经到过印度，在那里，她为古老而神秘的东方文化所吸引。特别是印度的瑜伽对她触动很大，引发了她的灵感。于是，她将其融入蒙氏教育的走线工作中，配合舒缓的轻音乐，使孩子心灵沉寂，专注平静，为孩子一日工作奠定良好的基础。同时，根据孩子生理发展的需求，走线过程可增强全身肌肉的控制能力，促进肌体的协调，亦可锻炼孩子的意志力，益于孩子的身心发展。走线的音乐可以用播放器播放，也可由教师现场弹奏。

(三)蒙氏线的创建

蒙氏线是一个椭圆线形圈，类似于一个跑道，两边为直线，两头为弧线，可以画上去，也可用宽 5cm 左右的胶带在地板上贴出一个白色或彩色椭圆形。

图 5-2-1

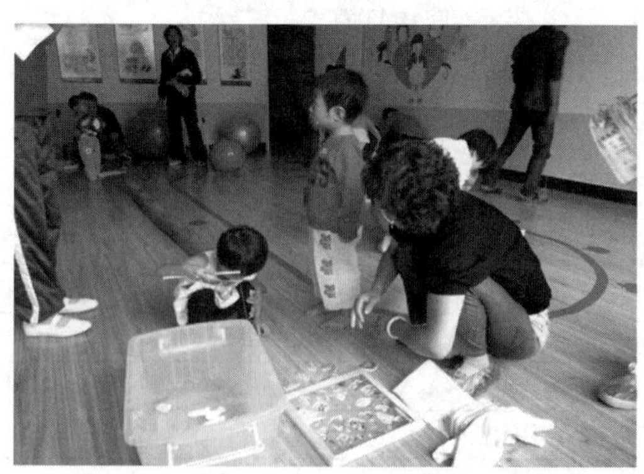

图 5-2-2

(四)走线的目的

1. 发展平衡感。

2. 锻炼大肌肉的协调能力与自我控制。

3. 培养秩序感。

4. 使幼儿充分集中注意力，稳定情绪。

5. 培养对音乐节奏的感受力和反应能力。

6. 培养优雅的走路姿势。

(五)不同年龄段走线活动的开展

0～12个月：被动走线。这个年龄段的孩子还没有独立行走的能力，此时的走线一般是父母或老师怀抱孩子(让孩子的脸面向外面)，带着孩子走线。成人随音乐旋律行走时身体有节奏地晃动，婴儿可以感受音乐的韵律，并在走线过程中观察周围的环境，和前后的小伙伴打招呼，激发孩子社会交往意识。

12～18个月：自主走线。这个年龄段的孩子已经基本学会了走路，特别是对于那些走路已比较熟练的孩子，可以让他们自主走线。有些孩子在行走时还把握不好方向和速度，成人可以牵着孩子的手，让孩子走在成人的前面，辅助他自由走线。本阶段的走线可以发展儿童的行走能力、注意力及音乐感受力等。

18～24个月：动作走线。这个年龄段的孩子已经能够自如走路，在走线时可以引导孩子加一些认识自己身体部位的动作，如“小手叉腰、小手摸肩、小手摸耳朵……”加动作时，首先是加两只手动作相同的，然后再加两只手动作不同的。本阶段的走线可以发展儿童的认知能力、平衡感、秩序感及协调能力等。

24～30个月：模仿走线。这个年龄段的孩子走线时可以加模仿小动物的动作，如“小鸟飞来了”，双臂做飞的动作。走线时结合孩子感兴趣的小动物的典型行为，可以激发和保持儿童走线的兴趣，有助于促进儿童形象思维、注意力的集中与分配能力的发展。

30～36个月：持物走线。持物走线中可持物体有很多种，应根据幼儿的能力安排使用的顺序，具体形式如下：

(1)用易倾斜的东西作线上步行——旗子。

(2)用会摇晃的东西作线上步行——珠子。

(3)用会掉落的东西作线上步行——汤匙和乒乓球。

(4)用会破裂、会洒的东西作线上步行——玻璃杯盛有颜色的水。

(5)用会发出声音的东西作线上步行——铃铛。

(6)用会熄灭的东西作线上步行——蜡烛。

(7)用会散落的东西作线上步行——积木、书籍。

(8)用会翻倒的东西作线上步行——篮子和水果等。

3～4 岁：同方向运动。引导幼儿学习走线时保持距离，不推挤别人，两脚要走在线上。

4～5 岁：有控制、较准确的走线。此时孩子应具备三个概念：一是控制距离的概念，与前后幼儿不推挤；二是走在线上的概念，两脚踩在线上；三是正确走线的概念，前脚跟紧挨后脚尖。

5～6 岁：综合增加难度的走线。对这个年龄段的孩子，可安排其进行线上诗歌、散文朗诵等。

二、静寂游戏

(一)静寂游戏的含义

静寂游戏，又被称为肃静游戏或安静游戏，目的在于发展幼儿独处的能力，增强自我控制力，并使幼儿在安静的环境中建构自我的概念，培养主动学习的意识。游戏场地在工作室的线上。

(二)静寂游戏的类型及实施

1. 聆听声音

(1)聆听声音并说出声音的名称或来源

适宜年龄 2 岁以上。

指导用语

请小朋友闭上眼睛，我们一起来听声音，一会儿老师邀请小朋友说说你听到了哪些声音。

①聆听室内声音。

听制造出来的声音：

教师在教室内故意制造一些生活中常听到的声音，如抖动纸张、拉拉链、摇晃钥匙、挪动椅子、走路的脚步声等的声音。

听室内其他的声音：

钟表、电器、乐器等发出的声音。

②聆听室外声音。

外界的种种声音，如车声、人说话的声音、鸟的叫声、雨滴的声音、风的声音等。

(2)分辨比较细小的声音

适宜年龄 2 岁以上。

指导用语

接下来，老师要用非常小的声音说一些话，请小朋友仔细听。

①听老师叫自己的名字的声音，被叫到的小朋友轻轻走到教师身旁，握握手等。

②轻声传话：小朋友围坐一圈，教师选取一句简短的话告诉身旁幼儿，依次传下去。

2. 不出声的游戏

适宜年龄 2岁以上。

①问好：老师向小朋友问好，嘴巴动，不出声，请幼儿按老师的方法向老师问好。

②避难训练：教师在教室里准备一些遮挡物，如纸箱，让幼儿扮演小羊，躲避“大灰狼”的追捕。“大灰狼”来了，幼儿能不出声。

③比比看谁先笑：两名幼儿一组，看着对方的眼睛，谁先笑，即为失败；可多次进行。

④比比看谁先眨眼：两名幼儿一组，看着对方的眼睛，谁先眨眼睛，即为失败；可多次进行。

⑤123，木头人：教师说木头人的儿歌，让幼儿听指令控制自己不做出相应的行为。如“123木头人，1不许说话，2不许动，3不许抱娃娃”。

3. 全脑冥想

适宜年龄 3.5岁以上。

指导用语

请小朋友闭上眼睛，根据老师说的话去想象，一会儿老师邀请小朋友说一说你想到了什么。

老师可以描述一些场景，让幼儿去自由想象，如“春天来了，温暖的春风吹拂着我们的小脸，青绿色的草地上我和我的小伙伴在做着什么？”

4. 阅读分享

扫码看视频

适宜年龄 0.5岁以上。

指导用语

接下来我们要听一个好听的故事。

教师或幼儿分享一个故事或阅读一本绘本。

5. 运动量不大的小游戏(一般是手指操)

适宜年龄 0.5岁以上

指导用语

接下来我们要做一个好玩的手指操。

教师或幼儿带领全体幼儿做一个手指操。

三、教师示范

(一) 取工作毯

在教师进行示范课之前，要取一张工作毯。取工作毯时，可以“竖取”，教师双手握住工作毯中间处，左手在上，右手在下；也可以“横取”，教师握住工作毯两侧，拇指在里，其余四指在外，慢慢地走到幼儿前方，确定好位置后将工作毯轻轻地放下。

（二）铺工作毯

教师将工作毯轻轻放下后，将其边缘轻轻展开，双手握住工作毯两侧后，将工作毯完全展开，铺平。

（三）介绍工作名称

介绍工作名称时，教师要完整地将本节课的名称告诉幼儿，例如：“今天老师要和小朋友们做一项有趣的工作，工作的名称是粉红塔。”

（四）取教具

教师取教具，此时幼儿的注意力会被教师的动作所吸引。因此，在取教具时教师要将动作放慢，并分解开来，最后将教具放在工作毯上。

（五）教师示范

教师示范一般是以小组形式进行的，幼儿坐在教师的左手侧，避免镜面示范。教师的示范过程也是幼儿学习的过程，在示范时老师要注意一边操作一边观察幼儿的反应，用动作和表情去吸引幼儿，也可以与幼儿互动。

（六）幼儿参与

教师在示范过程中，可以请一个或几个幼儿参与操作，这样既可以检验幼儿的掌握程度，又可以提高其他幼儿的积极性。

（七）教师小结

在完成本节课的操作任务后，教师要有本节课的结束语，如：“粉红塔的工作老师做完了，老师要将这项工作的教具放回感官领域的教具架，有想尝试的小朋友可以到感官区去取。”

（八）教具归位

教具归位时，教师可以自己将教具放回教具架，也可以与幼儿一起将教具送回教具架。

（九）收工作毯

将教具放回教具架上后，教师要将工作毯卷起，放回工作毯架，课程结束。

四、幼儿操作

幼儿操作时，教师要进行个别指导，以下对指导的内容和注意事项作简要介绍。

(一)教师指导的内容

1. 提示幼儿先取工作毯，再取教具进行操作，操作练习必须在工作毯上进行(有些工作是在桌面上操作的，教师可以提示幼儿先准备好桌椅)。

2. 幼儿可以根据自己的兴趣自由选择教具操作，也可以由教师辅助幼儿进行选择。

3. 教师作为资源随时给幼儿提供帮助，进行有效的指导。

(二)教师指导的注意事项

1. 教师的指导是一种引导而不是主导。

2. 教师的指导需要适时、适度。

3. 教师的指导需要保护幼儿的操作兴趣。

“一定要按示范来”

蒙氏活动室，展示工作时间。教师在给幼儿示范蒙氏教具“倒干豆”。两个罐子，每个罐子都有一个手柄和可以倒出东西来的罐嘴。它们相对放置在一个长方形的浅盘子上，手柄分别向外侧，罐嘴相对，右边的罐子中放有大约三分之二的干豆。教师在给儿童示范如何把一个罐子里的干豆倒进另一个罐子里：先用右手握住手柄，然后抬起来，把罐嘴对准另一个罐的开盖口，然后轻轻地、缓慢地把干豆倒进另一个罐子，尽量做到让干豆不撒出来。轮到幼儿亲自操作了。3 岁半的小男孩豪豪开始了。他用两只手抱着那个装着干豆的罐子，努力把罐嘴对准另一个罐的开盖口，但还是不小心把干豆撒了出来，满地都是。这时老师打断了他：“豪豪，刚才老师不是给你示范过了吗？你这么做不对，要一只手拿着这个罐子的手柄，你没有拿着手柄，这么抱着是不行的。来，再看老师示范一遍。”教师又给他示范了一遍。豪豪又开始操作了。他先用右手拿着罐子的手柄，可却摇摇晃晃的，怎么也对不准另一个罐的开盖口。他又用左手拿起罐子的手柄，可依旧无法对准。这时，他就两只手抱起了罐子。“豪豪，你怎么又用两只手抱起罐子了呢？你一定要按老师示范的做，用一只手拿罐子的手柄。来，老师再给你示范一遍。”这时，豪豪已经没有再看老师示范了，而是把目光投向了别处。老师再让他操作的时候，他却走开了。

蒙台梭利认为，教育介入的主要形式，必须以引导儿童向独立自主的方向发展为目标。教具操作，其目的是为了儿童在操作中通过反复的“出错—矫正”，使观察能力、推理能力逐步提高。因此，当幼儿在使用教具时脱离了蒙台梭利教具使用规范时，教师应该灵活地采取应变措施，而不是反复用同一种方法去强调。

实训建议

实训目标

1. 能规范、标准地进行工作展示。

2. 能规范、完整地书写展示页。

3. 能形象、具体地设计幼儿纸张作业单。

4. 能科学、创新地自制蒙氏教具。

5. 能丰富、完整地组织、实施蒙氏半日活动。

实训类型

1. 模拟工作展示：两人一组，模拟蒙氏教师角色分工和工作场景，一名模拟主班教师，一名模拟配班教师，选3～7名同学扮演幼儿，模拟小组展示；也可选一两名同学扮演幼儿，模拟个别展示。

2. 书写展示页：个人完成。

3. 设计纸张作业单：两人一组，依据某项工作的目标和特点，为幼儿设计纸张作业单。

4. 自制蒙氏教具：两人一组，依据某项工作的目标和特点，自制蒙氏手工教具。

5. 组织蒙氏半日活动：两人或三人一组，选15～20名同学扮演幼儿，设计、组织、实施完整的蒙氏半日活动，包括走线—静寂游戏—教师展示—幼儿操作：

实训步骤

1. 知识讲解：包括理论介绍、注意事项说明及规则制定，这些可由教师进行，也可学生自己小组合作查阅资料，然后进行集体分享。

2. 教师展示：教师展示教具的操作步骤，也可播放清晰、规范的相关视频。

3. 学生练习：学生分小组互助练习，有扮演幼儿的，有模拟教师的，进行情境化演练。

4. 模拟展示：学生小组模拟展示，然后进行小组自评—组间评价—教师总结，提出问题及修改建议。

5. 修改提升：根据建议，进行修改提升，写反思总结，培养职业能力。

实训场地

蒙台梭利实训室或幼儿园蒙氏班。

注：本实训建议适用于实践篇的各个项目，教师可根据教学进度和学生掌握情况酌情安排。

实训经验分享

书写蒙台梭利展示页

实训目标

1. 理解蒙台梭利展示页的形式与特点。

2. 能规范、完整书写展示页。

3. 有在教具展示前主动书写展示页的意识。

实训准备

空白展示页、碳素笔、彩色铅笔。

实训步骤

1. 学生自由选择本项目中的一项任务，走线、静寂游戏等，书写展示页。

2. 两人一组互评展示页，从形式是否规范，内容是否翔实、完整等方面提出修改意见。

3. 修改后在班级板报上展览、分享，如下图。

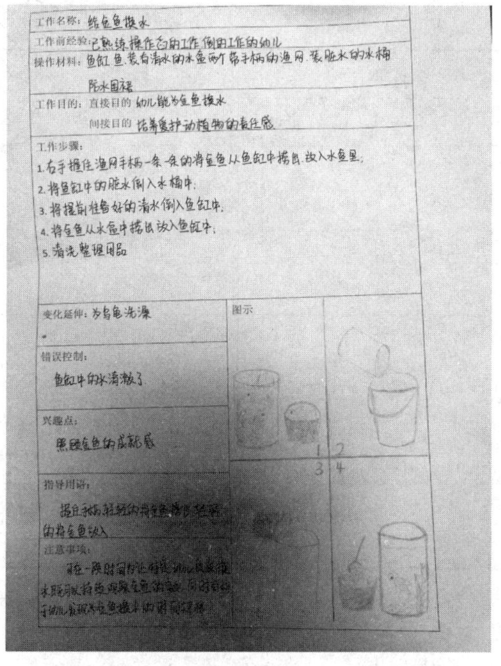
工作名称：给鱼鱼换水
工作前经验：已熟练操作倒的工作、倒固工作的幼儿
操作材料：鱼缸、鱼、装有清水的水盆、两个带手柄的渔网、装脏水的水桶、防水围裙
工作目的：直接目的 幼儿能为鱼鱼换水
间接目的 培养爱护动植物的责任感
工作步骤：
1. 右手握住渔网手柄一条一条的将鱼鱼从鱼缸中捞出，放入水盆里；
2. 将鱼缸中的脏水倒入水桶中；
3. 将提前准备好的清水倒入鱼缸中；
4. 将鱼鱼从水盆中捞出放入鱼缸中；
5. 清洗整理用品
变化延伸：为乌龟洗澡
错误控制：鱼缸中的水溅出了
兴趣点：照顾鱼鱼的成就感
指导用语：[illegible]
注意事项：[illegible]
图示

展示页 1

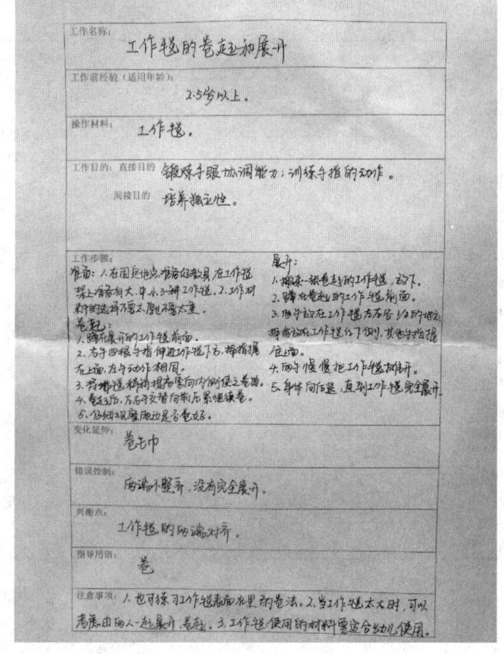
工作名称：工作毯的卷起和展开
工作前经验（适用年龄）：2.5岁以上。
操作材料：工作毯。
工作目的：直接目的 锻炼手眼协调能力；训练手指的动作。
间接目的 培养独立性。
工作步骤：
准备：1. 在固定地点准备好教具，在工作毯架上准备有大、中、小3种工作毯。2. 工作材料的选择不要太厚也不要太重。
卷起：
1. 蹲在展开的工作毯前面。
2. 右手四根手指伸进工作毯下方，拇指搭在上面，左手动作相同。
3. 将工作毯稍稍提高后向内侧使之卷曲。
4. 卷起后，左右手交替向前压紧继续卷。
5. 仔细观察两边是否卷好。
展开：
1. 搬来一张卷起的工作毯，放下。
2. 蹲在卷起的工作毯前面。
3. 两手放在工作毯左右各1/3的地方，拇指放在工作毯的下侧，其他手指搭在上面。
4. 两手慢慢把工作毯推开。
5. 身体向后退，直到工作毯完全展开。
变化延伸：卷毛巾
错误控制：两端不整齐，没有完全展开。
兴趣点：工作毯的两端对齐。
指导用语：卷
注意事项：1. 也可练习工作毯表面在里的卷法。2. 当工作毯太大时，可以考虑由两人一起展开、卷起。3. 工作毯使用的材料要适合幼儿使用。

展示页 2

 项目回顾

内　容	掌握等级
蒙台梭利三阶段教学法	☆☆☆☆☆
蒙台梭利走线活动	☆☆☆☆☆
蒙台梭利静寂游戏活动	☆☆☆☆☆
蒙台梭利教师示范	☆☆☆☆☆
蒙台梭利教师指导	☆☆☆☆

思考与练习

1. 两人一组模拟运用三阶段教学法。
2. 蒙台梭利走线活动有几个阶段，分别有什么样的特点？
3. 蒙台梭利静寂游戏活动有哪些类型？
4. 蒙台梭利教师示范教具的步骤是怎样的？

学习自评卡

请根据自己的学习情况在相应的掌握程度的空格中画“√”，并将学习反思填写在“分享与总结”一栏中。

所属内容	掌握程度		分享与总结
	能掌握并运用的部分	能理解并识记的部分	
蒙台梭利三阶段教学法			
蒙台梭利走线活动			
蒙台梭利静寂游戏活动			
蒙台梭利教师示范			
蒙台梭利教师指导			

第二部分　实操篇

项目六
蒙台梭利日常生活教育

学习目标

1. 了解蒙台梭利日常生活教育的含义和意义。
2. 领会蒙台梭利日常生活教育的内容与教具特征。
3. 掌握日常生活领域教具的使用规律。
4. 能熟练、规范、完整地示范教具操作活动。

内容图解

任务一　蒙台梭利日常生活教育概述

一、蒙台梭利日常生活教育的含义与内容
二、蒙台梭利日常生活教具的特征
三、蒙台梭利日常生活教育的目的

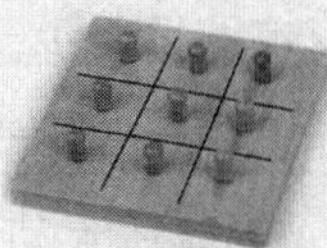

任务二　蒙台梭利日常生活领域教具操作活动

工作名称

基本运动	走线活动、五指抓、三指捏木桩、二指捏、一指按、倒的工作、舀的工作、夹的工作、扫的工作、水区的工作、切的工作等
社交礼仪	基本礼仪(打招呼与告别、握手、鞠躬)
照顾环境	工作的准备(如地毯的卷起或展开)、扫除(如擦桌子)、剪枝、植物栽培(如播种种子)
照顾自己	衣饰框

项目导言

蒙台梭利曾在书中描述她最初成立第一所“儿童之家”时，初见幼童的情景：“他们个个拖着鼻涕，一脸惊恐羞怯的表情，在我面前甚至说不出一句话来。看他们迷惑的表情和手足无措的样子，好像一辈子没见过任何东西似的……”但经过蒙台梭利教育的帮助，他们改变了。蒙台梭利看到了一个个纯真、快乐、真诚、活泼的孩子……

蒙台梭利曾言：“手的灵巧度取决于孩子大脑的发展程度，就好像历史的曙光与社会文明的发展是相联系的。”反复操作日常生活教具可以锻炼孩子双手活动的灵敏度，可使孩子的意志力、理解力、专注力与秩序感得到发展，养成孩子独立的精神。

任务一　蒙台梭利日常生活教育概述

一、蒙台梭利日常生活教育的含义与内容

(一)蒙台梭利日常生活教育的含义

早在一百年前，蒙台梭利就非常重视日常生活教育，她在此方面的见解是很独到的。她所指的日常生活是泛指生活中发生的一切事物，小至照顾自己，大至照顾环境，还包括个人与环境(自己之外的人、事、物)的互动关系。

(二)蒙台梭利日常生活教育的内容

1. 基本运动

基本运动的目的是引导幼儿在户外阳光和新鲜空气中开展适宜的身体锻炼。结合我国学龄前儿童体育活动纲要，教师应有目的、有顺序地组织儿童参与集体和个体的户外体育活动。人的智慧与运动是紧密联系的，运动的发展能促进智力的发展，故而，教师应为幼儿提供丰富的肢体大动作和精细动作的操作活动，从而发展幼儿的智力。

基本运动主要包括肢体大动作和精细动作的练习。

(1)肢体大动作。如走、坐、立、跳、爬、拿、搬、放等。

(2)精细动作。如五指动作：抓、拧、挤、捏、贴、穿、缝、剥、折等；运用工具的手部动作：捞、倒、舀、剪、切、削、搓、夹等；分的动作：分固体、分液体等；日常生活中的动作：扫、系、磨、筛、擦、刷、捣、冲泡等。

2. 社交礼仪行为

社交礼仪行为即文明礼貌的行为习惯，它是蒙台梭利教育的必修课，是文明发展的

客观要求，是人们社会交往中必不可少的因素。所以蒙台梭利教师要一一为幼儿展示语言和行为的礼仪规范。

社交礼仪行为包括门的开关，打招呼，应答的方法，与人接触的方法，感谢与道歉，递交物品的方法，咳嗽、打喷嚏、打哈欠需注意的问题，轮流使用户外游戏器材，团体游戏的规则以及倒茶的方法等。

3. 对环境的关心

为他人、为集体服务，是对幼儿进行社会情感与能力教育的重要内容。幼儿通过个人或集体的工作，体验劳动过程的辛苦与成功后的快乐，从而发展幼儿的独立精神、自信心与克服困难、完成任务的自控力与意志力，促使他们形成勤劳、俭朴、合作、分享、责任与奋斗的道德品质。

对环境的关心包括：工作的准备，如地毯的搬运、展开、清理等；扫除，如打扫室内、使用刷子、使用掸子、擦洗桌子；洗涤，如消毒桌布等；剪枝；点火、熄火；餐桌的准备，如准备茶会、饭盒等；庭院工作，如捡拾垃圾、拔草、松土、浇水等；植物栽培，如盆栽、播种等；照顾小动物等。

4. 对自己的照顾

自我服务的目的在于为幼儿今后的活动奠定生活基础，发展幼儿的秩序感、自信心以及完整活动的意识。

对自己的照顾包括：携带物品的整理(如书包、鞋、伞)；东西洒出来，掉落时的处理(如果汁)；照镜子；梳头发；擤鼻涕；衣服的穿脱；鞋子的整理(如擦鞋，洗长筒靴)；洗手等。

二、蒙台梭利日常生活教具的特征

蒙台梭利设计制作的日常生活教具，现成的、可利用的只有小木桩与衣饰框，其余的都要教师结合生活实际来设计，这是一个难点，需具备以下特征：

1. 安全：用具的材料、形状、重量等都要从安全的角度出发，避免给儿童身体造成伤害。

2. 标准：用具要从儿童的年龄、体重以及身高出发，避免儿童参与活动力不从心。

3. 真实：用具是儿童生活环境中常见到的东西，符合他们的生活习惯。

4. 美观：用具要能够吸引儿童的注意力，美观大方。

5. 适量：用具并不是越多越好。

6. 本土化：考虑国家、地区地理上及文化上的不同，充分选取体现国家、民族、地方特色的物品，继承与发扬文化特色。

三、蒙台梭利日常生活教育的目的

(一)为儿童身心持续性发展和学会生存奠定基础

日常生活教育通过把日常活动进行细化，化分为一个个具体的动作，并在“学校”里进行实践练习，从而让孩子适应社会环境，奠定独立生活的基础。日常生活领域中为幼儿准备的工作都是生活中真实要做的工作，只要物品和用具的尺寸方便幼儿使用即可。蒙台梭利认为儿童是在实际动手的活动中寻求生活秩序，适应现实生活中的活动需要。所以，“日常生活练习”就是幼儿通过操作现实生活中所应用的事物，从而被潜移默化的文化遗产同化，并且在同化过程中调整自我以达成适应并创造更高层次文化的目标。那些喜欢模仿成人行为的儿童可以自由地通过日常生活进行练习。蒙台梭利认为儿童的日常生活练习主要依赖身体的活动，这种“运动”有助于儿童各骨骼的发展，并能促进儿童心理的健康。

(二)为建构儿童完整而良好的人格奠定基础

日常生活练习的主要目的是培养孩子的爱心、对他人的尊重和关心及与他人交往的能力；同时，劳动可以锻炼身体的各种机能，也可以培养儿童的专注力、判断力、洞察力及耐心等。日常生活练习可以帮助儿童形成对待生活的良好态度与习惯，为儿童更好地适应未来的社会生活做准备。现今很多孩子都是被父母、长辈爱着、宠着，有些从来没有独立生活的经历，没有面对困难和挫折的勇气，也没有面对未知生活的决心。所以，从某种意义上说，日常生活练习能够改变儿童在家庭中的地位，弥补家庭教育的不足。

任务二　蒙台梭利日常生活领域教具操作活动

一、日常生活领域基本运动的教具操作活动

(一)工作名称：走线活动

这里重点介绍开展难度比较大的持物走线。

教具构成

桌子、旗子、旗台、珠子、汤匙、乒乓球、玻璃杯盛有颜色的水、铃铛、蜡烛、积木、篮子和水果等。

旗：准备各国国旗及旗台。旗子大小为20cm×25cm(布制)，旗杆长30～35cm。

珠子：用约20cm长的绳子，串上3～5个珠子。准备五六条这样的珠串。

汤匙和乒乓球：各五六个。

玻璃杯盛有颜色的水：小玻璃杯(最好酒杯大小的)，里面倒入有颜色的水，不用倒满，离杯缘1cm左右；准备五六个。

铃铛：在长20cm左右的粗线上系上风铃或铃铛；准备五六个。

蜡烛：准备附有烛台的蜡烛五六个。

积木：准备一些已堆积好的积木(也可以用书籍代替)。

篮子和水果：准备垫布和空篮，是能放进水果的篮子，且要配合幼儿头部的大小。

活动前，教师将以上各类用具分类整齐放妥，摆在较大的桌子上。

适宜年龄　3岁以上。

工作目的

1. 直接目的：培养动作平衡及感觉协调灵敏的机能。

2. 间接目的：培养独立性、意志力，促进幼儿动作协调；还可作为肃静游戏的间接准备。

工作步骤

1. 旗

(1)起初老师选一面国旗对幼儿说："大家仔细看，老师拿着国旗走路。"在线上步行。

(2)右手小臂与大臂弯曲成直角，旗子保持竖直，腰挺直向前行。

(3)眼睛注视旗子，慢慢往前走。

(4)之后举两面旗子前进。

2. 珠子

(1)老师手拿穿有珠子的绳子站在步行线上，为幼儿作步行示范，并提示"不要使穿珠的绳子摇摆，慢慢前进"。

(2)右手臂呈直角，使绳子自然下垂，以三根手指握住绳子，轻轻地缓步前行。

(3)目光注视前方。

3. 汤匙和乒乓球

(1)"走路时不要使乒乓球掉到地上。"老师作步行示范。

(2)右手臂呈直角弯曲；汤匙以拇指在上，四指在下的姿势握住。

(3)眼睛注视乒乓球。

4. 玻璃杯盛有颜色的水

(1)老师作步行示范，提示"不要让玻璃杯中的水溢出来。"

(2)握住杯脚，在线上缓步前进。

(3)右手臂呈直角弯曲，杯子朝前方步行。

(4)也可以用两手端着托盘步行。

5. 铃铛

(1)拿着铃铛线的部分站着，提示"走路时不要让铃铛发出声音，仔细看着"。

(2)右手臂向前方伸直，动作要慢，不要使铃铛摇晃。

(3)目光注视前方行进。

6. 蜡烛

(1)握住点燃的蜡烛，站在线上说：“走路时不要使蜡烛熄灭，大家注意看。”

(2)右手握着烛台的把手，左手托着烛台行进。

(3)腰杆挺直，注视火焰步行。

7. 积木

(1)老师说：“走路时不要使堆好的积木倒下来，大家注意看。”

(2)手臂紧贴身体，注视最上层的积木行进。

(3)积木堆得越高，难度越大。

8. 篮子

(1)老师在篮子下垫一块布，顶在头上，说：“大家仔细看，走时不要让头上的篮子掉下来。”

(2)背部挺直，最初用手扶住篮子前进。等身体平衡后，便慢慢将手放开。

(3)慢慢地走，眼睛注视前方。

(4)习惯用空篮子后，再加上水果作步行练习。

图 6-2-1

变化延伸

1. 以线上步行和线上游戏练习为基准，培养自然状态的步行。

2. 可在室内或户外进行动作优美的步行练习。

3. 可以在平衡木上步行。

4. 可播放快节奏的音乐，让儿童随意活动身体，但要保持手中或头顶的物体平衡。

错误控制

1. 两脚的脚尖和脚跟分离。

2. 脚超出线外。

3. 身体失去平衡，物体呈现不稳定的状态。

兴趣点

1. 脚尖和脚跟交互地在线上行进。

2. 可以知道很多用具的名称和目的。

3. 寻找平衡身体的重心。

注意事项

1. 刚开始不需准备所有的道具。

2. 用具全部摆在步行线外的桌子上；作为步行使用的道具应放置在醒目的地方；教师可根据情况及时进行线上游戏的引导。

3. 步行练习虽然有教师示范，但也要有幼儿自己尝试的机会。

4. 练习时间在 10～15 分钟。

5. 配合钢琴伴奏或播放音乐。

(二)工作名称：五指抓

扫码看视频

教具构成

1 个托盘，2 个相同的碗，一些豆子放在左边的碗中(如图 6-2-2)。

适宜年龄　1.5～2 岁。

工作目的

1. 直接目的：发展手眼协调能力；锻炼手部肌肉，增强手指的灵活性。

2. 间接目的：发展专注力。

图 6-2-2

工作步骤

1. 告诉幼儿："小朋友，今天我们来做抓豆的工作。"

2. 邀请幼儿一起工作，确定孩子可以看清楚示范动作，没有其他干扰。

3. 先伸出左手，缓缓接近有豆子的碗，五指要紧贴碗壁扶住碗，再伸出右手，四指呈握状，伸进碗中，把豆子抓起。

4. 移到空碗的正上方，松开右手，等豆子掉入碗中，稍作停顿后再继续，直到移空左碗里的豆子。

5. 再用同样的方式把右碗里的豆子移回左碗。

6. 请幼儿进行操作。

变化延伸

1. 更换碗的大小和颜色。

2. 豆子可以换成谷物或其他物品。

错误控制　豆子掉落在托盘上。

兴趣点　豆子落下的声音。

指导用语　抓、放。

注意事项

豆子若有散落，要示范如何用拇指、食指以二指捏的方式一颗颗捡起来放入碗中。

(三)工作名称：三指捏木桩

扫码看视频

教具构成　小木桩教具1套，小盘子1个，托盘1个。

适宜年龄　3～3.5岁。

工作目的

1. 练习用三根手指转移物体的能力。

2. 训练幼儿的肌肉控制能力。

3. 训练幼儿的手眼协调能力。

工作步骤

1. 将教具从教具柜中取出，放在桌子或工作毯中央。

2. 食指、中指、拇指三指从左到右依次捏出小木桩，放在小盘子里。

3. 用食指触摸木板上的洞，然后放回木桩，直到所有的木桩都放完。

4. 请幼儿进行操作。

变化延伸　三指捏珠子。

错误控制　木板上的洞。

兴趣点　捏的过程和教具的外形。

指导用语　拔出。

注意事项　木桩的保存。

(四)工作名称：夹的工作(镊子夹纽扣)

教具构成

1. 2个相同的碗，左边碗中装有6～10颗纽扣。

2. 适合幼儿用的镊子。

3. 1个托盘。

适宜年龄 2.5岁以上。

工作目的

1. 直接目的：练习捏的动作。

2. 间接目的：培养专注力、秩序感。

工作步骤

1. 介绍工作名称，取教具。

2. 用右手拇指、食指和中指拿镊子，示范夹的动作3次，可以配合语言提示“捏、放”。

3. 把镊子靠近装纽扣的碗中，缓慢用镊子夹取一个纽扣，移入右边空碗，松开镊子，使纽扣落入碗中。

4. 继续进行，直到把所有纽扣移到空碗中。

5. 将纽扣再移回原来的碗中，请幼儿操作。

6. 操作完毕，把镊子归位，将托盘放回教具架。

变化延伸

1. 改变纽扣的大小和颜色，例如闪光的或者变色的。

2. 可以用镊子夹取移送毛线球、小橡皮等。

错误控制 纽扣没有落入碗中。

兴趣点 纽扣的形状和颜色等。

指导用语 捏、放。

注意事项 安全使用镊子。

(五)工作名称：二指捏硬币

教具构成 托盘1个，存钱罐1个，小托盘1个，硬币若干。

适宜年龄 2.5～4岁

工作目的

1. 直接目的：练习二指捏的动作。

2. 间接目的：培养幼儿的秩序感、注意力、手眼协调性和独立性。

工作步骤

1. 将整套教具从教具柜取出，放在桌子中央。

2. 用惯用手捏起一枚硬币，投进存钱罐。

3. 将硬币依次投进存钱罐。

4. 将存钱罐打开，将硬币倒在小托盘里。

5. 操作完毕，将教具放回。

变化延伸

捡豆子，把不同颜色的豆子选出来；二指捏掷牙签。

兴趣点 捏的过程，教具的外形。

指导用语 捏、放。

注意事项 硬币不要太多。

(六)工作名称：一指按

扫码看视频

教具构成 托盘1个，操作板1块，塑料图钉若干。

适宜年龄 2.5～4岁。

工作目的

1. 直接目的：会用拇指按。

2. 间接目的：锻炼手眼协调能力。

工作步骤

1. 将整套教具从教具柜中取出，放在桌子中央(如图6-2-3)。

2. 用惯用手从小盘子里拿出一个图钉(二指捏)，针尖对准软垫的表面，另一只手扶住图钉，惯用手的拇指向下按图钉。

3. 将小盘子中的图钉都按完。

4. 另一只手扶住软木塞，用惯用手将所有图钉拔下来，放进小盘子。

5. 操作完毕，将教具放回。

变化延伸

用图钉插成一定图案，如红星、叶子、水果，熟练后可插成颜色漂亮的小花。

图6-2-3

错误控制 平衡感。

兴趣点 按的动作。

指导用语 按。

注意事项 图钉要经常检查。

(七)工作名称：倒的工作

教具构成

1个托盘，2个相同的杯子，一些珠子(放在左边的杯子中)。

适宜年龄 2岁以上。

工作目的

1. 直接目的：发展幼儿手眼协调能力；锻炼手部的肌肉。

2. 间接目的：发展专注力。

工作步骤

1. 告诉幼儿："小朋友，下面我要做的是'倒珠子'的工作。"

2. 伸出左手，缓缓地接近有珠子的杯子，五指要紧贴杯壁，再伸出右手，按照同样的方式，稳稳地端起杯子。

3. 将装有珠子的杯子移到空杯子的正上方，确定杯口对着空杯子的中心点，稍作停顿，再慢慢将珠子倒入空杯子中，注意两杯口不要碰触。

4. 确定杯子已倒空，将杯子轻轻放回原位。

5. 与步骤3、步骤4相同，将珠子倒回原来的杯子中。

6. 请幼儿进行操作。

变化延伸

1. 更换杯子的大小和颜色。

2. 珠子可以换成谷物或其他物品。

错误控制 珠子掉落在托盘上。

兴趣点 倒珠子的声音。

指导用语 倒。

注意事项

1. 如果有珠子散落，教师示范如何用拇指、食指以二指捏的方式一颗颗捡起来，放进杯子里。

2. 杯口不要碰撞。

(八)工作名称：舀的工作

扫码看视频

教具构成

2个相同的碗，其中1个碗中盛有珠子，1个大汤匙(如图6-2-4)。

适宜年龄　2.5 岁以上。

工作目的

1. 直接目的：学习使用勺子；发展手眼协调能力。

2. 间接目的：培养专注力和独立性；培养逻辑思维和秩序性。

工作步骤

1. 向幼儿示范用勺子舀珠子的工作。

2. 伸出右手拇指、食指和中指，捏住勺柄。

3. 将勺子放进左边盛有珠子的碗中，轻轻地舀，舀起一勺珠子。

4. 把盛满珠子的勺子慢慢移到空碗上方，并缓慢将珠子倒出停顿一下。

5. 继续练习，若剩下的珠子不好舀，可用左手握碗边，使碗倾斜，用勺舀出，直到把珠子全部舀进右边碗中。

6. 再把右边碗中的豆子移回左边碗中，鼓励幼儿进行操作。

7. 操作完毕，将教具放回。

变化延伸

可以先舀大一点儿的物体，如花生米，逐渐换成小米。

错误控制　珠子掉落在托盘上。

兴趣点　舀的动作。

指导用语　舀。

注意事项

珠子若有散落，要示范如何以拇指和食指捏的方式把珠子捡起来，放进碗里。

图 6-2-4

(九)工作名称：夹的工作

扫码看视频

教具构成

筷子 1 双，2 个相同的碟，左边碟中盛有小猪挂件，右边碟是空的，托盘 1 个(如图 6-2-5)。

适宜年龄 2.5 岁以上。

工作目的

1. 直接目的：自如运用筷子；发展手眼协调能力。
2. 间接目的：培养专注力、独立性；培养逻辑思维和秩序性。

工作步骤

1. 告诉幼儿即将示范用筷子夹小猪挂件的动作。
2. 伸出右手拇指、食指和中指，先将一根筷子放到三指上，再将另一根放上。
3. 给孩子呈现一张一合的动作，并重复说“开、关”。
4. 用筷子将左边碟中的小猪挂件夹到右边碟中，动作要慢。
5. 左边碟中的小猪挂件被移到右边碟中后，再将右边碟中的小猪挂件移回左边碟中。
6. 请孩子操作。
7. 操作完毕，将教具归位。

错误控制 小猪挂件掉落在托盘上。

兴趣点 夹的动作。

指导用语 开、关、夹。

注意事项

小猪挂件若有散落，要示范如何用拇指和食指将其捏起，放进碟中。

图 6-2-5

(十)工作名称：用漏斗倒米

教具构成

1 个托盘，1 个碗(盛有黑米)，1 个窄口玻璃瓶，1 个漏斗(如图 6-2-6)。

适宜年龄 4 岁以上。

工作目的

1. 直接目的：学习使用漏斗；发展手眼协调能力。
2. 间接目的：培养秩序感；培养专注力和观察力。

工作步骤

1. 告诉幼儿即将示范用漏斗倒黑米的动作。

2. 把漏斗放到一个玻璃杯上。

3. 伸出右手，将大拇指与其他四指明显分开，再缓缓接近碗，稳稳端起碗。

4. 将碗移至漏斗的正上方，倾斜，确定碗口对准漏斗的中心点，稍作停顿，再慢慢将黑米倒入漏斗中，在倒的过程中，注意放慢速度，一旦有米粒掉出，立即停止。

5. 确定将黑米全部倒出，再将碗轻轻放回原位。

6. 稍作停顿，双手拿起玻璃瓶将黑米倒回碗中。

7. 请幼儿进行尝试。

8. 操作完毕，将所有教具放回托盘中，然后放回教具架。

变化延伸

1. 更换不同大小、形状的碗。

2. 更换不同大小的漏斗。

3. 采用带有颜色的水。

错误控制 黑米散落在托盘上。

兴趣点 米发出的声音。

指导用语 倒。

注意事项 若有黑米散落在托盘上，引导幼儿用两指捏起。

图 6-2-6

(十一)工作名称：扫的工作

扫码看视频

教具构成 扫帚、刷子、小簸箕，盛有红豆的碗。

适宜年龄 4 岁以上。

工作目的

1. 直接目的：培养清洁感、秩序感。

2. 间接目的：培养独立性、责任感。

工作步骤

准备：

1. 用粉笔在地板上画个小圈。

2. 在地上散放一些垃圾，可以是豆子、珠子、纸屑等物品。

展示：

1. 系上围裙，到放扫除教具的地方，从挂钩上取下扫帚、刷子、簸箕等。

2. 把教具拿到有垃圾的地方。

3. 右手握住扫帚柄上 1/3 的部位，左手放在右手的下方，把垃圾扫到圆圈内。

4. 以绕圈的方式，把全部垃圾扫向中间。

5. 左手拿簸箕，把垃圾扫到簸箕里。

6. 小一点儿的垃圾用刷子拨进簸箕里。

7. 把垃圾倒进垃圾桶里。

8. 簸箕用抹布擦干净，扫帚、刷子上的灰尘也取下放入垃圾桶中。

9. 脱下围裙，把教具放回原来的位置。

变化延伸　改变垃圾的形式。

错误控制　扫过后地上还有垃圾。

兴趣点　把垃圾集中在圆圈里。

指导用语　扫、簸箕。

注意事项

1. 扫帚有不同的种类、拿法，对每种方法都应给予正确的指导。

2. 扫帚的拿法也因人而异。

图 6-2-7

(十二)工作名称：用海绵移水(水区的工作)

教具构成

2 个相同的碗，左边的碗盛有水，右边的没水，1 块小熊形状的海绵，1 个托盘(如图

6-2-8)。

适宜年龄 3岁以上。

工作目的

1. 直接目的：增强手眼协调能力；提高动作控制能力；锻炼生活自理能力。

2. 间接目的：培养独立性、专注力、自信心。

工作步骤

1. 告诉幼儿将要示范海绵移水的工作。

2. 双手握住海绵，给幼儿示范如何用力挤压海绵，可以配合语言提示“挤放，挤放”。

3. 用右手抓住海绵放到装水的碗里，等待海绵吸水。

4. 用两只手握住海绵，拉出水面，稍作停顿，将水滴沥干。

5. 将海绵移到空碗上方，双手挤压海绵，将水挤到空碗里。

6. 在移水的过程中，观察幼儿的反应，请幼儿进行尝试。

7. 结束练习后，用海绵擦拭有水的区域，并将托盘放回原位。

变化延伸

1. 用一小块布代替海绵。

2. 更换不同大小、颜色或形状的碗。

错误控制 水滴在托盘上。

兴趣点 挤水。

指导用语 挤、放。

注意事项

1. 挤压吸足水的海绵的力度应由小到大。

2. 若有水滴在托盘上，应引导幼儿用海绵把水吸干。

图 6-2-8

(十三)工作名称：用刀切菜(切的工作)

教具构成

1 把小的锯齿刀，1 块切菜板，1 个小碗，香蕉、黄瓜等易切食物，1 个托盘，儿童用围裙、抹布(部分教具如图 6-2-9)。

适宜年龄 3 岁以上。

工作目的

1. 直接目的：学习使用刀具；发展手眼协调能力。

2. 间接目的：增强秩序感；发展专注力、协调性。

工作步骤

准备：先把手洗干净，穿上围裙，在厨房准备好用具，菜要洗净，菜板要稍微清洗一下。

展示：

1. 告诉幼儿将要示范用刀切黄瓜的工作。

2. 用双手将洗好的黄瓜拿到切菜板上，横向放好，稍作停顿。

3. 用右手拿住刀柄，缓慢地将刀拿到菜板上，刀刃要远离身体。

4. 左手按住黄瓜稍前端，轻轻将刀刃按在黄瓜上。

5. 用力切割，可以配合语言“切”。

6. 切下几片黄瓜，将刀轻轻放下，刀刃向外。

7. 双手将切好的黄瓜抓起来，放到空碗中。

8. 继续练习，直到黄瓜被切完。

9. 小刀和菜板要小心翼翼地放到托盘上，将教具放回原来的位置。

变化延伸

可以更换蔬菜和水果的种类，为幼儿准备由软到硬的蔬菜和水果，如香蕉、橘子、

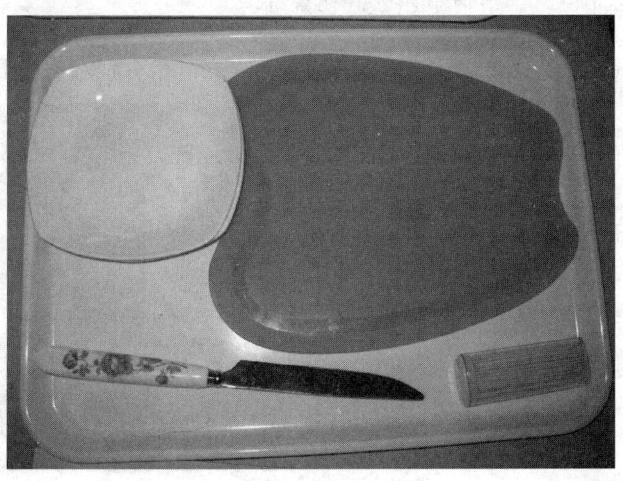

图 6-2-9

苹果、胡萝卜等。

错误控制 黄瓜滚动。

兴趣点 切的动作。

指导用语 切。

注意事项 安全使用工具。

二、日常生活领域社交礼仪的教具操作活动

工作名称：基本礼仪

适宜年龄 2.5岁以上。

工作目的

1. 直接目的：帮助幼儿学习社交礼仪，习得有修养的礼节；帮助幼儿学会讲礼貌，明白人与人之间应该相互理解、相互尊重；培养幼儿亲切、高尚、和善、礼貌的人格；增强幼儿的自信心、包容心和秩序感。

2. 间接目的：发展幼儿的协调能力；培养幼儿独立交往的能力；锻炼幼儿的语言运用能力。

展示一：打招呼与告别

工作步骤

1. 与幼儿一起探讨礼貌的重要性，特别是礼貌地与别人打招呼，友善地与人告别的重要性。

2. 与幼儿讨论跟长辈、老师、同学、客人等打招呼、道别时的礼貌行为。

3. 打招呼时，伸出手，握住别人的手，跟对方说“你好”“早上好，××”等，告别时说“再见”“再见，××，谢谢您的款待”。

4. 还可以与幼儿讨论其他情景，进行礼貌练习。

展示二：握手

工作步骤

1. 以正确的姿势站立。

2. 慢慢靠近对方，伸出右手。

3. 握住对方的右手。

4. 看着对方的眼睛微笑(如图6-2-10)。

图 6-2-10

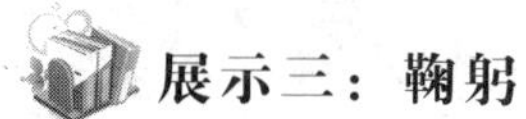

展示三：鞠躬

工作步骤

1. 抬头挺胸站直，双手自然下垂。

2. 两手慢慢置于腿侧，轻触大腿，头慢慢低下行礼(如图 6-2-11)。

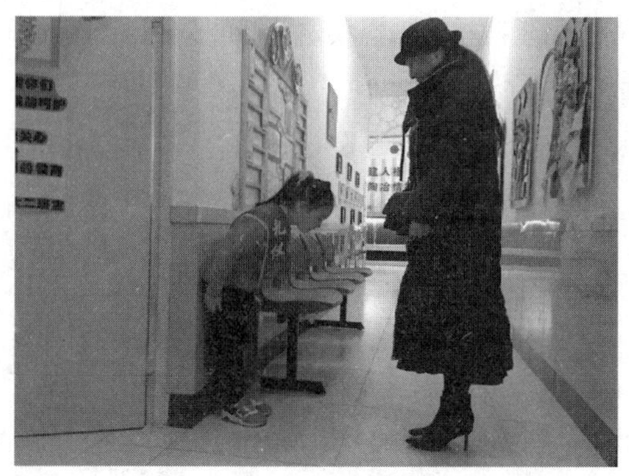

图 6-2-11

变化延伸 教师或幼儿提出一个场景让幼儿进行表演。

错误控制 师幼交往的过程。

兴趣点 有礼貌的行为。

指导用语 “早上好”“晚上好”“你好”等。

注意事项 不能强迫幼儿改正错误用语和行为。

三、日常生活领域照顾环境的教具操作活动

(一)工作名称：地毯的卷起和展开

教具构成 工作用的地毯。

适宜年龄 2.5 岁以上。

工作目的

1. 直接目的：锻炼手眼协调能力；训练手指的动作。

2. 间接目的：培养独立性。

工作步骤

准备：

1. 在固定地点准备好教具，在地毯架上准备有大、中、小 3 种地毯。

2. 地毯材料的选择不要太厚也不要太重。

展开的方法：

1. 搬来一张卷起的地毯，放下。

2. 蹲在卷起的地毯前面。

3. 两手放在地毯左右各 1/3 的地方，拇指放在地毯的下侧，其他手指握住上面。

4. 两手慢慢把地毯摊开。

5. 身体向后退，直到地毯完全展开。

卷起的方法：

1. 蹲在展开的地毯前面。

2. 右手四根手指伸进地毯下方，拇指握在上面，左手动作相同。

3. 将地毯稍稍提高弯向内侧使之卷曲。

4. 卷起后，左右手交替向前压紧继续卷。

5. 仔细观察两边是否卷好。

变化延伸 卷毛巾。

兴趣点 地毯的两端对齐。

错误控制 两端不整齐，没有完全展开。

注意事项

1. 也可练习地毯表面在里的卷法。

2. 当地毯太大时，可以考虑由两个人一起展开、卷起。

3. 地毯使用的材料要适合幼儿使用。

（二）工作名称：擦桌子（水区的工作）

教具构成

要擦拭的桌子、放教具的小桌子，塑胶围裙、塑胶垫，水壶、脸盆、水桶，海绵、抹布、毛巾。

适宜年龄 2.5 岁以上。

工作目的

1. 直接目的：学会擦桌子；锻炼肌肉运动的调节能力。

2. 间接目的：培养独立性、专注力和责任感。

工作步骤

准备：

1. 把工作教具搬过来，放在塑胶垫上。

2. 在进入基本操作练习之前，先复习一下捏海绵的动作。

展示：

1. 擦的步骤

(1)系上围裙，把水壶中的水慢慢倒进脸盆里。

(2)擦干壶嘴上的水滴，放回桌上。

(3)把海绵轻轻放入脸盆中，用右手捏干。

(4)从左向右擦拭桌子。

(5)桌子太大时，一次擦拭一半。

(6)接着用干抹布从左向右擦拭。

(7)在脸盆中把海绵洗干净(如图 6-2-12)，捏干后放回托盘里。

(8)将用过的水倒入水桶中。

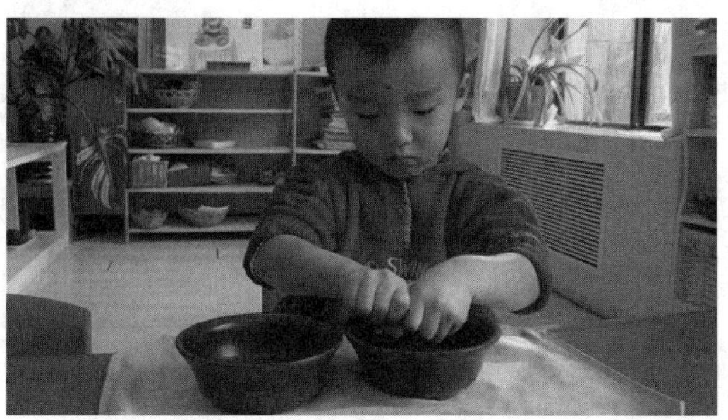

图 6-2-12

2. 收拾的步骤

(1)用抹布擦干脸盆和塑胶垫上的水滴。

(2)水壶里再装满水，以备下一个幼儿工作用。

(3)将所有教具归位。

变化延伸

1. 用海绵擦拭椅子、门等。

2. 擦黑板。

3. 可以用较湿的抹布来代替海绵。

兴趣点

1. 海绵擦脏了。

2. 桌子擦拭得干干净净。

指导用语 擦。

错误控制 桌子仍不干净。

注意事项 在工作前亦可先戴腕套。

(三)工作名称：剪枝

教具构成

塑胶盘、小桌子、塑胶垫、装水的玻璃碗、水壶、水桶、瓶刷、剪花用的剪刀(前端圆)、盛盘、纸巾、毛巾、尼龙围裙、海绵、放大镜、花、花瓶。

适宜年龄 3.5 岁以上。

工作目的

1. 直接目的：了解基本的剪花、插花方法；培养美感及对环境的关心。

2. 间接目的：培养专注力、独立性、观察力和亲社会情感。

工作步骤

1. 往玻璃碗里注水，用海绵擦干水滴，放在小桌子上。

2. 从花瓶里拿出花，在玻璃碗中清洗花茎。

3. 用一张纸巾把枯枝、枯叶包好，倒掉玻璃碗中的水。

4. 将花瓶中的水倒进水桶，再拿水壶往花瓶里倒入适量的水。

5. 用瓶刷把花瓶内侧刷洗干净，使用时，以绕圈的方式上下移动来刷。

6. 把花瓶中的污水倒进水桶，再注入清水，注意瓶子的大小及水量。

7. 开始剪枝(如图 6-2-13)。

8. 用放大镜观察花茎的状态及切口，用剪刀斜着剪下一小段，斜面面积越大越利于茎吸收水分。

9. 剪过的花枝插进花瓶中，如果花很多，注意插时要交错位置。

10. 插好的花放在桌上美化环境。

图 6-2-13

收拾整理

1. 将茎、叶用纸巾包好放进垃圾桶。

2. 用抹布擦干玻璃碗。

3. 把剪刀仔细擦干净，先用海绵，再用干布擦拭直到没有水滴为止。

4. 倒掉水桶里的水，再用抹布擦拭。

5. 再把水壶装满水以备用。

6. 盘子、塑胶垫的水滴用抹布拭干。

7. 更换新的纸巾。

变化延伸

1. 盆花的养护。

2. 在大花瓶或花篮中插花。

错误控制

1. 花瓶的水溢出来。

2. 残留着枯枝、枯叶。

兴趣点

1. 用放大镜观察茎的切口。

2. 花变得更新鲜了。

指导用语 剪(花枝)。

注意事项

1. 花瓶的摆设最好固定在一个地方。

2. 花瓶的水每天更换，告诉幼儿剪枝的重要性。

(四)工作名称：播种

教具构成

牵牛花的种子、围裙、抹布、毛巾、铲子、浇水器、水桶、小名牌(带竹棒)。

适宜年龄 4.5 岁以上。

工作目的

1. 直接目的：知道种子是什么，了解牵牛花的播种法及锻炼手指的灵活性。

2. 间接目的：养成独立精神及观察力、专注力。

工作步骤

1. 把盛在玻璃盘中的牵牛花种子拿来。

2. 在花坛的一个位置上浇水，把土翻松再用铲子挖出一些浅沟，一个沟里放一粒种子。

3. 让种子之间保持适当距离排列种植。

4. 覆上少量的土(如图 6-2-14)，然后在上面浇水。

5. 在旁边插上名牌，标注种植的年月日。

6. 把使用过的教具洗净擦干。

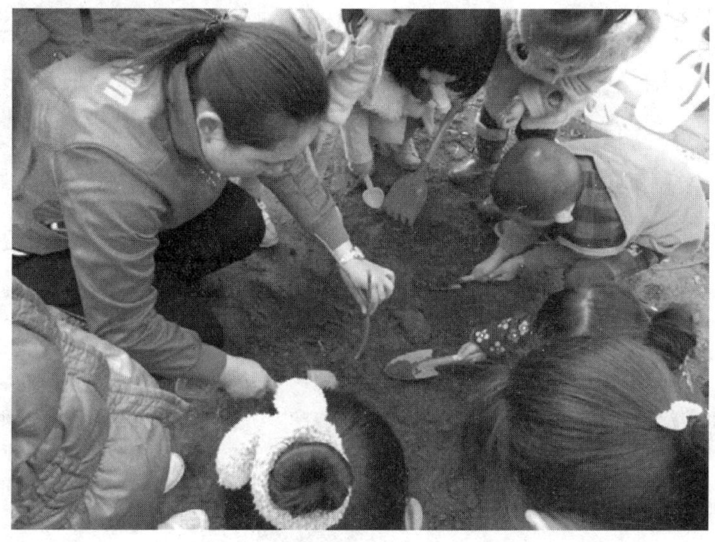

图 6-2-14

变化延伸

在一年中适当的季节里，播种适当的种子，以维持花坛中花草不断，也可种植蔬菜类植物。

错误控制

种子落在土外面，种子跟种子之间没有保持适当距离，全种在一起。

兴趣点 在土上播种及用铲子挖沟的过程。

指导用语 播种。

注意事项

1. 不要忘了浇水。
2. 让幼儿观察植物生长的过程。
3. 藤蔓开始长出来后，记得插上竹棒、铁线等。

四、日常生活领域照顾自己的教具操作活动

工作名称：衣饰框

第一次展示：拉链

教具构成

一块正方形木框，左右两块布在中央相合，用拉链连接。

适宜年龄 2.5 岁以上。

工作目的

1. 直接目的：学会拉拉链；发展手眼协调能力；锻炼手部肌肉，尤其是三指。
2. 间接目的：培养独立穿衣的习惯和自信；培养秩序感。

工作步骤

打开：

1. 左手紧紧抓住布料上方。
2. 右手的大拇指和食指捏住拉链的拉环，向下缓缓拉开，一直拉到底，注意不要使衣服松开。
3. 两手的食指和大拇指分别捏住拉链的底部，将拉环拉出。
4. 将左侧布料向左打开，右侧布料向右打开(如图 6-2-15-1)。

扣紧：

1. 将布料合上。
2. 右手食指和拇指捏起拉环，左手食指、中指和拇指将拉槽拿起。
3. 将拉环缓缓放入拉槽中，右手的食指和拇指缓缓往上拉，直到顶端(如图 6-2-15-2)。
4. 整理布料，使其平整。

变化延伸

1. 用不同物品上的拉链进行练习，如毛衣、夹克、裤子、包等。

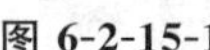

图 6-2-15-1

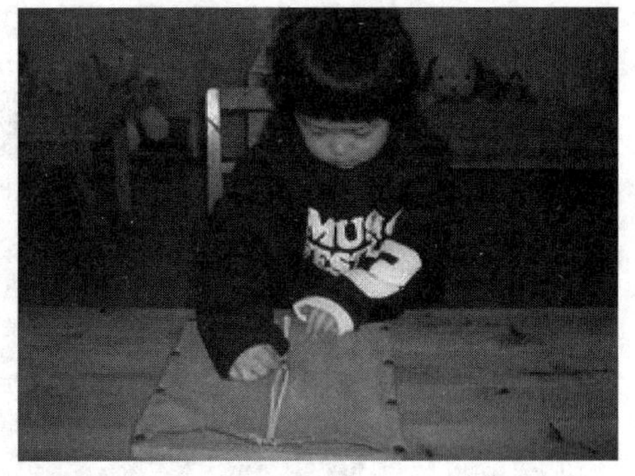

图 6-2-15-2

2. 鼓励幼儿互相练习。

3. 锻炼手部肌肉，尤其是二指。

错误控制　衣服解不开。

兴趣点　拉开的动作。

指导用语　打开、合上、拉。

注意事项　小心夹到手。

 第二次展示：纽扣

扫码看视频

教具构成

一块正方形木框，左右两块布在中间相合，用纽扣连接。

适宜年龄　2.5 岁以上。

工作目的

1. 直接目的：学会穿带纽扣的衣服；发展手眼协调能力；锻炼手部肌肉，尤其是二指。

2. 间接目的：培养幼儿独立穿衣的习惯；培养秩序感。

工作步骤

解开：

1. 左手拇指和食指拉住扣孔边的衣襟，右手捏住纽扣，从扣孔里脱出。

2. 左手接住穿过的纽扣，将其拉出。

3. 余下的扣子按照同样方式进行操作(如图 6-2-16)。

4. 将左右两侧的布料分别打开。

扣紧：

1. 把两襟合在中央。

2. 右手捏住衣襟，左手指一下洞，然后拿起纽扣送进洞中。

3. 右手接住穿出的纽扣，左手接住衣襟，左右拉。

4. 用同样的方法扣纽扣，直到扣完为止。

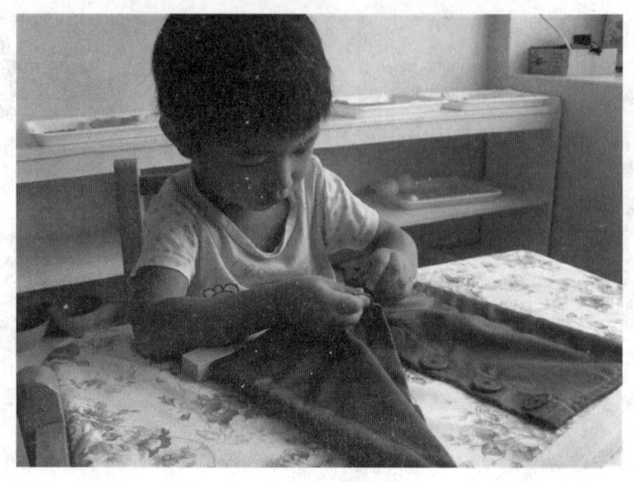

图 6-2-16

5. 整理布料，使其平整。

变化延伸 解衣服的扣子。

错误控制 衣襟不平整，有扣子没扣，纽扣穿错了孔。

兴趣点 纽扣从扣孔拉进拉出。

指导用语 解扣子、系扣子。

注意事项 大纽扣和小纽扣的操作方法相同。

第三次展示：钩扣

教具构成

一块正方形木框，左右两块布在中央相合，以钩扣连接。

适宜年龄 2.5 岁以上。

工作目的

1. 直接目的：学会系钩扣；发展手眼协调能力；锻炼手部肌肉。

2. 间接目的：培养幼儿独立穿衣的习惯；培养秩序感。

工作步骤

1. 解开

(1)从最上面开始，自上而下解钩扣(如图 6-2-17)。

(2)左手按住钩扣环部的衣襟，右手捏在钩扣钩部缝线的地方，把钩部推向左边，由环部脱出。

(3)用相同的方法解下面的钩扣。

(4)最后把两襟向左右掀开。

2. 扣住

(1)把两襟合向中央，从上往下进行。

(2)左手按在下襟环部旁边，右手捏住钩子的缝线处，稍微向左拉，用钩子扣上环部

图 6-2-17

之后略向右拉。

(3)用同样的方法扣其他的钩扣。

(4)整理布料，使其平整。

变化延伸 以裤子的钩扣代替。

错误控制

1. 钩子没有钩住环部。

2. 钩子扣到其他钩子的环部。

兴趣点 钩和环合在一起。

指导用语 拉开、钩上。

注意事项 可在桌面或工作毯上操作。

第四次展示：安全别针

教具构成

一块正方形木框，左右两块布在中央相合，以别针连接。

适宜年龄 2.5 岁以上。

工作目的

1. 直接目的：学会使用别针；发展手眼协调能力；锻炼手部肌肉。

2. 间接目的：培养孩子独立穿衣的习惯；培养秩序感。

工作步骤

1. 解开

(1)从最上面开始，自上而下解开别针。

(2)左手拇指、食指拿住嵌合针尖的别针头。

(3)右手拇指、食指夹住别针中央部分，用拇指把针尖压出别针头外。

(4)拔出针尖。

(5)再把针尖嵌回别针头。

(6)其他别针也用同样方法进行。

(7)双手把两襟向左右掀开。

2. 扣上

(1)把两襟合向中央，从上往下进行。

(2)把针尖压出来。

(3)确定别针的位置。

(4)针尖从上襟的表面刺进去。

(5)在针尖刺往下襟的时候，先把上、下襟的位置固定好。

(6)针尖刺过下襟。

(7)再由下襟里向上襟表面把针尖穿出。

(8)把针尖压进别针头。

(9)最后把针尖刺过时的皱纹抚平。

(10)把余下的都别上，整理布料，使其平整。

变化延伸 尝试别针的其他使用方法。

错误控制

1. 上、下襟的位置没有对好。

2. 布不平。

3. 针没有别住左右两襟。

兴趣点 把针嵌进、压出的方法。

指导用语 压出、刺入、压进。

注意事项 安全操作，小心被别针刺伤。

第五次展示：按扣

教具构成

一块正方形木框，左右两块布在中央相合，用按扣连接。

适宜年龄 2.5 岁以上。

工作目的

1. 直接目的：学会按扣；发展手眼协调能力；锻炼手部肌肉，尤其是三指。

2. 间接目的：培养幼儿独立穿衣的习惯；培养秩序感。

工作步骤

1. 打开

(1)左手的食指与中指压住最上面按扣凹部(下襟)。

(2)右手拇指、食指和中指按住按扣的凸部(上襟)的旁边，用力向上掀开按扣(如图 6-2-18-1)。

(3)从上往下一个一个掀开按扣，直到最后一个(如图 6-2-18-2)。

图 6-2-18-1

图 6-2-18-2

图 6-2-18-3

(4)双手把左右两块布向左右两边分开(如图 6-2-18-3)。

2. 扣紧

(1)双手把两边的布拉到中间合起来。

(2)从最上面开始，右手拇指、食指和中指捏住上襟的第一个按扣。

(3)左手食指和中指压在下襟的按扣旁。

(4)然后把扣子的凹部与凸部重合，手指用力压下，继续操作直到全部做完。

(5)整理布料，使其平整。

变化延伸 按衣服上的扣子。

错误控制 扣子没有吻合。

兴趣点 压按扣时发出的声音。

指导用语 拉开、按住。

注意事项 大按扣和小按扣的操作方法相同。

第六次展示：皮带扣

教具构成

一个正方形木框，左右两块布在中央相合，用皮带扣连接。

适宜年龄 2.5 岁以上。

工作目的

1. 直接目的：学会皮带扣的系法；发展手眼协调能力；锻炼手部肌肉，尤其是二指。

2. 间接目的：培养幼儿独立穿衣的习惯；培养秩序感。

工作步骤

1. 解开

(1)从衣饰框的顶端开始，从上方握住扣环。

(2)左手拇指、食指抓住皮带的尖端向右推。

(3)右手拿住拱起的部分从扣环中抽出。

(4)右手捏住皮带的尖端再向右拉，左手食指和中指捏住针，从针孔里拉出来。

(5)两手将皮带与扣环完全拉开。

(6)继续进行，直到所有皮带扣完全解开。

(7)把布料向左右分别掀开。

2. 扣紧

(1)将布料左右合上，从最上面的皮带扣开始系。

(2)右手拿皮带的尖端，左手拿扣环，把皮带尖端伸进扣环，右手把穿过的皮带向右拉。

(3)提示幼儿注意针孔，左手将针穿进针孔。

(4)左手拿住扣环，右手捏住皮带穿过扣环的左端。

(5)用同样的方法扣其他的皮带扣，直到扣上最下面的一个。

(6)整理布料，使其平整(如图 6-2-19)。

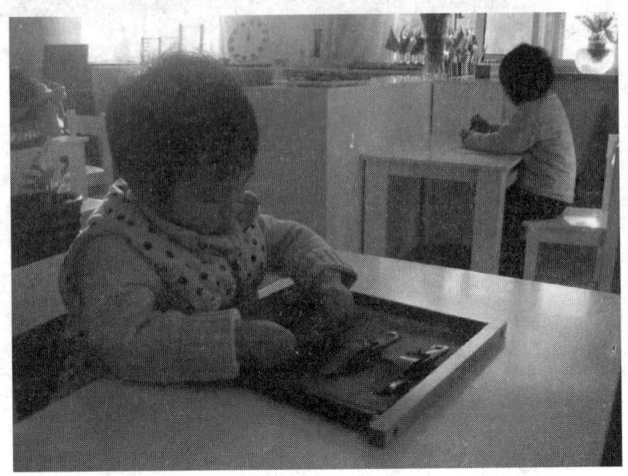

图 6-2-19

变化延伸 几位幼儿选择不同的皮带扣进行练习。

错误控制 布料从头到尾看起来不对称。

兴趣点 将针穿入皮带孔及拔出针的动作。

指导用语 扣环、抽出、针孔、穿进。

注意事项 大皮带扣和小皮带扣的操作方法相同。

第七次展示：蝴蝶结

扫码看视频

教具构成

一块正方形木框，左右两块布在中央相合，被不同颜色的丝带连接。

适宜年龄 2.5 岁以上。

工作目的

1. 直接目的：学会系蝴蝶结；发展手眼协调能力；锻炼手部肌肉，尤其是二指。

2. 间接目的：培养幼儿独立穿衣的习惯；培养秩序感。

工作步骤

1. 解开

(1)从最上面开始，从上而下解蝴蝶结。

(2)两手同时抓住带子的两端向左右拉，把蝴蝶结松开。

(3)左手的食指和中指按住两襟，右手的食指将节挑开。

(4)解开节后，把每条带子往旁边拉直(如图 6-2-20-1)。

(5)再把两襟向左右掀开。

2. 打结

(1)把两襟合向中央，从上往下系蝴蝶结。

(2)右手把右边带子拉向左边，左手将左边带子拉向右边，两者交叉(如图 6-2-20-2)。

(3)右手将上面的带子从交叉点下方的孔洞中穿过，用左手接住，然后左右拉紧。

(4)再将左边的带子距打结处 4～6cm 的地方绕个圈，拇指和食指牢牢捏住圈的底部。

(5)用右边的带子从后面绕个圈，用右手食指把带子从孔中塞进去，又形成一个圈。

(6)两手捏住圈，同时向两边拉，使其成型(如图 6-2-20-3)。

(7)用同样的方式系其他的蝴蝶结。

(8)整理布料，使其平整(5-2-20-4)。

变化延伸 练习系头花和鞋带。

错误控制 蝴蝶结歪斜。

兴趣点 用食指把带子推穿过绕圈的地方。

指导用语 解结、拉开、系结。

注意事项 可在桌面或工作毯上操作。

图 6-2-20-1

图 6-2-20-2

图 6-2-20-3

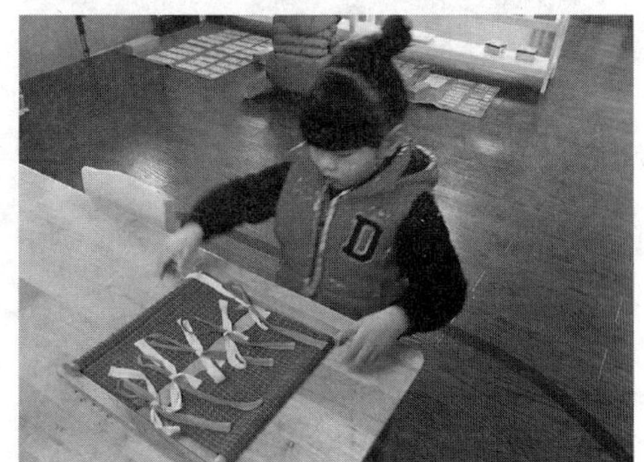

图 6-2-20-4

设计纸张作业单（以日常生活领域基本动作部分为例）

实训目标

1. 掌握设计、制作纸张作业单的规律和特点。

2. 能设计、制作纸张作业单并恰当使用。

3. 有主动设计、制作纸张作业单的意愿。

实训准备

纸张、彩色铅笔。

实训步骤

1. 根据日常生活领域基本动作部分的工作特点，设计纸张作业单，纸张作业单内容包括：名称、使用提示、内容、姓名和日期。

2. 根据设计纸张作业单的目的，以小组为单位完整展示纸张作业单的使用过程。

3. 结合使用情况进行自我评价。

4. 组间评价，提出修改建议。

5. 教师主要从纸张作业单的可操作性、与蒙氏教具的衔接性、与儿童行为水平的一致性三个方面进行评价总结，提出修改建议。

6. 实训小组根据修改建议继续修改提升，修改后在班级板报区进行展示分享。

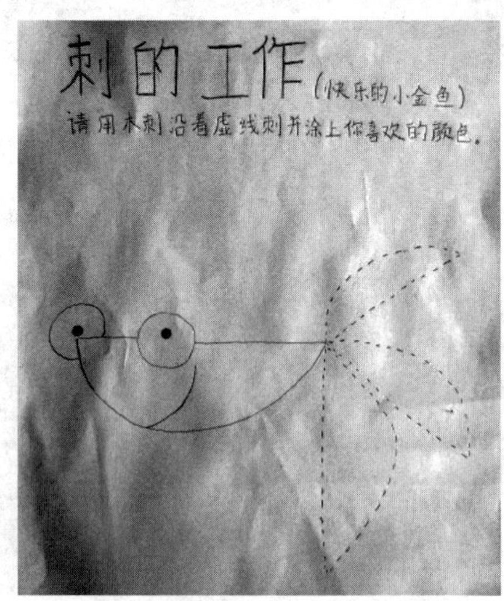

作业单一：刺的工作

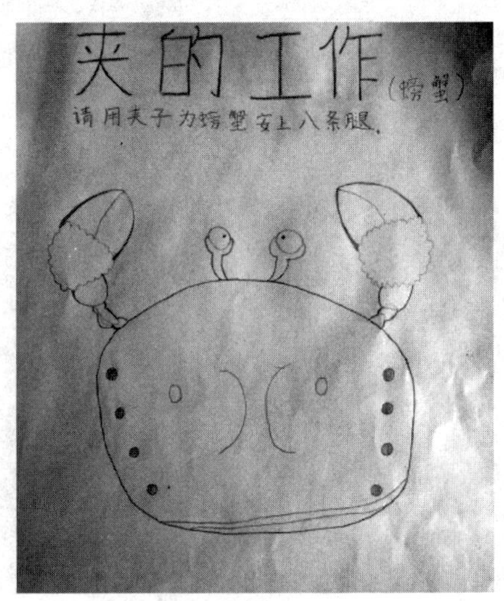

作业单二：夹的工作

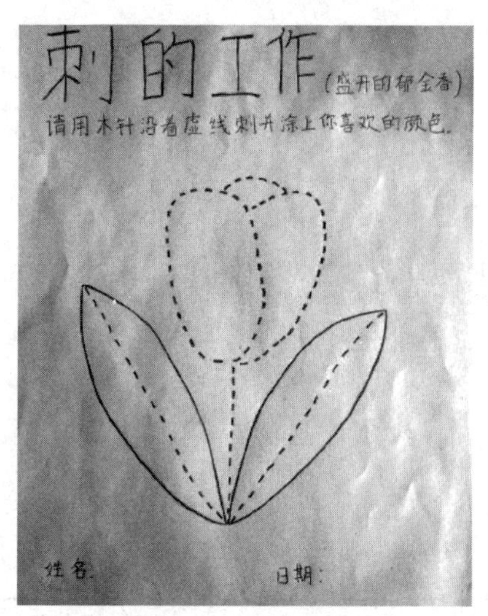

作业单三：刺的工作

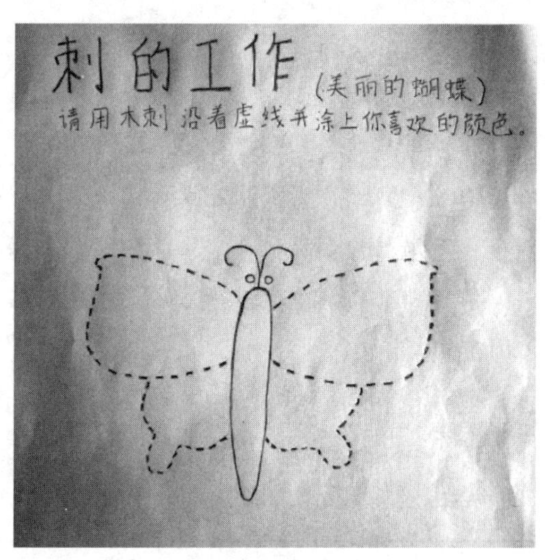

作业单四：刺的工作

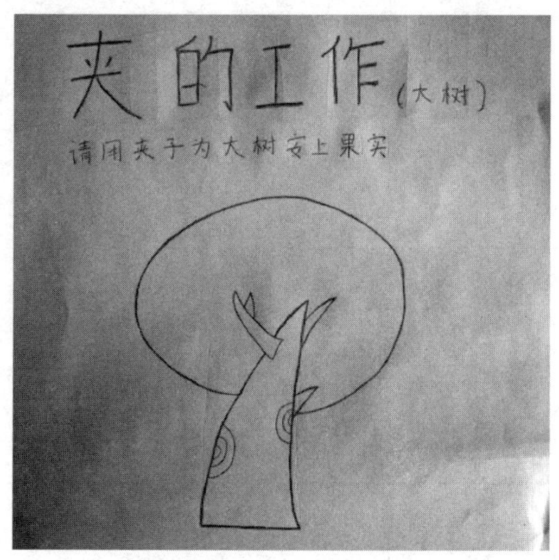

作业单五：夹的工作

项目回顾

内　容	掌握等级
蒙台梭利日常生活教育的含义	☆☆☆☆☆
蒙台梭利日常生活教育的内容	☆☆☆☆☆
蒙台梭利日常生活教育的目的	☆☆☆☆
蒙台梭利日常生活教具设计应注意的问题	☆☆☆☆☆
蒙台梭利日常生活教具的操作	☆☆☆☆☆

思考与练习

1. 蒙台梭利日常生活教育的内容有哪些？

2. 蒙台梭利日常生活教具设计应注意的问题有哪些？

3. 举例说明蒙台梭利日常生活领域教具操作使用的三阶段教学法。

4. 蒙台梭利日常生活领域基本运动部分、社交礼仪部分、照顾环境和照顾自己部分各包括哪些工作？

学习自评卡

请同学根据实际掌握情况填写下表。

<table>
<tr><th rowspan="2">所属内容</th><th colspan="2">掌握程度</th><th rowspan="2">分享与总结</th></tr>
<tr><th>可独立操作教具的数量</th><th>可独立操作教具的质量</th></tr>
<tr><td>蒙台梭利日常生活教具
基本运动部分</td><td></td><td></td><td></td></tr>
<tr><td>蒙台梭利日常生活教具
社交礼仪部分</td><td></td><td></td><td></td></tr>
<tr><td>蒙台梭利日常生活教具
照顾环境部分</td><td></td><td></td><td></td></tr>
<tr><td>蒙台梭利日常生活教具
照顾自己部分</td><td></td><td></td><td></td></tr>
</table>

项目七 蒙台梭利感官教育

学习目标

1. 了解蒙台梭利感官教育的含义和内容。
2. 领会蒙台梭利感官教育的目的。
3. 掌握蒙台梭利感官教具的规律和特征。
4. 能熟练、规范、完整地示范教具操作活动。

内容图解

任务一　蒙台梭利感官教育概述

一、蒙台梭利感官教育的含义与内容
二、蒙台梭利感官教具的特征
三、蒙台梭利感官教育的目的

任务二　蒙台梭利感官领域教具操作活动

工作名称

视觉部分	插座圆柱体、粉红塔、棕色梯、红棒、彩色圆柱体、色板、几何图形橱、建构三角形、几何立体组、二项式、三项式等
触觉部分	砂纸触觉板、布盒、重量板、温觉板
听觉部分	听筒
嗅觉部分	嗅觉瓶
味觉部分	味觉瓶

项目导言

一天早晨王老师正在晨间接待，小溪的妈妈焦虑地走到她身旁，说："小溪的插座圆柱体已经操作3周了，这让我很着急，是不是时间太久了，他为什么不关注其他教具呢?"王老师笑了笑，说："再给小溪一些时间。"一周之后，小溪的妈妈兴奋地跑到王老师面前说："王老师，小溪今天早晨把我家里的不同颜色、不同形状、不同大小的好多瓶子按顺序排得整整齐齐，没有一个排错的，他太棒了!"幼儿的操作是个性化的，教师应尊重孩子的成长步调，扮演引导者、观察者的角色，当幼儿的探究欲望被满足时，教学效果会突发性显现。

任务一　蒙台梭利感官教育概述

一、蒙台梭利感官教育的含义与内容

(一)蒙台梭利感官教育的含义

感官教育以系统的感官教具为依托，通过系统而反复的感觉训练，强化儿童肌肉、神经及感觉器官的发育，以便开发智慧。进行由感觉到概念的感觉教育，能帮助儿童自然地发展，为培养儿童健全的人格打下良好基础。

(二)蒙台梭利感官教育的内容

1. 视觉教育

视觉教育的目的是发展儿童的视觉，提高其视觉敏锐性。

视知觉统合能力，并非一般所说的有没有看见、近视或远视等视觉上的问题，而是指眼睛对于线条、角度、图形等的判断、记忆、辨识是否能够整合的能力。

蒙台梭利视觉教育的主要目的是让儿童学习分辨物体体积、颜色、形状等物理特性。用来实施视觉教育的教具包括：粉红塔、棕色梯、红棒、圆柱体组(带插座)、彩色圆柱体组、色板、几何图嵌板箱、几何立体组、建构三角形以及二项式与三项式。除了对颜色的分辨外，蒙台梭利视觉教育特别强调维度(Dimension)的概念："所谓维度，是指物体的长、宽和高，任何物体都有这三种维度，平面有两个维度，而线只有一个维度，维度是一个抽象的概念，存在于大自然无数的物体中。"蒙台梭利将这个抽象概念带入视觉教育中，使抽象概念具体化。由于物质被单一化，所以幼儿在操作时容易得到具体的观念，这种刺激孤立化的原则，在蒙台梭利视觉教育中随处可见。例如在体积辨识方面，蒙台梭利曾以三组积木分别表示粗细、长短与大小的概念，也就是说这三组积木各代表一种刺激，儿童可以很明确地了解教具所传达的概念；又如教导颜色的辨认时，蒙台梭利不会拿真实物品告诉幼儿物品所呈现的颜色，因为如此一来，幼儿的注意力将会落在物体上，使得颜色的刺激无法凸显出来。

2. 触觉教育

触觉教育是接触物体表面的感觉训练，用于提高儿童触觉敏锐度。

触觉教育在蒙台梭利感觉教育中占有极重要的地位，除了对物体表面的触摸、辨认，还包括温度感、重量感。用来训练幼儿触觉的教具有触觉板、装有各种质料的布盒、温觉筒、重量板、几何立体等。蒙台梭利这样描述触觉教育："我教导孩子如何去触摸，也就是教导他触摸表面的方法。因此我有必要轻轻捏住孩子的手指，带着他贴在表面上非常轻地滑过去，这些技巧的另一特点是，告诉孩子要闭眼睛触摸，为了鼓励他这么做，我们可以告诉他，这样才更能感觉之间的差异，引导他在不使用眼睛的情况下，分辨不同的接触面。"

3. 听觉教育

听觉教育是通过变化声音的强弱程度，提高儿童听声音的敏锐性。

蒙台梭利在《发现儿童》一书中指出："听觉教育的课程我是如此进行的：我要教师先让教室安静下来，接着我继续工作，以便把安静导入更深沉的境界。"诚如前面所言，蒙台梭利教导儿童辨别声音时，要求"绝对肃静"，也就是先让儿童做"寂静的练习"。这种寂静练习具有积极的意义，儿童在静默当中，不仅体会到外界的肃静，同时享受到内心真正宁静的愉悦。蒙台梭利认为，只有在绝对的肃静中，儿童才能体验噪声与和谐声音的不同，进而能对悦耳的声音产生认同，这便是培养欣赏和谐之美的开始。一个懂得欣赏生命和谐、恬静之美的人，必然能散发出一股高贵的气质，使生命因获得更多的力量而显得愈发清新。

蒙台梭利认为，"钟"代表着爱，悠扬的钟声能使儿童产生共鸣，所以她使用了米兰第一间"儿童之家"的指导员马可罗尼女士(Makroni)创作的一套 13 个钟的教具来训练儿童的音感。而为了与乐音做比较，蒙台梭利使用小筒子，在里面装入不同的东西，如沙子或小石子等，使其成为各种杂音的来源。这样儿童便可以利用"音感钟""杂音筒"来做比较。音感的培养是音乐教育的基础，蒙台梭利主张使用弦乐器来进行音乐教育。因为"简单而原始的乐器最适合用来唤醒小小心灵中的音乐"，而弦乐器正好具备了这样的特质，特别是竖琴，象征着"人的内在气质"。此外，蒙台梭利发现儿童对于音乐的旋律较有感受力，对音调则较不敏感，所以主张使用旋律来产生"教育上的纪律效果"，使儿童的行为产生自发性的秩序。

4. 嗅觉和味觉教育

嗅觉教育是用鼻子来感觉气味的教育，有助于锻炼儿童对各种气味的敏感性。味觉教育则是用舌头来感觉味道的教育，有助于提高舌头对味道的敏感和灵活性。

嗅觉与味觉的练习是蒙台梭利认为最困难的部分。她认为孩子的嗅觉并不特别敏锐，因此很难用感官的方法吸引他们的注意，对于幼小的孩子更是如此。因此蒙台梭利在训练孩子嗅觉时，会将不同的花、香水、杏仁、薄荷等具有特殊气味的物体放在幼儿的四周，以吸引孩子的注意，并引导其以蒙住眼睛的方式来辨别各种气味。

至于味觉教育，蒙台梭利主张让孩子去品尝酸、甜、苦、咸四种简单的味道，因为这是舌头能感受到的四种主要味道。此外，在品尝各种味道之前蒙台梭利要求儿童先漱口，以避免味道混淆，这也提供了卫生教育的机会。除了让儿童品尝四种味道外，蒙台梭利也建议让儿童在三餐中去练习味觉与嗅觉，因为这是训练这两种感觉最自然的时机。

蒙台梭利的感觉教育不只刺激和训练了儿童的感觉器官，同时也促进了感觉和知觉的发展，有助于形成概念。

二、蒙台梭利感官教具的特征

(一)刺激的孤立性

所谓刺激的孤立性，也就是把物质中的每一种属性分离出来，当属性从具体的实体中抽离出来后，就会成为一种抽象的概念，蒙台梭利将每种抽象概念整合到感觉教具中，使得抽象概念得以具体化。例如，以抽象属性如颜色、空间、气味、声音来区分教具，使教具具有明显的差异。孩子在操作这些教具时便能将注意力集中在物体的明显特征上，帮助其分类及分析各种性质。例如：将一盘西瓜摆在孩子的面前，然后告诉他："这是西瓜，有绿色的果皮，红色果肉，形状是圆形或椭圆形，吃起来甜甜的。"如此介绍虽将西瓜所有属性都说出来了，但是孩子无法一一记下来，倒不如每次只提供一种属性，待孩子一一了解属性后，再呈现整个西瓜的概念。

(二)由少数对比明显的刺激到多数差异细微的相似刺激

感官教具中每种感觉刺激的呈现方式，都是先从对比明显的少数刺激开始，如先辨别黄、红两种颜色，再区分黄、橙两种颜色，继而由深到浅渐次排列。儿童先学会较为明显的、容易辨识的刺激，再慢慢地进入序列的概念，最后加入相似的概念，使儿童了解一系列对比与相似的完整概念。儿童具备了观察细微刺激的能力，也就为他们将来学习阅读提供了准备，即发展了视觉辨识能力。

(三)具有P(配对)G(排序)S(分类)特性

对新事物的认识了解，首先是要进行观察，然后对事物的各种基本特性进行比较，从而获得经验，认识事物。为了使感官教具能够达到促进感官教育的目的，蒙台梭利在长期观察孩子活动的基础上，认识了解了其中的根本要素——感官教具的制作必须符合儿童认知条件。蒙台梭利通过“发现同一属性的物体”“分类”“确定等级、排列顺序”三种操作方法帮助儿童运用教具实现感觉的发展，并为以后各种活动的发展奠定基础，这也是人们认识事物所必须具备的基本条件。P(配对)是指找出类似属性的教具；G(排序)是指把教具按照一定的顺序进行排列；S(分类)是指对教具所具有的属性进行归类。以上三点是感官教具自身所具有的特性，也是蒙台梭利感官教育内容的三个重点。任一感官教具至少需要具备以上三个中的一个特性。蒙台梭利如何运用各种要素设计和制作感官教具，请参见表 7-1 来理解。

表 7-1 蒙台梭利感官教具所涉及的要素

感官教具	要素	感官教具	要素
插座圆柱体	P G S	几何立体组	P
粉红塔	G	二项式、三项式	P G S
棕色梯	G	砂纸触觉板	P G
长棒	G	布盒	P
彩色圆柱体	P G S	重量板	P S
色板	P G S	温觉板	P G
几何图形橱	P S	听筒	P G S
建构三角形	P S	嗅觉瓶、味觉瓶	P

“配对”“排序”“分类”这三种思考方法是人们掌握智能、进行逻辑思考的基础，人们不论是处理生活中的事物还是创造某种事物，都会依靠 P 或 G 或 S 的思考方法。人的成长就是在不断“发现物体的同一属性”“配对”“分类”交替进行着。例如，婴儿在出生后不久，会睁大眼睛看着身边发生的一切，对身边的声音寻找匹配的对象——他们各属于哪些人，对声音进行排序，哪些是很重要的，并记住，在他有能力做他感兴趣的事情时，在做的过程中要分清类别才能够做得正确，这就是三要素和自然成长规律相符的体现。

三、蒙台梭利感官教育的目的

(一)扩大知觉的领域，奠定智慧发展的基础

具有极高敏锐度的感觉，并非人人都能达到，然而当我们能更充分且正确地使用感官，我们便更可能增强其熟练度，智慧也就能够正确灵活地运行。所以蒙台梭利认为：“如果我们的感官能够练习得更敏锐，那么即使只是属于芸芸众生中的一点短暂的成就，也会具有极大的价值，因为就在这一刻，个体发展出了基本的概念，形成了智能的模式。”

(二)将累计的感官印象加以整理，使个体拥有井然有序的心智

蒙台梭利认为儿童 2.5～3 岁时，已经吸收了极为繁多的感觉印象，这些印象逐渐积

累，在没有整理的情况下，变得混乱而模糊，所以她形容这时候的儿童是“一个不清楚自己所继承的财富，却又希望透过专家的协助来了解其价值，并能加以编目、分类，以能完全控制这些财富的人”。我们必须给予儿童一种正确且具有科学性的引导，使这些混杂的现象能够秩序化，并使内在的概念明确化。这便是蒙台梭利感官教育的第二个目的，而且蒙台梭利认为这个目的的重要性更大于前者。

蒙台梭利为了协助幼儿拥有井然有序的心智，设计了一系列的感觉教具与活动，并认为这个年龄的幼儿具有的敏感力，是有助于这种辨识与分类活动进行的。当儿童从事感觉活动时，会立刻与遗留于肌肉记忆中的概念相互联结，使儿童将外界事物与语言加以联结而理解。例如大小与红蓝的不同，儿童是可以理解前者是体积的差异后者是颜色的差异的，并逐渐认知到各种序列的对应活动。随着知识基础的奠定与累积，儿童的自我世界不断拓展与丰富。

(三)引导幼儿自发性的自我教育

蒙台梭利认为智能不足儿童与正常儿童在使用根据分阶段刺激原理制造的教具时，其间最大的差异在于：“用于智慧不足儿童身上，会使他变得有接受教育的可能，用在正常儿童身上时却能引发自我教育。”

蒙台梭利在他的教学方法中加入了观察与自由两项原则，这使得教师“其实除了观察以外无事可做，教师教得少，观察得最多，她的作用是引导儿童生理与心理发展①”。这使得儿童的自由受到前所未有的重视。当儿童拥有一定限度的自由时，他必须学习为他的自由做适度的选择与管理。儿童可以自由选择学习的方式和材料，因此提供一套能够增进幼儿感觉能力，促使儿童认知发展的教具就变得十分重要。蒙台梭利期待通过有系统、有次序的教具操作工作能为儿童奠定稳固的智慧基础。她曾这样形容蒙台梭利教具：“我们的教具使自发性教育成为可能，使感觉的组织教育可行，这样的教育不是靠教师的能力，而是靠教具体系来完成，呈现的实物首先吸引孩子自发性的注意，其次包含合体的层次刺激。”当幼儿能够自发地探索周围环境时，智慧活动便逐渐展开，蒙台梭利强调感觉训练是教育的起点。

(四)及早发现感官功能的障碍而加以矫正

3～5 岁是幼儿感觉最敏感的时期，通过具有科学性的感觉训练，许多感官功能的障碍是可以逐渐被矫治的，这正好说明了为什么感觉教育最初的实施对象是智力障碍儿童。例如：幼儿选色与用色的过程可以显示出其内心的状况，喜用暖色的显示出内心的平安喜乐，喜用灰色的显示出内心的不安与忧虑，红色代表活力、生气，蓝色代表忧郁；观察儿童使用色板的情况，可以发现幼儿的心理和生理缺陷，以便及早确认、及早治疗。

---

① Maria Montessori：The Montessori Method. Translated by Anne. E. George，N. Y.：Frederick A Stoke-ComPany，1912，p. 173.

任务二　蒙台梭利感官领域教具操作活动

一、感官领域视觉教具操作活动

蒙台梭利曾说："有经验的母亲如果发现幼儿对某事物特别感兴趣，就应该让他尽情看个清楚。"

(一)工作名称：插座圆柱体

教具构成

插座圆柱体有 A、B、C、D 四组，外形似木枕，上面有十个凹槽及连着小圆柄的十个圆柱。圆柱与槽的大小、高度遵循一定规则。

A 组圆柱体粗细一定，约 5.5 cm，高度最高 5.5 cm，以 0.5 cm 递减，最低的 1 cm。

B 组圆柱体高度一定，约 5.5 cm，直径最粗 5.5 cm，以 0.5 cm 递减，最细的 1 cm。

C 组圆柱体高度和直径同时以 0.5 cm 递减，高度由 5.5 cm 到 1 cm，直径由 5.5 cm 到 1 cm。

D 组圆柱体高度以 0.5 cm 递增，直径以 0.5 cm 递减，高度由 1 cm 到 5.5 cm，直径由 5.5 cm 到 1 cm。

本组教具由易到难分 8 次展示。

第一次展示：配对

扫码看视频

工作前经验

已有三指捏木桩操作经验或年龄在 2.5 岁以上。

操作材料　插座圆柱体第一组。

工作目的

1. 直接目的：能将圆柱体放进相应的凹槽里。

2. 间接目的：

(1)训练幼儿视觉对物体尺寸的辨别力；

(2)锻炼幼儿手指的灵活性，为书写做准备；

(3)训练幼儿从左至右的方向感；

(4)为学习数学中的一一对应做铺垫；

(5)发展幼儿的秩序感、专注力、协调性和独立性。

工作步骤

1. 取工作毯，铺工作毯，介绍工作名称。①

---

① 在以下各工作展示中，除特殊说明在桌面上操作之外，第一步都是"取工作毯，铺工作毯"，不再重复说明。

2. 左手扶底座，右手三指捏圆柱体放在凹槽前，依次全部取出(如图 7-2-1-1)。

3. 左手捏圆柱体，右手食指中指感知该组变量并放下(如图 7-2-1-2)。

4. 右手食指逆时针描画凹槽。

5. 右手三指捏圆柱体送回凹槽里。

6. 双手食指画半圆检查(如图 7-2-1-3)。

7. 依次将剩下的送回，最后一个用小拇指画半圆检查。

8. 将底座竖过来，食指和中指竖向检查，结束工作(如图 7-2-1-4)。

图 7-2-1-1

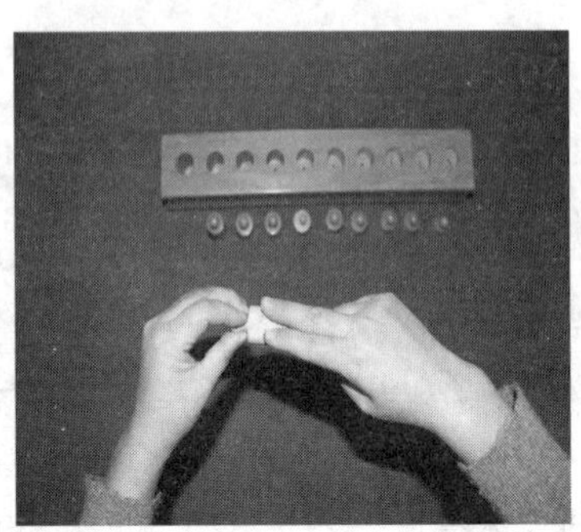

图 7-2-1-2

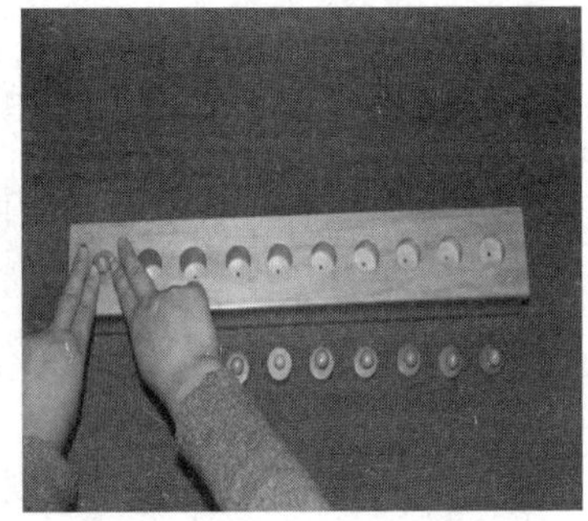

图 7-2-1-3

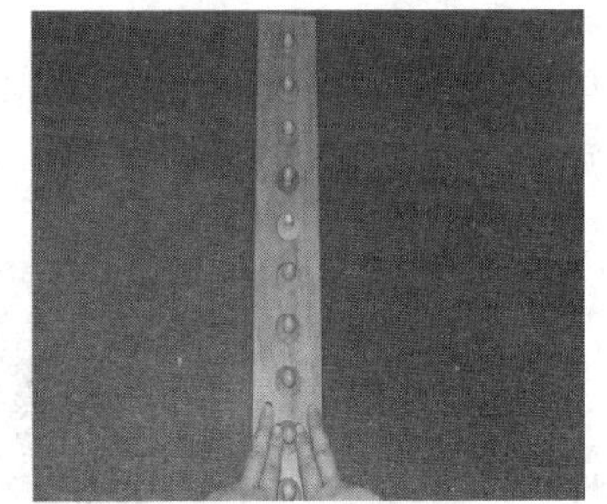

图 7-2-1-4

变化延伸

1. 插座圆柱体第二组配对。

2. 插座圆柱体第三组配对。

3. 插座圆柱体第四组配对。

4. 能将生活中常见的物体进行配对。

5. 能将实物与平面图片进行配对。

错误控制　与圆柱体一一对应的凹槽。

兴趣点　放进正确凹槽的成就感。

指导用语　插座圆柱体、手柄。

注意事项

1. 这组插座圆柱体的工作是幼儿第一次接触感官教具，教师在进行展示后要充分观察幼儿的接受和使用情况，并为幼儿提供足够的自由操作机会。

2. 幼儿触摸第三组圆柱体时要借助一根木棒或一支铅笔。

3. 此次展示要充分，分成四课时来完成。

第二次展示：排序

扫码看视频

工作前经验　已在自由工作中操作过插座圆柱体。

操作材料　插座圆柱体第一组。

工作目的

1. 直接目的：能将散放的圆柱体排序，并放进对应的凹槽里。

2. 间接目的：同本工作第一次展示。

工作步骤

1. 介绍教具名称，取出圆柱体散放(如图 7-2-1-5、图 7-2-1-6)。

2. 找出第一个放在凹槽旁，第二个通过比较找出，放在凹槽旁，教师示范两三个后请幼儿找出剩下的，请幼儿找出排好(如图 7-2-1-7)。

3. 右手食指中指并拢画圆，将圆柱体送回，画半圆检查，最后一个用小拇指画半圆检查，竖向检查，结束工作(如图 7-2-1-8)。

变化延伸

1. 插座圆柱体第二组排序。

2. 插座圆柱体第三组排序。

3. 插座圆柱体第四组排序。

4. 能将生活中的实物进行排序，如套娃、石头、贝壳等(每种实物数量最少要 3 个)。

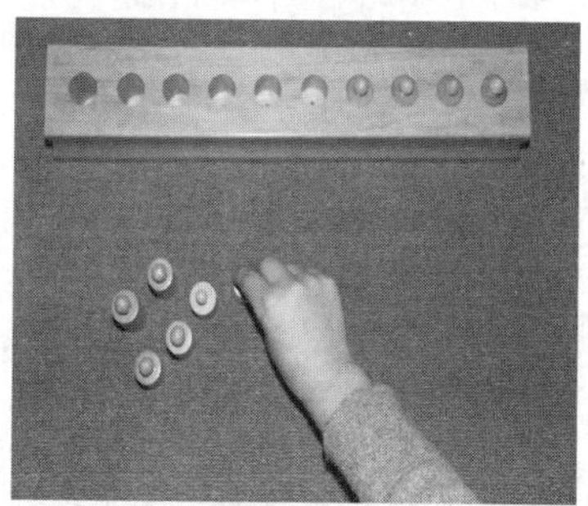

图 7-2-1-5

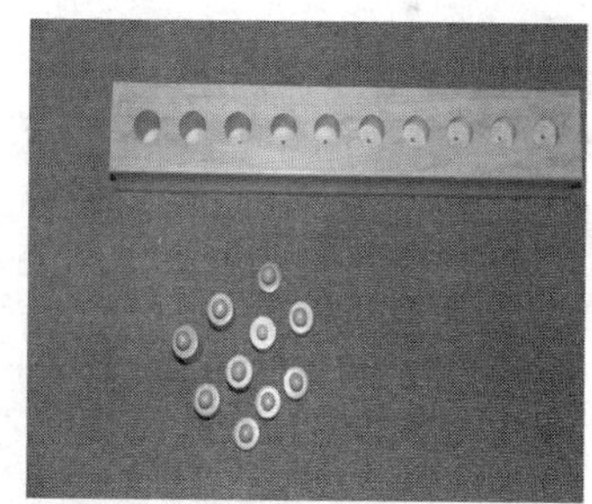

图 7-2-1-6

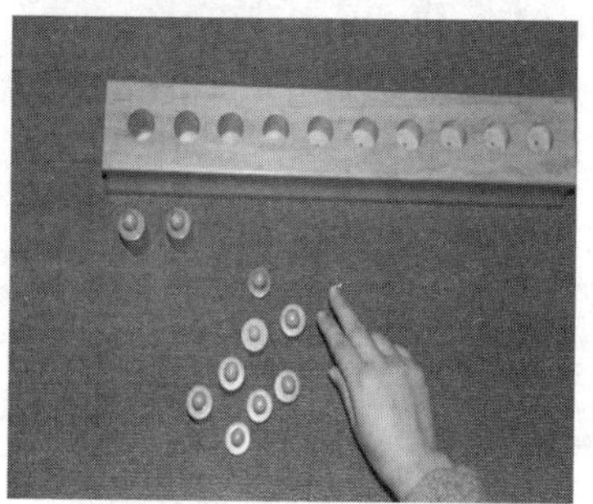

图 7-2-1-7

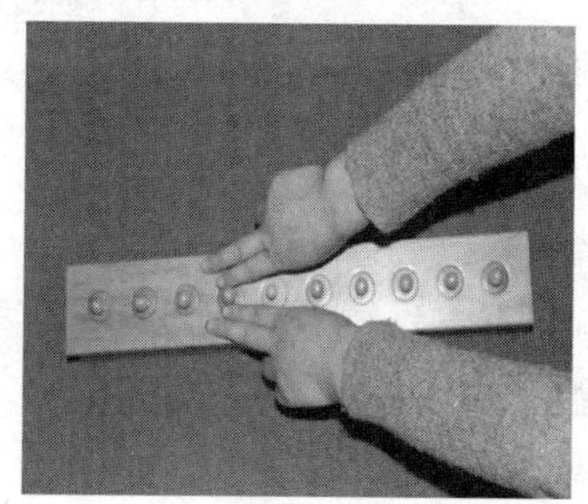

图 7-2-1-8

错误控制

圆柱体本身所具有的序列，与圆柱体一一对应的凹槽。

兴趣点 排序的过程。

指导用语 圆柱体、排队。

注意事项

此次展示活动要与第一次展示相隔一段时间，如三天或一个星期，具体时间要根据幼儿使用插座圆柱体的情况而定。

第三次展示：名称练习

扫码看视频

工作前经验 已能将圆柱体正确排序。

操作材料 插座圆柱体第一组。

工作目的

1. 直接目的：能区分出物体的大小，并能较正确地说出“大的”“小的”。

2. 间接目的：同本工作第一次展示。

工作步骤

1. 介绍工作名称，取出圆柱体散放。

2. 比较排序。

3. 取出最大的、最小的放在前面，按照三阶段教学。

(1)命名：触摸最大的，完全感知，放下，“这是最大的”，请幼儿来感知，依此介绍最小的。

(2)辨别：请你指出哪一个是最大的？那你指一下最小的。教师指最大的，问：“这是最小的吗？请把最大的拿给我，请把最大的藏起来。”

(3)发音：指最大的问：“这是最怎样的？”

4. 将最大和最小的圆柱体归位，画半圆检查，竖向检查，结束工作。

变化延伸

1. 插座圆柱体第二组名称练习“粗的”“细的”。

2. 插座圆柱体第三组名称练习“高的”“矮的”。

3. 插座圆柱体第四组名称练习“又粗又矮的”“又细又高的”。

4. 能辨别生活中常见物体的特征，并说出相应的名称。

错误控制 圆柱体本身。

兴趣点 发音准确的成就感。

指导用语

这是大的/小的/粗的/细的/高的/矮的/又粗又矮的/又细又高的；哪个是大的/小的；这是什么。

注意事项

如果幼儿的语言表达能力较好，教师可教给幼儿一些词汇：最大的、最小的、比较大的、比较小的等。

第四次展示：指示棒的工作

扫码看视频

工作前经验　已能熟练操作各组插座圆柱体。

操作材料　任一组插座圆柱体、木棒 1 根或铅笔 1 支。

工作目的

1. 直接目的：凭视觉找出与凹槽相对应的圆柱体。
2. 间接目的：同本工作第一次展示。

工作步骤

1. 介绍工作名称，取出圆柱体散放(如图 7-2-1-9)。
2. 出示指示棒，任意指一凹槽(如图 7-2-1-10)。
3. 引导幼儿找出正确的圆柱体，放好检查(如图 7-2-1-11、图 7-2-1-12)。
4. 依此类推，将所有的都找到，竖向检查，结束工作。

图 7-2-1-9

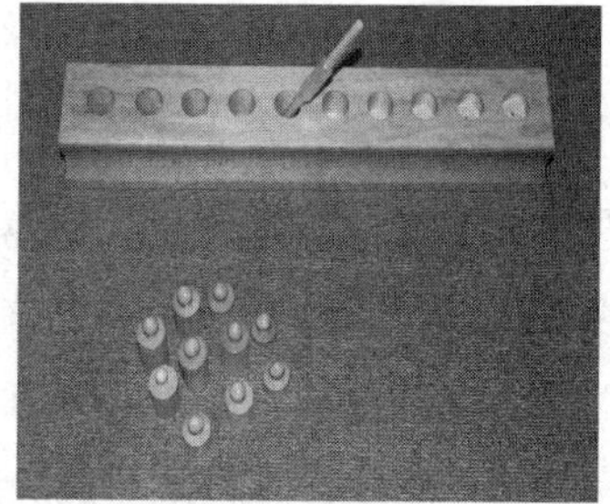

图 7-2-1-10

图 7-2-1-11

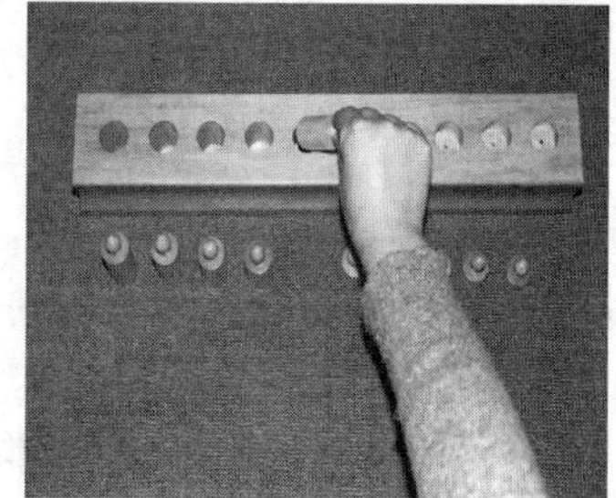

图 7-2-1-12

变化延伸

1. 其余三组插座圆柱体的展示。
2. 将两组、三组或四组插座圆柱体组合在一起使用。
3. 可以由 2 名以上幼儿合作完成该项工作。

错误控制　与圆柱体一一对应的凹槽。

兴趣点　按指示寻找对应圆柱体的过程。

指导用语　请你找到和这个凹槽一样的圆柱体。

注意事项

此次展示属于插座圆柱体的延伸展示，教师不一定要进行正式的小组展示活动，可在观察幼儿自由工作时，随机对幼儿进行指导。

第五次展示：记忆练习

工作前经验 已能熟练操作各组插座圆柱体。

操作材料 任一组插座圆柱体、木棒 1 根或铅笔 1 支。

工作目的

1. 直接目的：幼儿在进行视觉观察后，凭借记忆找出与凹槽相对应的圆柱体。

2. 间接目的：同本工作第一次展示。

工作步骤

1. 介绍工作名称，取出圆柱体散放；底座放在另一张工作毯上。

2. 说指导用语，引导幼儿操作。

3. 放好检查。

变化延伸

1. 其余三组插座圆柱体的展示。

2. 将两组、三组或四组插座圆柱体组合在一起使用。

3. 可以由 2 名以上幼儿合作完成该项工作。

错误控制 与圆柱体一一对应的凹槽。

兴趣点 凭记忆找到对应圆柱体的成就感。

指导用语 请你记住这个凹槽，找到和它一样的圆柱体。

注意事项

1. 将插座圆柱体第三组的展示放在比较靠后的位置，因为人的视觉对物体深度的变化不是很敏感。

2. 此次展示属于插座圆柱体的延伸展示，教师不必进行正式的小组展示活动。

第六次展示：蒙眼感知圆柱体

工作前经验 已能熟练操作各组插座圆柱体。

操作材料 任意一组插座圆柱体、眼罩 1 个。

工作目的

1. 直接目的：锻炼幼儿触觉的感受力和分辨力。

2. 间接目的：同本工作第一次展示。

工作步骤

1. 介绍工作名称，取出圆柱体散放。

2. 戴上眼罩将圆柱体送回对应的凹槽中。

3. 检查，摘下眼罩，结束工作。

变化延伸

1. 其余三组插座圆柱体的展示。
2. 将两组、三组或四组插座圆柱体组合在一起使用。
3. 蒙眼将打乱顺序的圆柱体排好顺序。

错误控制

圆柱体本身所具有的序列，与圆柱体一一对应的凹槽。

兴趣点　蒙眼触摸的趣味性。

指导用语　请戴上眼罩将圆柱体送回对应的凹槽中。

注意事项

1. 将插座圆柱体第三组的展示放在比较靠后的位置。

2. 此次展示属于插座圆柱体的延伸展示，教师不必进行正式的小组展示活动，可在观察幼儿自由工作时，随机进行指导。

第七次展示：组合操作

工作前经验　已能熟练操作各组插座圆柱体。

操作材料　插座圆柱体。

工作目的

1. 直接目的：在加大难度的情况下能将圆柱体放回相对应的凹槽里。
2. 间接目的：同本工作第一次展示。

工作步骤

1. 介绍工作名称，取出圆柱体散放。
2. 请幼儿找到与自己凹槽对应的圆柱体，全部找到后进行检查，结束工作。

变化延伸

1. 可将第三组、第四组插座圆柱体组合在一起进行操作。
2. 可蒙眼进行操作。
3. 可以由 2 名以上幼儿共同合作完成该项工作。

错误控制　与圆柱体一一对应的凹槽。

兴趣点　组合之后的新奇感。

指导用语　请你把圆柱体放进凹槽里。

注意事项

此次展示属于插座圆柱体的延伸展示，教师不必进行正式的小组展示活动。

第八次展示：找相同

工作前经验　已能熟练操作各组插座圆柱体。

操作材料　四组插座圆柱体。

工作目的

1. 直接目的：在40个圆柱体中找出相同的5对。

2. 间接目的：同本工作第一次展示。

工作步骤

1. 介绍工作名称，按顺序将圆柱体放到底座旁。

2. 教师示范找出一对一模一样的圆柱体，比高度比底面，请幼儿找出一模一样的圆柱体，找出后比较，圆柱体送回，竖向检查，结束工作。

变化延伸　从日常生活中找相同。

错误控制　圆柱体本身所具有的序列。

兴趣点　比较的过程。

指导用语　请你找出一模一样的圆柱体。

注意事项

此次展示属于插座圆柱体的延伸展示，教师可在幼儿自由工作时随机进行指导。

(二)工作名称：粉红塔

教具构成

10块木质正方体，粉红色，边长为从1cm到10cm以1cm为公差的等差数列。

本教具由易到难分6次展示。

第一次展示：垂直积塔

扫码看视频

工作前经验

已有插座圆柱体操作经验或年龄在2.5岁以上。

操作材料　粉红塔。

工作目的

1. 直接目的：感知10个正方体在尺寸上的变化，并能将其搭成塔状。

2. 间接目的：

(1)训练幼儿视觉对三维同时变化的物体的辨别力；

(2)幼儿通过观察正方体序列中的大小以及正方体的边、面等的变化，为学习几何做准备；

(3)发展幼儿的秩序感、专注力、协调性和独立性。

工作步骤

1. 由小到大依次把正方体取到工作毯上，散放(如图7-2-2-1、图7-2-2-2)，介绍工作名称。

2. 找出最大的一块正方体，触摸感知后放在工作毯中间，通过比较找出其余正方体中最大的一块进行触摸并垂直积塔，然后依次找出最大的积塔。

3. 积好塔后打开手掌分别从下往上、从上往下感知塔，可以绕工作毯从不同的视角观察，将塔水平放在工作毯上，由大到小送回，结束。

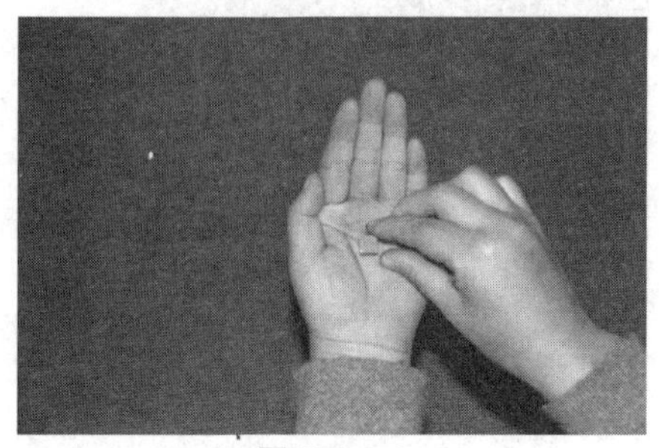
图 7-2-2-1

图 7-2-2-2

变化延伸

粉红塔以其中一边为控制叠起成塔状，用最小的一块粉红塔自上而下测量每相邻两块粉红塔的边长差。

错误控制　粉红塔本身的序列。

兴趣点　积塔的过程。

指导用语　粉红塔。

注意事项　触摸时要按一定的顺序。

第二次展示：名称练习

扫码看视频

工作前经验　已初步接触过粉红塔。

操作材料　粉红塔。

工作目的

1. 直接目的：能区分出物体的大小，并能正确说出“大的”“小的”。

2. 间接目的：同本工作第一次展示。

工作步骤

1. 由小到大依次把正方体取到工作毯上，散放，介绍工作名称。

2. 请幼儿通过比较将粉红塔横向水平排列(如图 7-2-2-3)，拿出最大或最小的(如图 7-2-2-4)进行最高级的三阶段教学。

3. 归队，送回，结束。

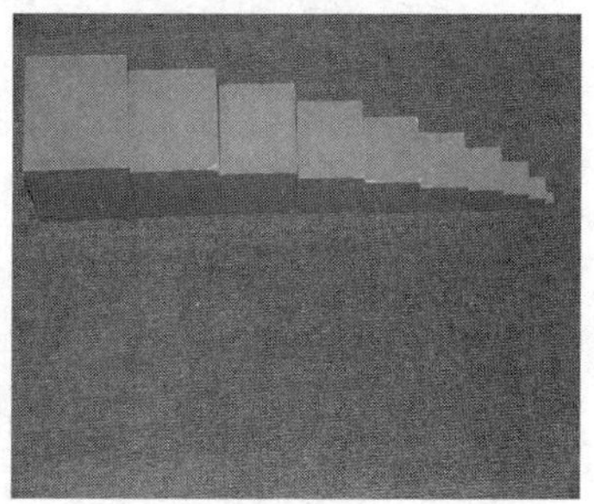
图 7-2-2-3

图 7-2-2-4

图 7-2-2-5

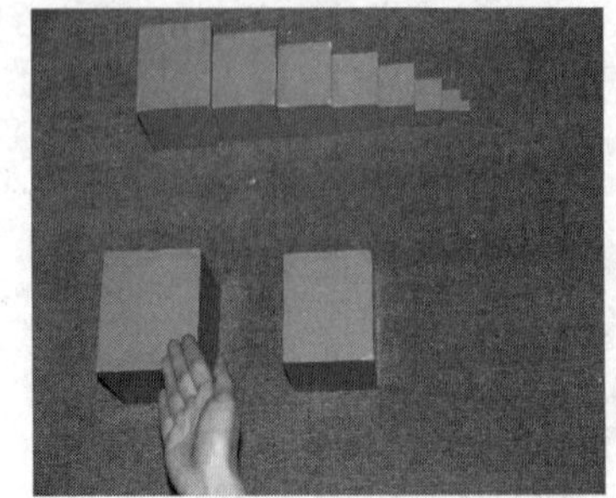
图 7-2-2-6

变化延伸

1. 名称练习分三种级别，即最高级(最大、最小)、比较级(比较大、比较小，如图 7-2-2-5)、一般级(大、小，如图 7-2-2-6)，可根据幼儿情况个别随机进行。

2. 对生活中常见的物体能辨认大小，并说出相应的名称。

错误控制　粉红塔本身的序列。

兴趣点　说出正确名称的成就感。

指导用语

这是大的/小的/最大的/最小的/比较大的/比较小的；哪个是大的/小的；这是什么。

注意事项

根据幼儿掌握的程度，可配备文字卡片“大的”“小的”等。

 第三次展示：与形式卡的配对(粉红塔有序，形式卡有序)

工作前经验　已比较熟悉粉红塔的操作。

操作材料　粉红塔、粉红塔的形式卡一套 10 张。

工作目的

1. 直接目的：能将粉红塔与形式卡进行正确配对。

2. 间接目的：为幼儿接触平面几何做间接准备；其余目的同前一次展示。

工作步骤

1. 由小到大依次把正方体取到工作毯上，散放，介绍工作名称。

2. 排序，出示形式卡，教师将卡片按从大到小的顺序排好。

3. 指形式卡，找到和它一样大的。

4. 找到其他一样大的，将粉红塔放置在形式卡的下 1/3 处，从下至上缓慢推放直到重合，依此类推，将剩下的配对，停顿片刻，将塔归队。

5. 送回，结束。

变化延伸

1. 粉红塔有序，形式卡无序。

2. 粉红塔无序，形式卡有序。

3. 粉红塔无序，形式卡无序。

错误控制　粉红塔本身的序列。

兴趣点　配对的过程。

指导用语

形式卡；请你找到和粉红塔一样的形式卡。

注意事项

配对时先放在形式卡下方 1/3 的地方。

第四次展示：记忆练习

扫码看视频

工作前经验　已比较熟悉粉红塔的操作。

操作材料　粉红塔。

工作目的

1. 直接目的：加深幼儿对粉红塔序列的概念，锻炼幼儿的记忆力。

2. 间接目的：

(1)锻炼幼儿视觉对物体尺寸在三维同时变化时的辨别力；

(2)幼儿通过观察正方体序列中的大小以及正方体的边、面等的变化，为学习几何做准备。

工作步骤

1. 由小到大依次把正方体取到工作毯上，散放，介绍工作名称。

2. 请幼儿排序，“请你记住现在排列的样子，闭上眼睛”，教师拿走中间一块，并将两侧的正方体向中间推，请幼儿睁眼，问“现在和刚才哪里不一样了”，请幼儿将拿走的那块送回正确位置。

3. 归队，送回，结束。

变化延伸

1. 可用生活中的物品锻炼幼儿对图形变化的建构和记忆。

2. 此项工作可由两名幼儿合作完成。

错误控制　幼儿的视觉辨别力。

兴趣点　闭眼的形式。

指导用语

请你仔细看一下哪块粉红塔不见了；请你记住粉红塔现在的样子。

注意事项

1. 记忆练习要由易到难，逐渐增加难度，由 5 块逐渐增加至 10 块。

2. 此次展示属于粉红塔的延伸展示，教师不必进行正式的小组展示活动，可在幼儿自由工作时随机进行指导。

第五次展示：蒙眼排列粉红塔

工作前经验　已熟悉粉红塔的操作。

操作材料　粉红塔 1 套、眼罩 1 个。

工作目的

1. 直接目的：锻炼幼儿触觉对物体变化的敏锐性。

2. 间接目的：

(1)巩固幼儿对序列的认知和理解；

(2)幼儿通过观察正方体序列中的大小以及正方体的边、面等的变化，为学习几何做准备。

工作步骤

1. 由小到大依次把正方体取到工作毯上，散放，介绍工作名称。

2. 请幼儿戴上眼罩将正方体从大到小排序。

3. 检查，结束。

变化延伸　蒙眼排列生活中大小不同的物体。

错误控制　粉红塔本身的序列。

兴趣点　蒙眼的形式。

指导用语

请你戴上眼罩，将粉红塔按照由大到小(由小到大)的顺序排列起来。

注意事项

此次展示属于粉红塔的延伸展示，教师不必进行正式的小组展示活动。

第六次展示：创意建构

工作前经验　已熟悉粉红塔的操作。

操作材料　粉红塔。

工作目的

1. 直接目的：发展幼儿的想象力和创造力，锻炼幼儿的动手和动脑能力。

2. 间接目的：

(1)锻炼幼儿视觉对物体尺寸在三维同时变化时的辨别力；

(2)幼儿通过观察正方体序列中的大小以及正方体的边、面等的变化，为学习几何做准备。

工作步骤

1. 由小到大依次把正方体取到工作毯上，散放，介绍工作名称。

2. 教师示范一种方式的创意建构(如图 7-2-2-7)。

3. 请幼儿创意建构。

变化延伸 创意建构生活中大小不同的物体。

错误控制 粉红塔本身的序列。

兴趣点 不同创意的新鲜感和成就感。

指导用语 请你来建构一个你喜欢的造型。

注意事项

图 7-2-2-7

1. 教师要尊重幼儿的创意，不能勉强幼儿模仿教师的方式方法。

2. 教师要允许幼儿有尝试和探索的过程，不要对幼儿的创意强行干涉或更改。

(三)工作名称：棕色梯

教具构成

10 块木质长方体，棕色，长为 20cm，横截面正方形的边长是以 1cm 为公差从 1cm 到 10cm 的等差数列。

第一次展示：水平排序

扫码看视频

工作前经验

已有粉红塔操作经验或年龄在 2.5 岁以上。

操作材料 棕色梯、任意小球两三个、小碟 1 个。

工作目的

1. 直接目的：能将棕色梯排列成楼梯状，从视觉上感受球从梯状物上滚动下来的过程。

2. 间接目的：

(1)锻炼幼儿视觉对物体尺寸在二维同时变化时的辨别力；

(2)幼儿通过观察长方体序列中的粗细及长方体的边、面等的变化，为学习几何做准备；

(3)发展幼儿的秩序感、专注力、协调性和独立性。

工作步骤

1. 由细到粗把棕色长方体依次取到工作毯上(如图 7-2-3-1、图 7-2-3-2)，散放，介绍工作名称。

图 7-2-3-1

图 7-2-3-2

图 7-2-3-3

图 7-2-3-4

2. 通过比较将棕色梯排序(如图 7-2-3-3)，以最细的长方体从左往右比较横截面边长(如图 7-2-3-4)，进行错误控制。

3. 拿出若干个球，将它们放在棕色梯上面滚动，听声音。

4. 排顺序由粗到细送回，结束工作。

变化延伸

可将棕色梯由粗到细的序列打乱两三块，再将球从上滚下，让幼儿体会有什么变化。

错误控制　棕色梯最细的一根。

兴趣点　排成楼梯状并听小球发出不同的声音。

指导用语　从剩下的里面找出最粗的。

注意事项　小球发音实验可根据幼儿掌握情况灵活开展。

第二次展示：名称练习

扫码看视频

工作前经验　已比较熟悉棕色梯的操作。

操作材料　棕色梯。

工作目的

1. 直接目的：能区分出物体的粗细，并能正确说出“粗的”“细的”。

2. 间接目的：同本工作第一次展示。

工作步骤

1. 由细到粗把棕色长方体依次取到工作毯上，散放，介绍工作名称。

2. 请幼儿排序。

3. 孤立最粗、最细的长方体(如图 7-2-3-5)，进行三阶段教学的名称练习。

4. 归队，送回，结束。

变化延伸

1. 三等级的名称练习实施方式同粉红塔。

2. 能辨认生活中常见物体的粗、细特征，并能说出相应的名称。

图 7-2-3-5

错误控制　棕色梯本身的序列。

兴趣点　正确命名的过程。

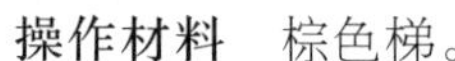

指导用语

这是粗的/细的/最粗的/最细的/比较粗的/比较细的；哪一个是粗的/细的；这是什么。

注意事项

根据幼儿掌握的程度，操作时可配以文字卡片“大的”“小的”等。

 第三次展示：与形式卡的配对(棕色梯有序，形式卡有序)

工作前经验 已比较熟悉棕色梯的操作。

操作材料 棕色梯、棕色梯的形式卡1套(10张)。

工作目的

1. 直接目的：能将棕色梯与形式卡进行正确配对。

2. 间接目的：

(1)锻炼幼儿视觉对物体尺寸在二维同时变化时的辨别力；

(2)为幼儿接触平面几何图形做间接准备；

(3)发展幼儿的秩序感、专注力、协调性和独立性。

工作步骤

1. 由细到粗把棕色长方体依次取到工作毯上，散放，介绍工作名称。

2. 排序，出示形式卡，教师将它们按从大到小的顺序排好。

3. 指形式卡，找到和它一样大的。

4. 找到其他一样大的，将棕色梯置于形式卡的下1/3处，从下至上缓慢推放直到重合，以此类推，将剩下的配对，停顿片刻，将棕色梯归队。

变化延伸

1. 棕色梯有序，形式卡无序。

2. 棕色梯无序，形式卡有序。

3. 棕色梯无序，形式卡无序。

错误控制 棕色梯本身的序列。

兴趣点 配对的形式。

指导用语 请你找到和棕色梯一样的形式卡。

注意事项

大部分幼儿在此之前都已有操作“粉红塔与形式卡配对”的经验，所以本次展示教师既可以作为小组教学，也可直接将棕色梯的形式卡放入教具柜中，由幼儿自由选取。

 第四次展示：记忆练习

工作前经验 已比较熟悉棕色梯的操作。

操作材料 棕色梯。

工作目的

1. 直接目的：加深幼儿对棕色梯序列的概念，锻炼幼儿的记忆力和想象力。

2. 间接目的：同本工作第一次展示。

工作步骤

1. 由小到大依次把棕色长方体取到工作毯上，散放，介绍工作名称。

2. 请幼儿排序，“请你记住现在排列的样子，闭上眼睛”，拿走中间一块，两侧向中间推，请幼儿睁眼，问“现在和刚才哪里不一样了”，将拿走的那块请幼儿送回正确位置。

3. 归队，送回，结束。

变化延伸

可用生活中具有相似特性的物品锻炼幼儿对图形变化的建构和记忆。

错误控制　幼儿的视觉辨别力。

兴趣点　闭眼的形式。

指导用语

请你仔细看一下哪块棕色梯不见了；请你记住棕色梯现在的样子。

注意事项

幼儿在使用粉红塔时已有类似的工作经验，可让幼儿自行操作。

第五次展示：蒙眼排列棕色梯

工作前经验　已熟悉棕色梯操作。

操作材料　棕色梯、眼罩1个。

工作目的

1. 直接目的：锻炼幼儿触觉对物体变化的敏锐性。

2. 间接目的：同本工作第一次展示。

工作步骤

1. 由小到大依次把棕色长方体取到工作毯上，散放，介绍工作名称。

2. 戴眼罩排序。

3. 检查，结束。

变化延伸　蒙眼排列生活中相似特征的物体。

错误控制　棕色梯本身的序列。

兴趣点　蒙眼排序的过程。

指导用语

请你戴上眼罩，将棕色梯按照由粗到细(由细到粗)的顺序排列起来。

注意事项

幼儿在使用粉红塔时已有类似的工作经验，本展示可由幼儿自行操作。

第六次展示：创意建构

工作前经验　已熟悉棕色梯的操作。

操作材料　棕色梯。

工作目的

1. 直接目的：发展幼儿的想象力和创造力，锻炼幼儿的动手能力。

2. 间接目的：

(1)锻炼幼儿视觉对物体尺寸在二维同时变化时的辨别力；

(2)幼儿通过观察长方体序列中的粗细及长方体的边、面等的变化，为学习几何做准备；

(3)培养美的感受力。

工作步骤

1. 由小到大依次把棕色长方体取到工作毯上，散放，介绍工作名称。

2. 教师示范一种方式的创意建构。

3. 请幼儿创意建构。

变化延伸

可用棕色梯与粉红塔一起操作，进行创意建构。

错误控制　棕色梯本身的序列。

兴趣点　创意建构的成就感。

指导用语　请你建构一个你喜欢的造型。

注意事项

1. 教师要尊重幼儿的创意，不能勉强幼儿模仿教师的方式方法。

2. 教师要允许幼儿有尝试和探索的过程，不要对幼儿的创意强行干涉或更改。

(四)工作名称：红棒

教具构成

10 根木质红色长棒，粗细一样，长度为以 10cm 为公差的 10cm 到 100cm 的等差数列。

第一次展示：长短排序

扫码看视频

工作前经验

已有粉红塔操作经验或年龄在 3 岁以上。

操作材料　一套红棒。

工作目的

1. 直接目的：能顺序排列红棒。

2. 间接目的：

(1)锻炼幼儿视觉对物体尺寸只有一维变化时的辨别力；

(2)幼儿通过观察红棒的长度变化，为学习几何做准备；

(3)为幼儿学习点数及加减运算做间接准备；

(4)发展幼儿的秩序感、专注力、协调性和独立性。

工作步骤

1. 将红棒由短到长依次取到工作毯上(如图 7-2-4-1、图 7-2-4-2)，散放，介绍工作名称。

2. 将红棒左端对齐排列在一起，左手扶左侧，右手食指中指触摸最长的，将最长的放在工作毯上方，用这样的方法将剩下的红棒依次排好(如图 7-2-4-3)，用最短的从上到下比较红棒长度。

3. 归队，送回。

图 7-2-4-1

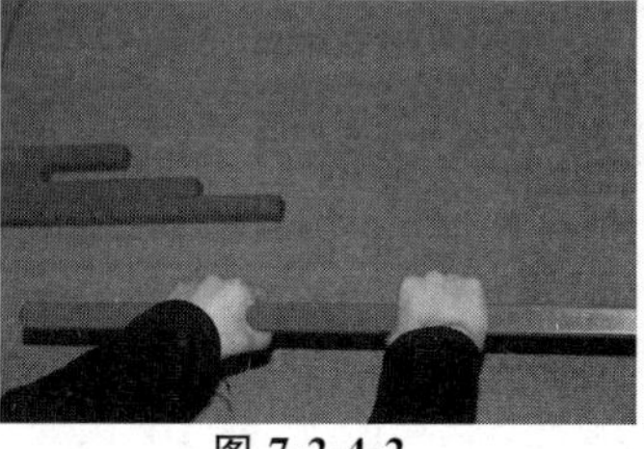

图 7-2-4-2

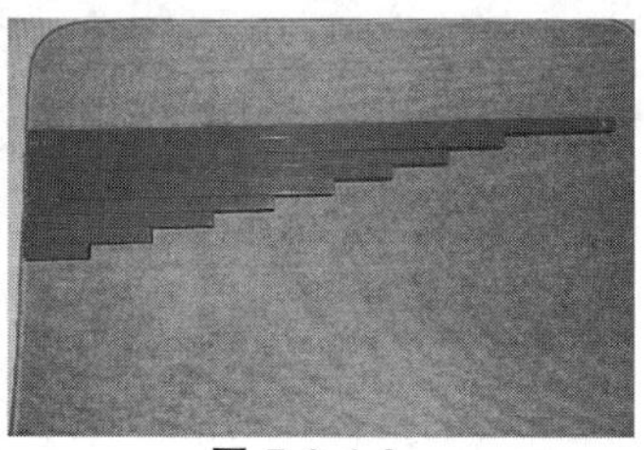

图 7-2-4-3

变化延伸 排列生活中的相似物体。

错误控制 最短的一根红棒的长度。

兴趣点 排列的过程。

指导用语 红棒。

注意事项

1. 红棒排列在工作毯上时要左端对齐。

2. 班级内的教师要统一取放红棒的方法。

第二次展示：名称练习

工作前经验 已初步接触过红棒的操作。

操作材料 红棒。

工作目的

1. 直接目的：能区分出物体的长短，并能正确地说出"长的""短的"。

2. 间接目的：同本工作第一次展示。

工作步骤

1. 将红棒由短到长依次取到工作毯上，散放，介绍工作名称。

2. 请幼儿排列。

3. 拿出最长的和最短的置于下方，左端对齐，以三阶段教学进行名称练习。

变化延伸

1. 可配文字卡片“长的”“短的”。

2. 可将红棒竖起来，让幼儿感受“高的”“矮的”，并学习相应的名称。

3. 能辨认生活中常见物体的长、短特征，并说出相应的名称。

错误控制　红棒本身的序列。

兴趣点　排列的过程。

指导用语

这是长的/短的/最长的/最短的/比较长的/比较短的；哪个是长的/短的；这是什么。

注意事项

将两根红棒放在一起比较时，注意左端对齐。

第三次展示：记忆练习

工作前经验　已比较熟悉红棒的操作。

操作材料　红棒。

工作目的

1. 直接目的：加深幼儿对红棒序列的概念，锻炼幼儿的记忆力和想象力。

2. 间接目的：同本工作第一次展示。

工作步骤

1. 由长到短把红棒取到工作毯上，散放，介绍工作名称。

2. 请幼儿排序。

3. 留5根拿5根置于右下角，将红棒推放至工作毯上侧，“请你记住现在排列的样子，闭上眼睛”，拿走中间一根将上下的红棒向中间推，请幼儿睁眼，问“现在和刚才哪里不一样了”，请幼儿将拿走的那根送回正确位置。

4. 归队，送回，结束。

变化延伸

可用生活中具有相似特性的物品锻炼幼儿对图形变化的建构和记忆。

错误控制　幼儿的视觉辨别力。

兴趣点　闭眼的形式。

指导用语

请你仔细看一下哪根红棒不见了；请你记住红棒现在的样子。

注意事项

幼儿在使用粉红塔、棕色梯时已有类似的工作经验，本展示可由幼儿自行操作。

第四次展示：蒙眼排列红棒

工作前经验　已比较熟悉红棒的操作。

操作材料　红棒 1 套、眼罩 1 个。

工作目的

1. 直接目的：锻炼幼儿触觉对物体变化的敏锐性。

2. 间接目的：同本工作第一次展示。

工作步骤

1. 由短到长依次把红棒取到工作毯上，散放，介绍工作名称。

2. 戴眼罩排序。

3. 检查，结束。

变化延伸　排列生活中具有相似特征的物体。

错误控制　最短的一根红棒的长度。

兴趣点　蒙眼的形式。

指导用语

请你戴上眼罩，将红棒按照由短到长的顺序排列起来。

注意事项

幼儿在使用粉红塔、棕色梯时已有类似的工作经验，可由幼儿自行操作。

第五次展示：创意建构

工作前经验　已熟悉红棒的操作。

操作材料　红棒 1 套。

工作目的

1. 直接目的：发展幼儿的想象力和创造力，锻炼幼儿的动手能力。

2. 间接目的：同本工作第一次展示。

工作步骤

1. 由短到长依次把红棒取到工作毯上，散放，介绍工作名称。

2. 教师示范一种创意建构的方式。

3. 请幼儿创意建构。

变化延伸

可用红棒和粉红塔、棕色梯一起操作，进行创意建构。

错误控制　教具本身的序列和对应。

兴趣点　建构的成就感。

指导用语　请你建构你喜欢的造型。

注意事项

1. 教师要尊重幼儿的创意，不能勉强幼儿模仿教师的方式方法。

2. 教师要允许幼儿有尝试和探索的机会，不要对幼儿的创意强行干涉或更改。

(五)工作名称：彩色圆柱体

教具构成

共包括4盒圆柱体，颜色分别为蓝、红、黄、绿，变化特征分别与插座圆柱体A、B、C、D四组类似。

第一次展示：排序

扫码看视频

工作前经验

已有插座圆柱体操作经验或年龄在3岁以上。

操作材料 任意一盒彩色圆柱体。

工作目的

1. 直接目的：能将散放的彩色圆柱体按照一定的顺序进行排列。

2. 间接目的：

(1)训练幼儿视觉对物体尺寸的辨别力；

(2)为幼儿学习颜色做直接准备；

(3)为幼儿学习数学做间接准备；

(4)注重从左到右的顺序，为幼儿今后学习阅读做准备；

(5)发展幼儿的秩序感、专注力、协调性和独立性。

工作步骤

1. 取任意一盒圆柱体，介绍工作名称。

2. 打开盖子置于盒底(如图7-2-5-1)，取出彩色圆柱体、散放(如图7-2-5-2)，通过比较、判断，在盒子的右侧排序。

3. 由前往后依次放入盒内，结束。

图 7-2-5-1

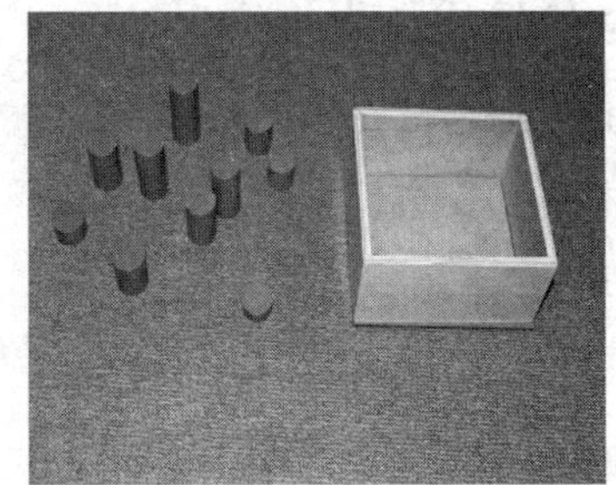

图 7-2-5-2

变化延伸

可几盒彩色圆柱体同时进行操作。

错误控制

彩色圆柱体与盒盖颜色的对应及彩色圆柱体本身的序列。

兴趣点 排序的过程。

指导用语 黄色/红色/蓝色/绿色圆柱体；排序。

注意事项

此项教具既可以放在工作毯上操作，也可放在桌子上操作。

第二次展示：与形式卡配对

工作前经验 已比较熟悉彩色圆柱体。

操作材料

彩色圆柱体4盒、彩色圆柱体的形式卡若干张。

工作目的

1. 直接目的：能将彩色圆柱体与形式卡正确配对。

2. 间接目的：同本工作第一次展示。

工作步骤

1. 取彩色圆柱体一盒，取出圆柱体散放，介绍工作名称。

2. 请幼儿将圆柱体排序，出示形式卡与圆柱体进行配对，停顿片刻，圆柱体归队。

3. 送回，结束。

变化延伸 幼儿可自制彩色圆柱体的形式卡。

错误控制 彩色圆柱体本身的序列。

兴趣点 形式卡的多样性。

指导用语

形式卡；请你将圆柱体摆在形式卡上。

注意事项

引导幼儿发现蓝色圆柱体形式卡与其他形式卡不同的原因。

第三次展示：记忆练习

工作前经验 已比较熟悉彩色圆柱体的操作。

操作材料 任意一盒彩色圆柱体。

工作目的

1. 直接目的：加深幼儿对彩色圆柱体序列的概念，锻炼幼儿的记忆力和想象力。

2. 间接目的：同本工作第一次展示。

工作步骤

1. 介绍工作名称，取彩色圆柱体任意一盒。

2. 打开盒盖置于盒子下面，取出彩色圆柱体散放。

3. 请幼儿排序。

4. 请幼儿闭上眼睛，教师拿走其中的一个，请幼儿说出哪个圆柱体不见了。

5. 归队，放回。

变化延伸

可根据幼儿情况，逐渐增加取走圆柱体的数量，使难度逐渐提高。

错误控制　彩色圆柱体本身的序列。

兴趣点　闭眼的形式。

指导用语

请你仔细看一下哪个圆柱体不见了；请你记住圆柱体现在的样子。

注意事项

幼儿在此之前已有类似的工作经验，可由幼儿自行操作。

第四次展示：蒙眼排列圆柱体

工作前经验　已熟悉彩色圆柱体的操作。

操作材料　任意一盒彩色圆柱体、眼罩一个。

工作目的

1. 直接目的：锻炼幼儿触觉对物体变化的敏锐性。

2. 间接目的：同本工作第一次展示。

工作步骤

1. 取任意一盒彩色圆柱体，介绍工作名称。

2. 打开盒子，将圆柱体取出散放，请幼儿戴眼罩排序。

3. 检查，结束。

变化延伸　排列生活中具有相似特征的物体。

错误控制　彩色圆柱体本身的序列。

兴趣点　蒙眼的形式。

指导用语　请你戴上眼罩，将圆柱体排列起来。

注意事项

幼儿在此之前已有类似的工作经验，由幼儿自行操作即可。

第五次展示：组合操作

工作前经验　已有彩色圆柱体的操作经验。

操作材料　彩色圆柱体任意 2～4 盒。

工作目的

1. 直接目的：能发现不同圆柱体组特征的相同与不同。

2. 间接目的：

(1)训练幼儿视觉对物体尺寸的辨别力；

(2)发展想象力与创造力。

工作步骤

1. 介绍工作名称，取彩色圆柱体任意 2～4 盒。

2. 打开盒盖置于盒子底部，分别把圆柱体取出排列在盒子右侧。

3. 自由组合，创意建构(如图 7-2-5-3)。

4. 观察，收回。

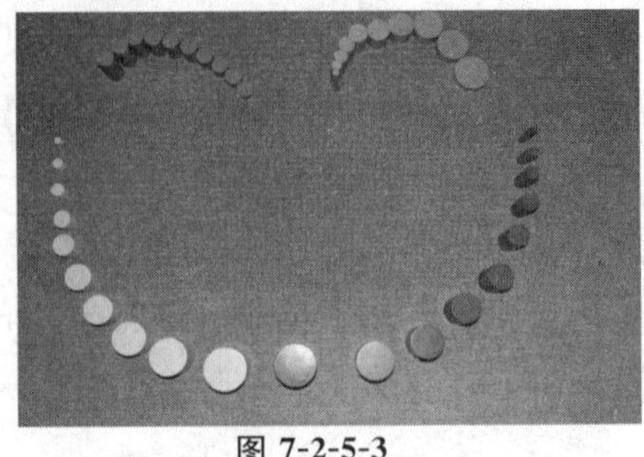

图 7-2-5-3

变化延伸

1. 可由 2 名以上幼儿共同合作完成该项工作。

2. 教师可给幼儿提供不同造型的形式卡。

错误控制　彩色圆柱体本身的序列。

兴趣点　建构的过程。

指导用语　请你用圆柱体建构出漂亮的图案。

注意事项

幼儿在此之前已有类似的工作经验，可由幼儿自行操作。

第六次展示：找相同

工作前经验　已熟悉彩色圆柱体的操作。

操作材料　彩色圆柱体 4 盒。

工作目的

1. 直接目的：在 40 个圆柱体中找出形状一模一样的 5 组圆柱体。

2. 间接目的：同本工作第一次展示。

工作步骤

1. 介绍工作名称，取四盒彩色圆柱体。

2. 分别打开盒盖并将其置于盒底，取出圆柱体，排列在盒子的右侧。

3. 观察、比较，找出相同的 5 组圆柱体。

4. 归队，收回。

变化延伸

可用彩色圆柱体和圆柱体插座进行对比，找出一样的。

错误控制　彩色圆柱体本身的序列。

兴趣点　找出相同的 5 组圆柱体的过程。

指导用语　请你找到形状上一模一样的圆柱体。

注意事项

幼儿在此之前已有类似的工作经验，可由幼儿自行操作。

(六)工作名称：智慧塔(感官大组合)

工作前经验

已非常熟悉物体排序并有数棒的工作经验或年龄在 4.5 岁以上。

操作材料

插座圆柱体、粉红塔、棕色梯、红棒、彩色圆柱体、数棒各 4 组。

工作目的

1. 直接目的：发展幼儿的想象力和创造力。

2. 间接目的：

(1)加深幼儿对物体配对、序列和分类的认识与理解；

(2)锻炼幼儿与人沟通的能力，学会表达自己的想法；

(3)使幼儿学会尊重他人的想法，能够分工合作。

工作步骤

1. 介绍工作名称，师幼共同取 4 组插座圆柱体、粉红塔、棕色梯、红棒、彩色圆柱体、数棒，置于室内较大的空阔场地。

2. 师幼一起创意建构。

3. 观察，收回。

图 7-2-6 学生模拟实训——搭建智慧塔

变化延伸

1. 幼儿分组，自己组合建构。

2. 智慧塔底座可调整变化。

3. 可加入色板。

错误控制 教具本身的颜色和序列。

兴趣点 搭建的新奇感。

指导用语 我们一起搭一座智慧塔。

注意事项

1. 搭建智慧塔时要由简至繁逐步过渡。

2. 教师要充分尊重幼儿的想法，不要过多干涉幼儿操作的过程。

(七)工作名称：色板

教具构成

色板第一盒：木质长方形，共6片，红色、黄色、蓝色各2片。

色板第二盒：木质长方形，共22片，红色、黄色、蓝色、橙色、绿色、紫色、粉色、棕色、黑色、白色、灰色各2片。

色板第三盒：木质长方形，共63片，红、黄、蓝、橙、绿、紫、粉、棕、灰九种颜色由深至浅各7片。

色板第一盒名称练习

扫码看视频

工作前经验

已有彩色圆柱体操作经验或年龄在3.5岁以上。

操作材料 色板第一盒。

工作目的

1. 直接目的：能分辨出不同的颜色，并正确地说出颜色的名称。

2. 间接目的：

(1)训练幼儿视觉感知的精确性、辨别力；

(2)为幼儿学习美术做准备；

(3)帮助幼儿扩大词汇量并发展语言表达能力；

(4)学会欣赏生活环境中和大自然中色彩的美丽及其多样性；

(5)发展幼儿的秩序感、专注力、协调性和独立性。

工作步骤

1. 介绍工作名称，取色板第一盒。

2. 打开盒盖置于盒底，取出色板，散放。

3. 取一组色板，进行三阶段名称练习。

4. 将两组色板配对。

5. 取任意一块色板，寻找在教室中与之相同的颜色。

6. 将色板配对放好，收回，结束。

变化延伸

1. 取放色板时手指只能碰触色板没有颜色的边缘。

2. 让幼儿在生活环境中寻找与三原色相同或相近的颜色。

3. 为色板配上相应的文字卡片。

4. 让幼儿在美术活动中正确运用色彩去表达自己的感受。

5. 三原色小实验。

图 7-2-7-1

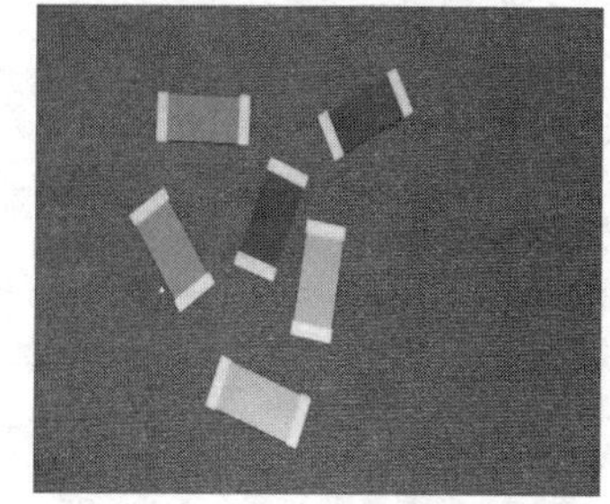

图 7-2-7-2

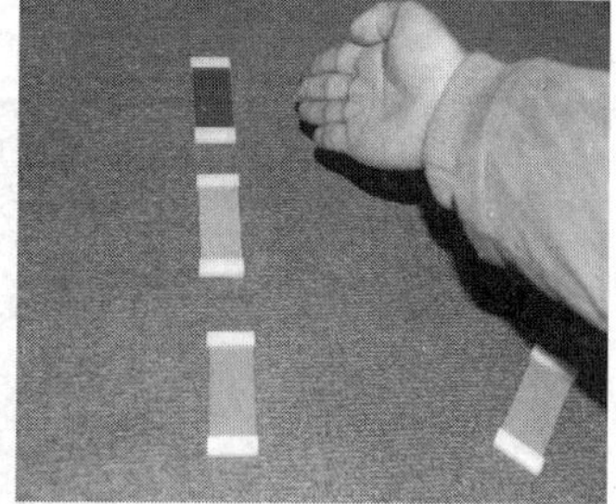

图 7-2-7-3

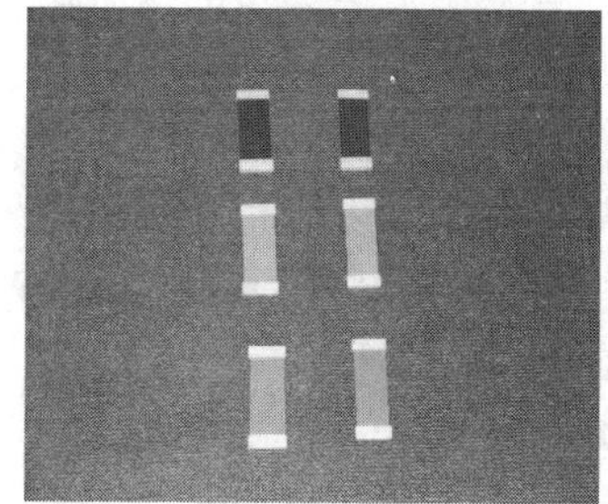

图 7-2-7-4

错误控制　色板本身的配对及幼儿视觉的辨别力。

兴趣点　认识颜色的过程。

指导用语

这是红色的 /黄色的 /蓝色的，请你指一下哪个是红色的 /黄色的 /蓝色的；请你把红色的 /黄色的 /蓝色的放在我的手上；这是什么颜色。

注意事项

1. 部分幼儿在入园前已学习过颜色的名称，教师要根据幼儿掌握的情况灵活地组织展示活动。

2. 此项展示既可以放在桌子上进行，也可放在工作毯上进行，但注意桌子和工作毯的颜色要单一、淡雅，以突出色板的颜色。

3. 结合日常生活，认识颜色的丰富多样性。

色板第二盒名称练习

扫码看视频

工作前经验

已熟悉色板第一盒名称或年龄在 3.5 岁以上。

操作材料　色板第二盒。

工作目的

1. 直接目的：能分辨出不同的颜色，并能正确说出颜色的名称。

2. 间接目的：同色板第一盒名称练习。

工作步骤

1. 介绍工作名称，取色板第二盒。

2. 复习红、黄、蓝三原色，请幼儿取出，散放配对，直接发音。

3. 结合三原色实验的结果认识橙、绿、紫，先进行三阶段名称练习再配对(如图 7-2-7-5)。

4. 拿出粉和棕的色板，请幼儿命名再配对(粉红塔和棕色梯的操作中幼儿已认识这两种颜色，无须教师再进行三阶段教学)(如图 7-2-7-6)。

5. 请幼儿说出剩下的三种颜色(黑、白、灰)中认识颜色的名称并配对，对不认识的颜色教师进行三阶段名称练习并配对。

6. 由上至下、由左至右依次成对放回色板，结束。

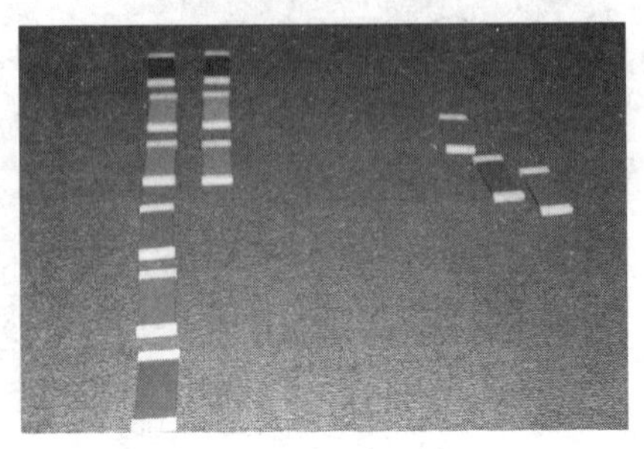

图 7-2-7-5

图 7-2-7-6

变化延伸

1. 让幼儿在生活环境中寻找与该盒内色板相同或相近的颜色。
2. 为色板配上相应的文字卡片。
3. 让幼儿在美术活动中学习如何调色。
4. 让幼儿在美术活动中学习正确运用色彩去表达自己的感受。
5. 颜色配对小游戏。

错误控制　色板本身的配对及幼儿视觉的辨别力。

兴趣点　色板的配对。

指导用语

这是红色的/黄色的/蓝色的/橙色的/绿色的/紫色的/粉色的/棕色的/灰色的/黑色的/白色的，请你指一下哪个是红色的；请你把红色的放在我的手上；这是什么颜色。

注意事项

取放色板时手指只能碰触色板的原木色的边缘。其他注意事项同色板第一盒名称练习。

色板第三盒名称练习

扫码看视频

工作前经验

已比较熟悉色板第二盒名称练习或年龄在 4 岁以上。

操作材料　色板第三盒。

工作目的

1. 直接目的：认识颜色的渐变，并能说出同色系深浅的名称。

2. 间接目的：同色板第一盒名称练习。

工作步骤

1. 介绍工作名称，取色板第三盒(如图 7-2-7-7)。

2. 选出一组散放在工作毯上。

3. 找出最深的一块，放在最前面(如图 7-2-7-8)，对于不好辨别的深浅度采用十字交叉法(如图 7-2-7-9)，依次找出其余色块中最深的，由深至浅横向排列(如图 7-2-7-10)。

图 7-2-7-7

图 7-2-7-8

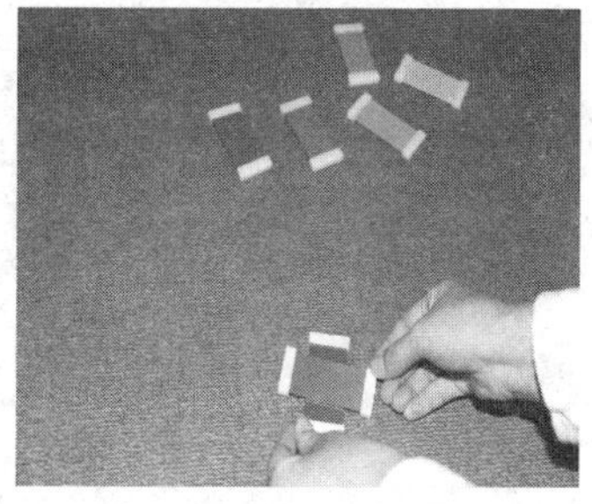

图 7-2-7-9

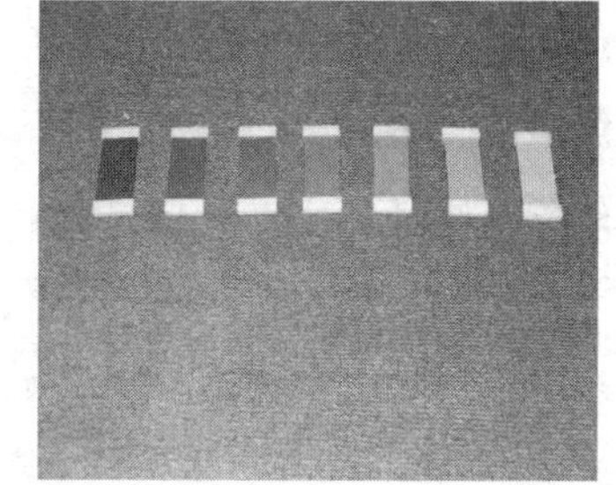

图 7-2-7-10

3. 取颜色最深和最浅的色板，将其孤立，进行三阶段教学。

4. 收回，结束。

变化延伸

1. 让幼儿在生活环境中寻找色彩的渐变。

2. 鼓励幼儿用语言描述颜色，如"最深的像什么，最浅的像什么"。

3. 为色板配上相应的文字卡片，如"深红色的""浅红色的"。

4. 用色板进行记忆练习。

5. 用色板进行创意建构，如色板小屋。

6. 让幼儿在美术活动中学习如何调渐变色。

7. 让幼儿在美术活动中学习正确运用色彩去表达自己的想法。

错误控制

色板本身的序列及幼儿视觉的辨别力。

兴趣点 分辨颜色的过程。

指导用语

这是深红色的/浅红色的，请你指一下哪个是深红色的/浅红色的；请你把深红色的/浅红色的放在我的手上；这是什么颜色。

注意事项

1. 取放色板时手指只能碰触色板的原木色的边缘。

2. 此项展示既可以放在桌子上进行，也可放在工作毯上进行，但要注意桌子和工作毯的颜色要单一、淡雅，以突出色板的颜色。

(八)工作名称：几何图形橱

教具构成

包括几何图形示范屉、几何图形橱、几何图形三系列卡片。

几何图形示范屉：木质，三种形状，包括圆形、正方形、三角形三块嵌板。

几何图形橱：均为木质，共6层。

第一层：圆形屉，从大到小共6块嵌板；

第二层：四边形屉，1块正方形及由宽到窄的5块长方形，共6块嵌板；

第三层：三角形屉，1块等边三角形、1块锐角等腰三角形、1块锐角三角形、1块直角等腰三角形、1块直角三角形、1块钝角等腰三角形，共6块嵌板；

第四层：多边形屉，五边形、六边形、七边形、八边形、九边形、十边形各1块，共6块嵌板；

第五层：不规则四边形屉，2块平行四边形、1块等腰梯形、1块直角梯形，共4块嵌板；

第六层：不规则曲线形屉，1块曲线三角形、1块花菱形、1块椭圆形、1块卵形、1块钝角三角形，共5块嵌板。

几何图形三系列卡片：均为纸质，共6层。

第一层：圆形卡片，6张实心卡片、6张环形卡片、6张空心卡片，共18张；

第二层：四边形卡片，6张实心卡片、6张环形卡片、6张空心卡片，共18张；

第三层：三角形卡片，6张实心卡片、6张环形卡片、6张空心卡片，共18张；

第四层：多边形卡片，6张实心卡片、6张环形卡片、6张空心卡片，共18张；

第五层：不规则四边形卡片，4张实心卡片、4张环形卡片、4张空心卡片，共12张；

第六层：不规则曲线形卡片，5张实心卡片、5张环形卡片、5张空心卡片，共15张。

第一次展示：几何图形示范屉的名称练习

扫码看视频

工作前经验 4岁以上。

操作材料 基本操作屉。

工作目的

1. 直接目的：认识生活中最常见、最基本的几何图形及其名称。

2. 间接目的：

(1)为幼儿学习平面几何做准备；

(2)幼儿能在生活中发现几何图形的存在；

(3)为幼儿书写做间接准备。

工作步骤

1. 介绍工作名称，取几何图形示范屉(如图 7-2-8-1)。

2. 左手捏出圆形，右手触摸圆周底面放在空屉里，命名这是圆形(如图 7-2-8-2、图 7-2-8-3)，依次介绍剩下的两个，方法同上，按三阶段教学。

3. 请幼儿在教室中寻找相似形状的物体。

4. 将图形放回嵌板框，触摸衔接处是否平滑，进行错误控制(如图 7-2-8-4)，结束工作。

图 7-2-8-1

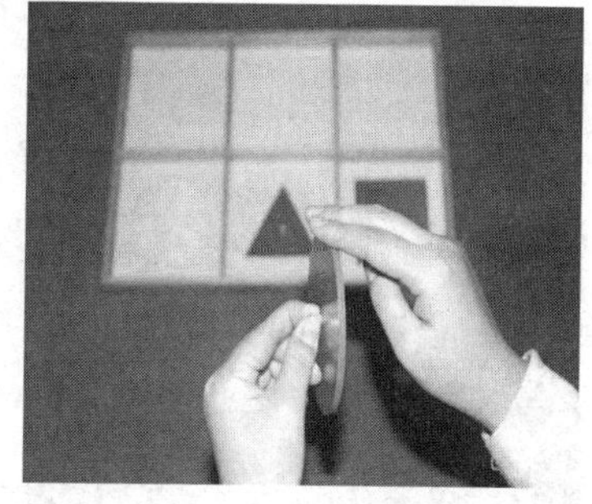

图 7-2-8-2

图 7-2-8-3

图 7-2-8-4

变化延伸

1. 可让幼儿用彩色铅笔拓印基本操作屉中的图形。

2. 幼儿在拓印的基础上进行添画。

错误控制　嵌板与嵌板框的一一对应。

兴趣点　正确命名的成就感。

指导用语　圆形、三角形、方形。

注意事项

1. 用手指捏住手柄来取放嵌板。

2. 注意观察幼儿的接受程度，以此来决定接下来展示几何图形橱的进度。

第二次展示：圆形屉的名称练习

工作前经验 已比较熟悉基本操作屉几何图形的名称。

操作材料 几何图形屉第一层——圆形屉。

工作目的

1. 直接目的：认识圆形并能正确说出名称。

2. 间接目的：同本工作第一次展示。

工作步骤

1. 介绍工作名称，从几何图形橱中取第一层圆形屉(如图 7-2-8-5)。

2. 散放(如图 7-2-8-6)，请幼儿将圆形从大到小排序(如图 7-2-8-7)。

3. 孤立大圆小圆(如图 7-2-8-8)，进行三阶段教学。

4. 大圆和小圆归队送回，结束。

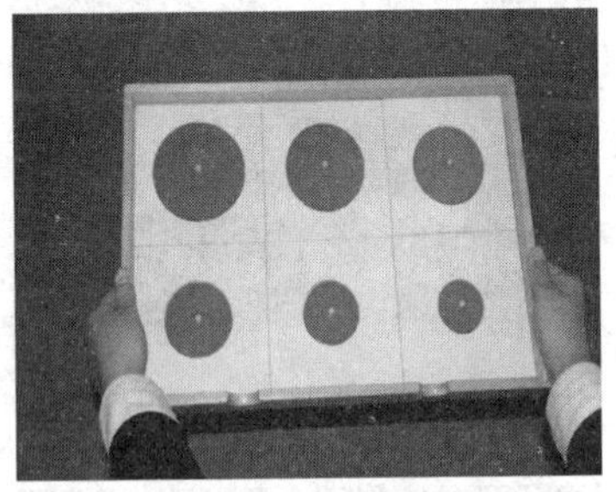

图 7-2-8-5

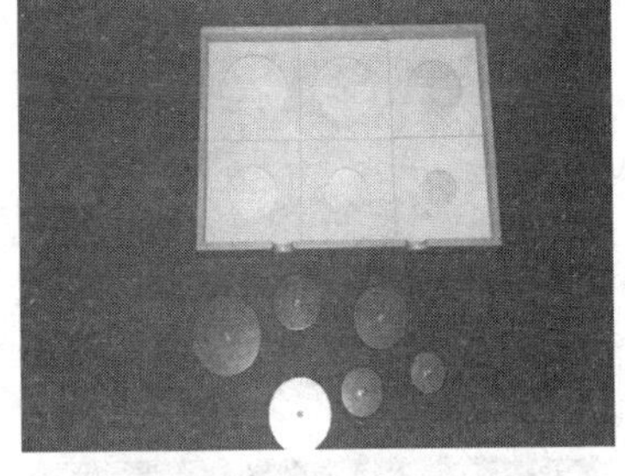

图 7-2-8-6

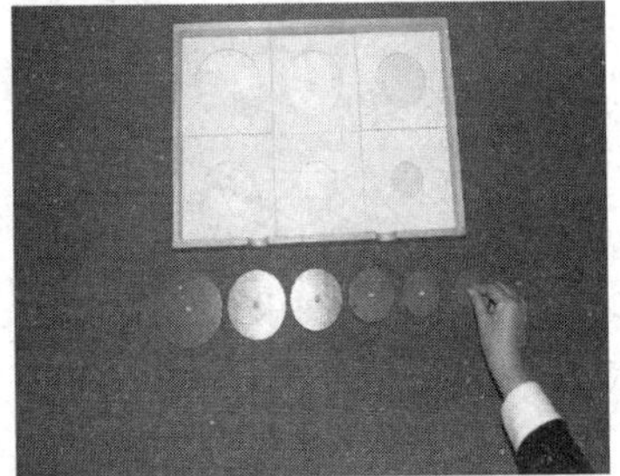

图 7-2-8-7

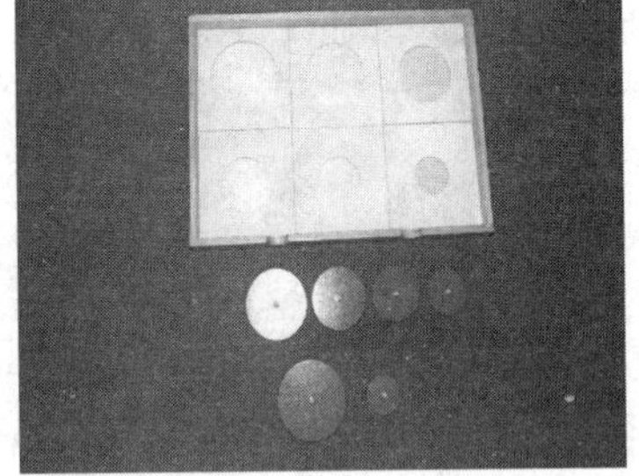

图 7-2-8-8

变化延伸

1. 在环境中找圆形并描述出来，如“教室里面的钟表是圆形的”。

2. 可用圆形嵌板进行拓印，并在拓印基础上进行创意添画。

3. 蒙眼练习。

错误控制 嵌板与嵌板框的一一对应及幼儿视觉上的辨别。

兴趣点 嵌板与嵌板框配对的过程。

指导用语 圆形。

注意事项

1. 该项工作比较复杂，教师一定要根据幼儿的理解程度来决定工作的进度，大致需要 2～5 个月完成。

2. 几何图形橱中的形状名称三阶段教学可根据本班幼儿情况进行，例如三角形屉里面的锐角三角形、钝角三角形等的名称练习可灵活安排，若幼儿较难掌握则不必介绍具体图形的名称，只掌握此屉里的都为三角形即可。

 第三次展示：图形屉与形式卡的配对

工作前经验 已比较熟悉圆形屉的操作。

操作材料

圆形屉，与圆形屉对应的实心卡片、粗线条卡片、细线条卡片各 1 套。

工作目的

1. 直接目的：能将圆形嵌板与三系列卡片正确地对应。
2. 间接目的：同本工作第一次展示。

工作步骤

1. 介绍工作名称，取几何图形橱的第一层圆形屉和几何图形三系列卡片第一层圆形卡片。

2. 出示圆形三系列卡片(如图 7-2-8-9)，询问幼儿目测三系列卡片的感觉，教师分别介绍实心卡片、粗线条卡片、细线条卡片，依次展示卡片并分别与圆形嵌板配对。

3. 收圆形嵌板，收实心卡片，收粗线条卡片，收细线条卡片，结束。

变化延伸

1. 幼儿自制三系列卡片。
2. 记忆练习。
3. 卡片之间的配对。
4. 几何图形橱其余五层与相应三系列卡片的配对。

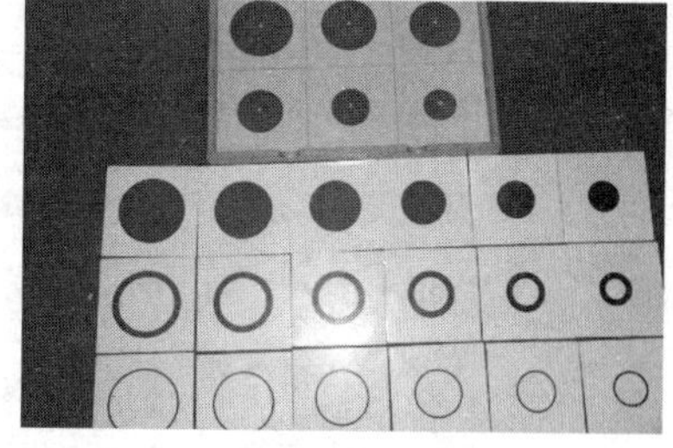

图 7-2-8-9

错误控制

圆形与三系列卡片的一一对应及三套卡片之间的对应。

兴趣点 依次一一对应的过程。

指导用语

圆形、实心卡片、粗线条卡片、细线条卡片、配对。

注意事项

根据幼儿掌握情况合理安排工作进度。

(九)工作名称：建构三角形

教具构成

长方形盒Ⅰ：共14片，2片绿色等腰直角三角形，2片黄色等腰直角三角形，2片绿色直角三角形，2片黄色直角三角形，2片灰色直角三角形，2片黄色等边三角形，1片红色直角三角形，1片红色钝角等腰三角形。

长方形盒Ⅱ：共8片，2片蓝色等腰直角三角形，2片蓝色直角三角形，2片蓝色等边三角形，1片蓝色直角三角形，1片蓝色钝角等腰三角形。

三角形盒：共10片，1片灰色等边三角形，2片绿色直角三角形，3片黄色钝角等腰三角形，4片红色等边三角形。

大六边形盒：共11片，1片黄色等边三角形，3片黄色钝角等腰三角形(指示线在底边上)，3片黄色钝角等腰三角形(指示线在两腰上)，2片红色钝角等腰三角形，2片灰色钝角等腰三角形。

小六边形盒：共18片，6片灰色等边三角形，3片绿色等边三角形，6片红色钝角等腰三角形，2片红色等边三角形，1片黄色等边三角形。

蓝色三角形盒：12片蓝色直角三角形。

第一次展示：长方形盒Ⅰ

工作前经验

已有几何图形橱操作经验或年龄在4岁以上。

操作材料

长方形盒Ⅰ。

工作目的

1. 直接目的：用三角形建构生活中常见的四边形，并能说出名称。

2. 间接目的：

(1)发展幼儿对线条和图形的辨别力和欣赏力；

(2)为学习平面几何做准备；

(3)为幼儿能更好地掌握美术技能做准备；

(4)让幼儿探索图形建构的各种方式，发挥幼儿的想象力和创造力；

(5)拓展幼儿的词汇量，锻炼幼儿的语言表达能力。

工作步骤

1. 介绍工作名称，取长方形盒Ⅰ。

2. 打开盒盖将其置于盒底，拿出盒内三角形散放(如图7-2-9-1)，提示幼儿将黑线露出来。

3. 找出一模一样的三角形放在一起，按顺序横向摆在工作毯上。

4. 取出两个三角形摆成一个不封口的图形，分别触摸黑线介绍这是控制线，双手将图形拼成正方形，命名“这是正方形”并将其推放至工作毯左上角，依次拼剩下的图形，每拼完一个图形直接命名，采取三阶段教学。

5. 由前往后按顺序收回，结束。

变化延伸

1. 在生活中寻找并收集四边形。

2. 用美工的方法制作四边形。

3. 为幼儿引入二等分的概念(适于 5 岁以上的幼儿)。

图 7-2-9-1

错误控制　三角形上的黑色控制线。

兴趣点　组合成新图形的成就感。

指导用语

三角形、控制线、正方形、平行四边形、长方形、菱形、梯形。

注意事项

1. 教师在进行展示时要注意三角形排列的顺序(1 个正方形、3 个平行四边形、1 个长方形、1 个菱形、1 个梯形)。

2. 教师不要干涉幼儿用三角形进行创意建构。

第二次展示：长方形盒Ⅱ

扫码看视频

工作前经验　已有长方形盒Ⅰ的操作经验。

操作材料　长方形盒Ⅱ。

工作目的

1. 直接目的：用三角形建构出长方形盒Ⅰ的图形。

2. 间接目的：同本工作第一次展示。

工作步骤

1. 介绍工作名称，取长方形盒Ⅱ。

2. 打开盒盖将其置于盒子底部，拿出盒内三角形散放(如图 7-2-9-2)。

3. 将相同三角形整理好横向排列(如图 7-2-9-3)。

4. 让幼儿用三角形拼学过的图形，每拼完一个直接说出名称(如图 7-2-9-4)。

5. 拼自己喜欢的图形(如图 7-2-9-5)。

6. 收回，结束。

变化延伸

1. 在生活中寻找并收集四边形。

2. 用美工的方法制作四边形。

3. 用盒内三角形拼出不同的图形。

图 7-2-9-2

图 7-2-9-3

图 7-2-9-4

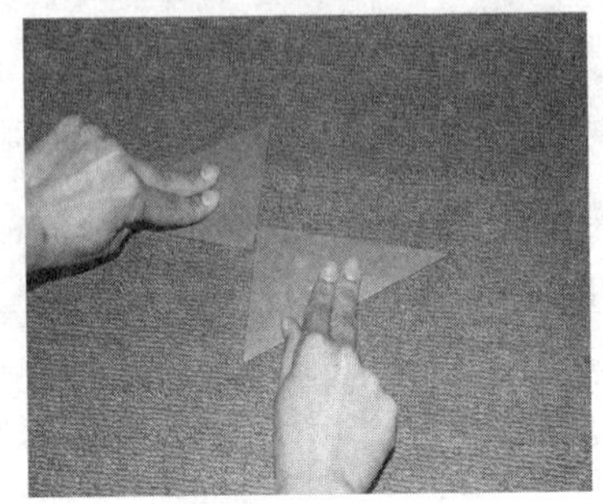
图 7-2-9-5

4. 为幼儿引入二等分的概念(适于 5 岁以上的幼儿)。

错误控制 长方形盒Ⅰ建构出来的图形。

兴趣点 创意建构不同图形。

指导用语

三角形、控制线、正方形、平行四边形、长方形、菱形、梯形。

注意事项

此次展示以长方形盒Ⅰ为基础，教师可让幼儿自行探索建构的方法。

第三次展示：三角形盒

扫码看视频

工作前经验

幼儿已有几何图形橱的操作经验或年龄在 4 岁以上。

操作材料 三角形盒。

工作目的

1. 直接目的：用三角形建构三角形，并能说出名称。
2. 间接目的：同本工作第一次展示。

工作步骤

1. 介绍工作名称，取三角形盒。
2. 打开盒盖将其置于盒底(如图 7-2-9-6)，取出三角形，散放。
3. 找相同三角形整理好横向排列。
4. 拼三角形后，问幼儿“这是什么图形”(也可让幼儿自己拼)。

5. 将三角形分别重叠，每重叠一次问“一样大吗”。

6. 按顺序收回，结束。

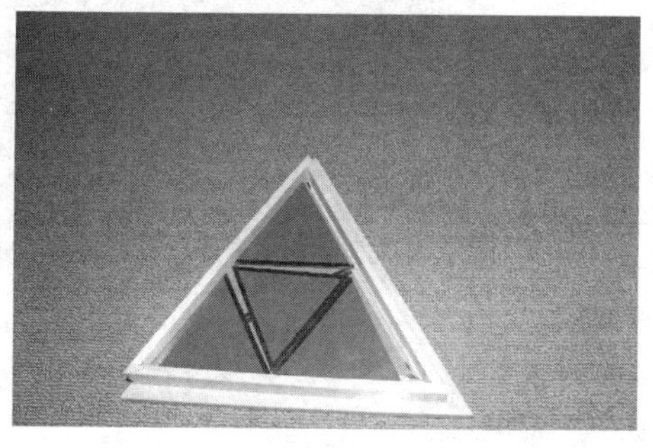

图 7-2-9-6

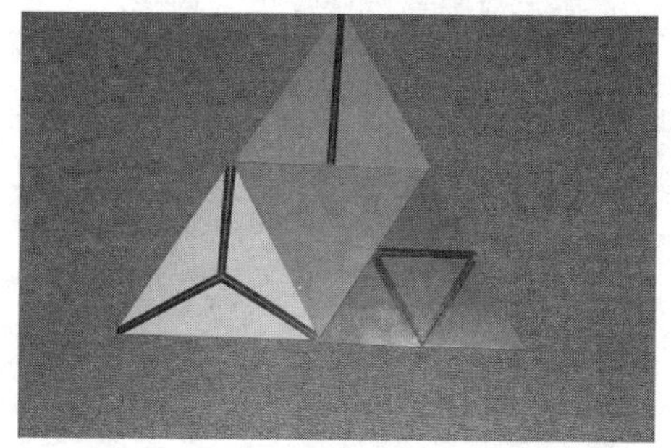

图 7-2-9-7

变化延伸

1. 在生活中寻找并收集三角形。

2. 用美工的方法制作三角形。

3. 四个三角形组合成一个大三角形(如图 7-2-9-7)。

4. 用盒内三角形拼出不同的图形。

5. 为幼儿引入等分的概念(适于 5 岁以上的幼儿)。

错误控制 灰色三角形及三角形上黑色控制线。

兴趣点 三角形的多变性。

指导用语 三角形。

注意事项

教师在进行展示时要注意三角形排列顺序，由二等分三角形到四等分三角形。

第四次展示：大六边形盒

扫码看视频

工作前经验

已有几何图形橱的操作经验或年龄在 4 岁以上。

操作材料 大六边形盒。

工作目的

1. 直接目的：用三角形建构六边形，并能说出名称。

2. 间接目的：同本工作第一次展示。

工作步骤

1. 介绍工作名称，取大六边形盒。

2. 打开盒盖将其置于盒底(如图 7-2-9-8)，取出三角形散放，找出相同的并整理排列好。

3. 拼六边形并命名，问幼儿有几条边，将其推放至左上角；依次拼剩下的图形，每拼完一个直接命名，整理材料。

4. 送回，结束。

图 7-2-9-8

变化延伸

1. 在生活中寻找并收集六边形。

2. 用美工的方法制作六边形。

3. 用盒内三角形拼出不同的图形。

4. 为幼儿引入等分的概念(适于 5 岁以上的幼儿)。

错误控制　三角形上黑色的控制线。

兴趣点　三角形的多变性。

指导用语　六边形、三角形、菱形、平行四边形。

注意事项

教师在进行展示时要注意三角形排列的顺序(1 个黄色、3 个黄色底边为控制线的、3 个黄色腰为控制线的、2 个红色、2 个灰色)。

第五次展示：小六边形盒

扫码看视频

工作前经验

已有几何图形橱的操作经验或年龄在 4 岁以上。

操作材料　小六边形盒。

工作目的

1. 直接目的：用三角形建构六边形，并能说出名称。

2. 间接目的：同本工作第一次展示。

工作步骤

1. 介绍工作名称，取小六边形盒。

2. 打开盒盖将其置于盒底(如图 7-2-9-9)，取出盒内三角形，散放，找出相同的三角形并排列好(如图 7-2-9-10)。

图 7-2-9-9

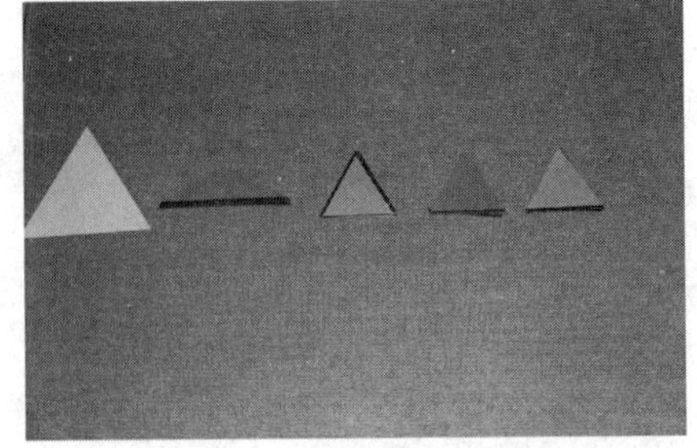

图 7-2-9-10

3. 拼灰色六边形并直接命名，说出六边形有几条边，将其推放至左上角，拼完三个红色菱形后命名，依次拼剩下的图形直接命名；等量代换：灰色六边形的 1/3 与一个菱形重叠再替换，灰色六边形的 1/2 与梯形重叠再替换，菱形与梯形的 2/3 重叠再替换，灰色六边形与三个菱形重叠比较再替换，红色六边形的 1/2 与黄色三角形重叠再替换，红色六边形的 1/3 与菱形重叠再替换。

4. 送回，结束。

变化延伸

1. 在生活中寻找并收集六边形。

2. 用美工的方法制作六边形。

3. 用盒内三角形拼出不同的图形。

4. 为幼儿引入等分的概念(适于 5 岁以上的幼儿)。

错误控制 三角形上黑色的控制线。

兴趣点 图形间不断重合替换的多变性。

指导用语 六边形、三角形、菱形、平行四边形。

注意事项

1. 教师在进行展示时要注意三角形排列的顺序。

2. 不断重叠、替换的操作过程是为了让幼儿体验和理解不同图形的等分概念，可根据幼儿的掌握情况，合理安排进度。

第六次展示：蓝色三角形盒

工作前经验

已有几何图形橱的操作经验或年龄在 4 岁以上。

操作材料 蓝色三角形盒。

工作目的

1. 直接目的：用三角形盒建构各种图形，并能说出名称。

2. 间接目的：同本工作第一次展示。

工作步骤

1. 介绍工作名称，取蓝色三角形盒。

2. 打开盒盖将其置于盒底(如图 7-2-9-11)，请幼儿用两个三角形拼学过的图形(如图 7-2-9-12)，拼完进行名称练习(如三角形、长方形、正方形等)；以此类推，逐渐增加图形数量请幼儿拼摆(如圆形、十二边形等)。

3. 收回，结束。

图 7-2-9-11

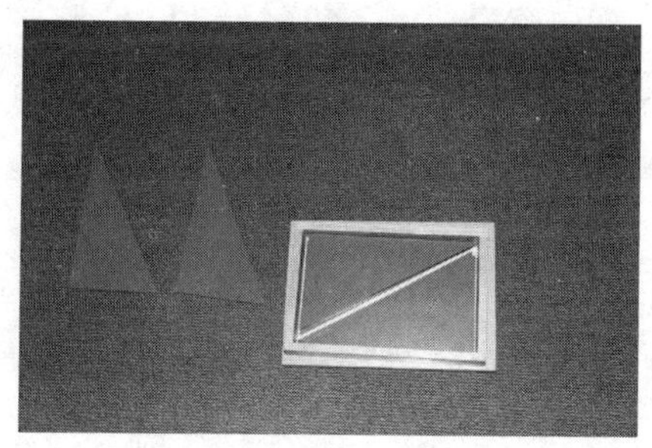

图 7-2-9-12

变化延伸

1. 在生活中寻找并收集各种几何图形。

2. 用美工的方法制作各种几何图形，如图 7-2-9-13、图 7-2-9-14，用三角形建构主题画。

图 7-2-9-13 鱼儿总动员

图 7-2-9-14 美丽的大海

3. 用盒内三角形拼出不同的图形。

4. 为幼儿引入等分的概念(适于 5 岁以上的幼儿)。

错误控制 幼儿视觉的辨别力。

兴趣点 三角形的多变性。

指导用语

三角形、正方形、长方形、菱形、梯形、平行四边形、六边形。

注意事项

1. 教师在此次展示中应尽可能发挥幼儿的探索欲和想象力。

2. 教师要尊重幼儿建构的想法和方式，不要强行干涉或更改。

(十)工作名称：几何立体组

扫码看视频

教具构成

10 个蓝色木质立体图形，分别是正方体、长方体、圆柱体、三棱锥、四棱锥、三棱柱、圆锥体、球体、椭圆体和卵形体。

第一次展示：名称练习

工作前经验 4 岁以上。

操作材料 正方体、长方体、圆柱体，小篮子 1 个。

工作目的

1. 直接目的：幼儿能从视觉上辨别几何立体的形状和特征，并能正确说出其名称。

2. 间接目的：

(1)发展幼儿的实体觉(察觉形状和立体的感觉)；

(2)为学习几何学做准备；

(3)发展幼儿的秩序感、专注力、协调性和独立性。

工作步骤

1. 介绍工作名称，取正方体、长方体、圆柱体放在小篮子里。

2. 触摸感知正方体，命名“这是正方体”，请幼儿触摸教室中的实物，依次介绍剩下的两个，方法同上，完成三阶段教学。

3. 送回，结束。

变化延伸

1. 用几何立体组进行建构。

2. 在生活环境中找与立体组形状相同或相近的物体。

3. 用手工制作几何立体组的模型。

错误控制　幼儿视觉和触觉的辨别力。

兴趣点　触摸不同立体图形的不同感受。

指导用语

球体、圆柱体、长方体、正方体、圆锥体、三角柱、三角锥体、四角锥体、卵体、椭圆体。

注意事项

此次展示要根据幼儿的掌握程度，分成2～4课时完成，即每课时展示3个左右几何立体组。

第二次展示：与投影板的配对

工作前经验

已有几何立体组的操作经验或年龄在4岁以上。

操作材料

几何体组，投影板，小篮子1个。

工作目的

1. 直接目的：能将几何立体组和其投影板正确地配对。

2. 间接目的：同本工作第一次展示。

工作步骤

1. 介绍工作名称，取几何立体组。

2. 将几何体横向排列，散放投影板，教师将投影板分别与几何体配对放好，用投影板与几何体比较(蓝线藏起来)。

3. 收投影板，收几何立体组，结束。

变化延伸

1. 寻找生活中各种物品的影子。

2. 蒙眼练习。

3. 在美术活动中用几何立体组进行素描(适于5岁以上的幼儿)。

错误控制 几何立体组与投影板的一一对应。

兴趣点 投影的形式。

指导用语

球体、圆柱体、长方体、正方体、圆锥体、三角柱、三角锥体、四角锥体、卵体、椭圆体、投影板、影子。

注意事项

1. 在此次展示之前，教师可增加两次准备活动，一是在户外与幼儿玩“踩影子”的游戏，二是用手电筒将几何立体组的影子投射在墙上。

2. 教师要注意球体、卵体、椭圆体影子的投射。

第三次展示：三步卡

工作前经验

已熟悉几何立体的名称或年龄在4岁以上。

操作材料 几何立体组与三步卡。

工作目的

1. 直接目的：扩大幼儿的识字量。

2. 间接目的：

(1)锻炼幼儿视觉观察的敏锐性；

(2)发展幼儿的实体觉(察觉形状和立体的感觉)；

(3)为学习几何做准备。

工作步骤

1. 介绍工作名称，取几何立体组和三步卡。

2. 将几何体竖放在工作毯上直接命名，散放一步卡，用一步卡与几何体配对，带领幼儿指读文字部分；散放二步卡与一步卡配对，散放三步卡与一步卡配对，根据幼儿掌握情况，指读文字部分。

3. 收回，结束。

变化延伸

1. 为几何体组配文字卡片。

2. 制作不同形式的三步卡，如照片类、素描类、透视图类等。

3. 让幼儿自制三步卡。

4. 让幼儿自制几何立体组小书。

错误控制 三步卡本身的特点。

兴趣点 三步卡的使用。

指导用语

球体、圆柱体、长方体、正方体、圆锥体、三角柱、三角锥体、四角锥体、卵体、椭圆体、三步卡。

注意事项

三步卡的使用可结合幼儿对汉字的兴趣，合理安排时间。

第四次展示：神秘袋的工作

工作前经验　已有几何立体组的操作经验。

操作材料　几何立体组，神秘袋1个。

工作目的

1. 直接目的：锻炼幼儿触觉的敏锐性和分辨力。

2. 间接目的：同本工作第一次展示。

工作步骤

1. 介绍工作名称，将几何立体组放进神秘袋中。

2. 触摸并正确说出几何体的名称，可灵活使用以下三种形式：

(1)教师直接说名称，请幼儿摸出并命名；

(2)教师形容几何体的特征，幼儿根据描述摸出并命名；

(3)幼儿摸一种几何体并对其描述，教师猜是什么。

3. 收回，结束。

变化延伸

1. 可在神秘袋中放入较小的立体模型，让幼儿进行触摸的配对练习；

2. 可由2名或2名以上的幼儿合作进行。

错误控制　幼儿触觉的分辨力。

兴趣点　触摸的过程。

指导用语

请你摸出球体；请告诉我你摸到的是什么。

注意事项

最开始进行这项展示时，可选择外形反差较大的几何体放入神秘袋内。

(十一)工作名称：二倍体

教具构成

2块绿色长方体，一大一小；3块黄色正方体，一大两小；2块白色长方体，一大一小。

工作前经验

已有几何立体组的操作经验或年龄在4岁以上。

操作材料 二倍体。

工作目的

1. 直接目的：能将7块几何体搭成一个正方体。

2. 间接目的：

(1)锻炼幼儿视觉对立体的感知；

(2)为学习数学做准备；

(3)发展幼儿的秩序感、专注力、协调性和独立性。

工作步骤

1. 介绍工作名称，取二倍体。

2. 散放，请幼儿按由大到小排好。

3. 取出最小的一块几何体并触摸，找出和它一样大的进行比较(比上面，比四周，不用比底面)，依次从右向左比较，拼成正方体并命名“这是正方体”。最后，说“我要把它切开”，然后将正方体一一打开，恢复原样排好。

4. 按顺序收回，结束工作。

变化延伸

用二倍体的7块木块按照由大至小的顺序水平或垂直排列。

错误控制 二倍体本身的特点。

兴趣点 组合成立体图形的过程。

指导用语 二倍体、最大的。

注意事项 教师不要过多干涉幼儿比较的方法。

(十二)工作名称：三倍体

教具构成

4块绿色长方体，两大两小；5块黄色正方体，两大三小；4块白色长方体，两大两小。

工作前经验

已有二倍体的操作经验或年龄在4岁以上。

操作材料 三倍体。

工作目的

1. 直接目的：能将13块木块搭成一个正方体。

2. 间接目的：

(1)锻炼幼儿视觉对立体的感知；

(2)为幼儿学习数学做准备；

(3)发展幼儿的秩序感、专注力、协调性和独立性。

工作步骤

1. 介绍工作名称，取三倍体。

2. 散放，请幼儿按从大到小排序(横向)。

3. 拿出两个黄色正方体进行比较，另一个一样大的直接放在一起不用比较，依次比较其他的几何体，将其拼成一个正方体，触摸后命名"这是正方体"，再切开，按顺序归位。

4. 收回，结束。

变化延伸

用三倍体的13块木块按照从大至小的顺序水平或垂直排列。

错误控制　三倍体本身的特点。

兴趣点　组合成立体图形的过程。

指导用语　三倍体、最大的。

注意事项　教师不要过多干涉幼儿比较的方法。

(十三)工作名称：二项式

扫码看视频

教具构成

1块红色正方体，代表 a^3；3块红黑相间的长方体，代表 $3a^2b$；1块蓝色正方体，代表 b^3；3块蓝黑相间的正方体，代表 $3ab^2$。

工作前经验　4岁以上。

操作材料　二项式。

工作目的

1. 直接目的：能按照颜色将8块几何体搭成一个正方体。

2. 间接目的：

(1)锻炼幼儿视觉对立体的感知；

(2)为幼儿学习数学做准备；

(3)发展幼儿的秩序感、专注力、协调性和独立性。

工作步骤

1. 介绍工作名称，取二项式。

2. 打开盒盖及盒身的前面和右面，将盒盖放在打开的盒子的右下方(如图7-2-10-1)，将二项式里面的立体块取出散放(如图7-2-10-2)。

3. 指出盒盖上的颜色，最大块为红色，从散放的立体块中找到红色放在盒盖上；依次按盒盖颜色和前面一个立体块的侧面颜色找出正确的放在盒盖上；触摸第一层是否平滑，平滑则放回盒内。搭第二层采用同样的方法，先找最大的一块(如图7-2-10-3)，并依次找到放在盒盖上，触摸检查后放回盒内。

4. 拿起盖子与盒子里的颜色进行比较，若是一样的，则盖好盖子(先盖好侧面盒盖，如图7-2-10-4)，结束。

图 7-2-10-1

图 7-2-10-2

图 7-2-10-3

图 7-2-10-4

变化延伸

1. 不借助盒盖，将二项式放回盒内。

2. 将二项式在盒外搭成一个正方体。

错误控制

盒盖与盒身上的颜色，木块的颜色和大小。

兴趣点

根据颜色和形状的变化规律排列几何体的过程。

指导用语

二项式、红色的、蓝色的、黑色的。

注意事项

教师不要给幼儿讲解该工作名称的由来。

(十四)工作名称：三项式

教具构成

1 块红色正方体，代表 a^3；3 块红黑相间的长方体(较大)，代表 $3a^2b$；3 块红黑相间的长方体(较小)，代表 $3a^2c$；1 块蓝色正方体，代表 b^3；3 块蓝黑相间长方体(较大)，代表 $3b^2a$；3 块蓝黑相间的长方体(较小)，代表 $3b^2c$；1 块黄色正方体，代表 c^3；3 块黄黑相间的长方体(较大)，代表 $3c^2a$；3 块黄黑相间的长方体(较小)，代表 $3c^2b$；6 块黑色长方体，代表 $6abc$。

工作前经验

已有二项式操作经验或年龄在 4.5 岁以上。

操作材料　三项式。

工作目的

1. 直接目的：能按照颜色将27块木块搭成一个正方体。

2. 间接目的：

(1)锻炼幼儿视觉对立体的感知；

(2)为幼儿学习数学做准备；

(3)发展幼儿的秩序感、专注力、协调性和独立性。

工作步骤

1. 介绍工作名称，取三项式。

2. 打开盒盖及盒身的前面和右面，将盒盖放在打开的盒子的右下方(如图7-2-11)，取出里面的立体块，散放。

3. 指出盒盖上最大的一块，说出颜色，并从散放的立体块中找出放在盒盖上，依次找出第一层的几何体，触摸检查，若平滑放进盒内；同样的方法找出第二层和第三层的几何体。

4. 拿起盖子与盒子里的颜色进行比较，若是一样的，盖上盖子，结束。

变化延伸

1. 不借助盒盖将三项式放回盒内。

2. 将三项式在盒外搭成一个正方体。

错误控制

盒盖与盒身上的颜色，木块的颜色和大小。

兴趣点

立体块不同组合的神奇变化。

图 7-2-11

指导用语

三项式、红色的、蓝色的、黄色的、黑色的。

注意事项

三项式的难度较大，如幼儿难以理解，可创设故事情境解释立体块的特征，如颜色王国的比赛。

二、感官领域触觉教具操作活动

蒙台梭利曾说："我教导孩子如何触摸，也就是教导他触摸表面的方法，为此，我有必要轻轻捏住孩子的手指，带着他贴在表面上非常轻地滑过去……这些技巧的另一特点是，告诉孩子要闭眼睛触摸。为了鼓励他这么做，我们可以告诉他，这样才更能感觉其间的差异，引导他在不使用眼睛的情况下，分辨不同的接触面。"

(一)工作名称：砂纸触觉板

教具构成

底板是原木色长方形，其上右侧有一块正方形的砂纸；底板是原木色长方形，上有一块由5条同样颗粒的细长条组成的砂纸；底板是原木色长方形，上有一块由5条从最细颗粒到最粗颗粒的细长条组成的砂纸；配对板：底板是原木色正方形，砂纸的粗糙程度两两相同，共10块。

第一次展示：名称练习

工作前经验 3.5岁以上。

操作材料 砂纸触觉板中的第一和第二块板。

工作目的

1. 直接目的：通过触觉感知并认识物体表面粗糙与光滑的质感。

2. 间接目的：

(1)锻炼幼儿触觉的敏锐性和分辨力；

(2)为书写做准备；

(3)能区分生活中常见物品的质感。

工作步骤

1. 介绍工作名称，取砂纸触觉板第一和第二块。

2. 拿出第一块触觉板，右手掌触摸光滑的地方，命名“这是光滑的”，请幼儿通过触觉去摸摸哪里感觉是光滑的；再触摸粗糙的地方，命名这是“粗糙的”，完成三阶段教学。

3. 拿起长条的另一块板先从光滑开始摸，依次说出“光滑的”“粗糙的”。

4. 收回，结束。

变化延伸

1. 配文字卡片“粗糙的”“光滑的” 。

2. 在生活中寻找表面“粗糙的” 与“光滑的”物体。

错误控制 幼儿触觉的分辨力。

兴趣点 不断变化的触感。

指导用语 砂纸触觉板、粗糙的、光滑的。

注意事项

1. 教师在进行触觉工作展示时一定要与幼儿互动，共同感受。

2. 为使触觉变得更灵敏，可在开始工作前将手指浸泡在温开水中5～10秒。

第二次展示：粗糙的等级变化

工作前经验

已有砂纸触觉板的操作经验或年龄在3.5岁以上。

操作材料

砂纸触觉板的第三块板——粗糙等级变化板。

工作目的

1. 直接目的：通过触觉感受并认识物体表面不同的粗糙程度变化。

2. 间接目的：同本工作第一次展示。

工作步骤

1. 介绍工作名称，取第三块砂纸触觉板。

2. 请幼儿从光滑的地方依次触摸命名，“光滑的、有点粗糙的、比较粗糙的、粗糙的、很粗糙的、最粗糙的”。如果粗糙程度差异不大，不容易发现区别，则可先辨别差异较大的两三条。另外，可以请幼儿寻找教室中粗糙程度差异较大的表面，说出感觉。

3. 结束。

变化延伸

1. 配相应的文字卡。

2. 在生活中寻找不同粗糙程度的物体。

3. 幼儿用米粒或沙子自制砂纸触觉板。

错误控制　幼儿触觉的分辨力。

兴趣点　不同的触感。

指导用语

光滑的、有点儿粗糙的、比较粗糙的、粗糙的、很粗糙的、最粗糙的。

注意事项

1. 教师在进行触觉工作展示时一定要与幼儿互动，共同感受。

2. 教师展示时注意要从“光滑的”一条开始。

3. 此次展示的名称比较多且比较相近，教师要注意观察幼儿的理解和接受程度。

4. 为使触觉变得更灵敏，可在开始工作前将手指浸泡在温开水中5～10秒。

第三次展示：粗糙等级变化的配对板

工作前经验

已有粗糙等级变化的操作经验或年龄在3.5岁以上。

操作材料

粗糙等级变化的配对板，眼罩1个。

工作目的

1. 直接目的：通过触觉将砂纸板按照粗糙的程度进行正确配对。

2. 间接目的：同本工作第一次展示。

工作步骤

1. 介绍工作名称，取粗糙等级变化的配对板。

2. 散放，请幼儿戴上眼罩。

3. 通过触摸将触觉板配对。

4. 摘下眼罩，检查(教师可在背面做好订正)，根据幼儿能力可将配对后的触觉板排序。

5. 收教具，结束。

变化延伸

将生活中相同粗糙程度的物体配对。

错误控制

幼儿触觉的分辨力及教师在每块板的背面自制的错误控制点。

兴趣点 蒙眼配对的过程。

指导用语 请你摸一摸，找到和它一样的砂纸板。

注意事项

1. 教师在进行触觉工作展示时一定要与幼儿互动，共同感受。

2. 幼儿在最开始接触时，可只使用两三对砂纸触觉板进行配对练习。

3. 为使触觉变得更灵敏，可在开始工作前将手指浸泡在温开水中5～10秒。

(二)工作名称：布盒

教具构成

长方形棉质布2片，长方形丝质布2片，长方形绒质布2片，长方形帆布2片，长方形皮革2片，长方形麻质布2片。

工作前经验 3.5岁以上。

操作材料 布盒，眼罩1个。

工作目的

1. 直接目的：通过触觉的感知能将布按照质地进行正确的配对。

2. 间接目的：

(1)锻炼幼儿触觉的敏锐性和分辨力；

(2)为书写做准备；

(3)能区分生活中常见布料或衣物的质地；

(4)发展幼儿的秩序感、专注力、协调性和独立性。

工作步骤

1. 介绍工作名称，取布盒和眼罩。

2. 散放，请幼儿戴眼罩配对。

3. 挑出两种差异较大的做介绍：布的名称，什么时候穿，有什么特点。

4. 收回，结束。

变化延伸

1. 为布料配文字卡。

2. 让幼儿在生活中找与布盒中布料一致的布。

3. 缩小布料在质地上的差异，增加练习难度。

错误控制 幼儿触觉的辨别力。

兴趣点 不同的触感。

指导用语 布盒；请你摸一摸。

注意事项

教师在进行触觉工作展示时要与幼儿互动，共同感受。

（三）工作名称：重量板

教具构成

10片原木色长方形12克，10片原木色长方形18克，10片原木色长方形24克。

工作前经验 3.5岁以上。

操作材料 重量板。

工作目的

1. 直接目的：感知物体的重量。

2. 间接目的：

(1)发展幼儿压觉的分辨力；

(2)能不受物体形状大小的影响正确地分辨出物体的轻重；

(3)发展幼儿的秩序感、专注力、协调性和独立性。

工作步骤

1. 介绍工作名称，取重量板。

2. 散放，请幼儿戴眼罩，摊开手掌，教师将重量板放于幼儿手掌上，请幼儿感知轻重(可两只手不断交换感知)。

3. 能正确辨别后，缩减块数，也能正确辨别后结束工作。

变化延伸

1. 蒙眼练习。

2. 让幼儿感受生活中常见物品的重量。

3. 认识表示重量的单位(适于5.5岁以上的幼儿)。

错误控制 重量板上不同的木色，幼儿压觉的分辨力。

兴趣点 感知与分辨轻重的过程。

指导用语 重量板、轻的、重的。

注意事项

教师在进行触觉工作展示时一定要与幼儿互动，共同感受。

(四)工作名称：温觉板

教具构成

原木色长方形木片2片，红色长方形毛毡2片，黑色长方形大理石2片，银色长方形不锈钢2片。

工作前经验 3.5岁以上。

操作材料 温觉板。

工作目的

1. 直接目的：感受物体不同的温度，并能正确地配对。

2. 间接目的：

(1)发展幼儿温觉的分辨力；

(2)发展幼儿的秩序感、专注力、协调性和独立性。

工作步骤

1. 介绍工作名称，取温觉板。

2. 散放，请幼儿蒙眼配对。

3. 摘下眼罩，取两组差异最大的温觉板，进行三阶段教学，感受“凉的、暖的”，从教室中寻找相同温觉的材料。

4. 收回，结束。

变化延伸

1. 让幼儿感受生活中常见物品的温度。

2. 让幼儿在不同的季节或一天中不同的时间段感受同一物体不同的温度。

3. 让幼儿感知不同温度的水(注意安全，防止烫伤)。

错误控制 温觉板本身的特点。

兴趣点 不同温觉的变化。

指导用语 温觉板、凉的、暖的。

注意事项

教师在进行触觉工作展示时一定要与幼儿互动，共同感受。

三、感官领域听觉教具操作活动

蒙台梭利曾说：“在肃静的环境中，儿童体验噪声与声音的不同，进而对悦耳的声音产生认同，这便是培养欣赏和谐之美的开始。”

工作名称：听筒

教具构成

12个木质圆柱体(中空)，原木色盒身，其中6个红色盒盖、6个绿色盒盖。

工作前经验 3.5 岁以上。

操作材料 听筒。

工作目的

1. 直接目的：区分声音的强弱变化，将声音进行配对。

2. 间接目的：

(1)让幼儿体会听觉器官的存在及其作用；

(2)发展幼儿听觉的敏锐性；

(3)为幼儿分辨生活中不同的声音做准备；

(4)发展幼儿的秩序感、专注力、协调性和独立性。

工作步骤

1. 介绍工作名称，取听筒。

2. 拿起第一个红色听筒在耳旁轻轻摇晃，依次听绿色组听筒，找到和刚才红色听筒一样的声音，放在工作毯上，和红色听筒配对。

3. 依次将剩下的配对排好，检查。

4. 收回(红色有序放，绿色无序放)，结束。

变化延伸

1. 变换听筒内的物品，使其发出不同的声音。

2. 缩小声音之间的差异，增加难度。

3. 在生活中寻找各种各样的声音，如动物的叫声、植物摇曳的声音等。

4. 进行静默游戏。

5. 欣赏音乐。

6. 进行各种听力游戏。

错误控制 听筒底部所贴的错误控制点。

兴趣点 听和辨别的过程。

指导用语 听觉筒、声音、大、小。

注意事项

1. 教师初次为幼儿展示时，为减少幼儿辨别的难度，可只选择 3 对听觉筒，逐渐增加。

2. 晃动听觉筒时尽量靠近耳朵。

四、感官领域嗅觉教具操作活动

蒙台梭利曾说："在三餐中去练习味觉和嗅觉，这是训练这两种感觉的最自然时机。"

工作名称：嗅觉瓶

教具构成

12 个木质圆柱体(中空)，原木色盒身，棕色盒盖。

工作前经验 3.5岁以上。

操作材料 嗅觉瓶。

工作目的

1. 直接目的：感受不同的气味，并将瓶内的气味进行正确的配对。

2. 间接目的：

(1)让幼儿感受嗅觉器官的存在及其作用；

(2)发展幼儿嗅觉的敏锐性；

(3)为幼儿分辨生活中不同的气味做准备；

(4)发展幼儿的秩序感、专注力、协调性和独立性。

工作步骤

1. 介绍工作名称，取嗅觉瓶。

2. 散放，打开第一个瓶子放在幼儿鼻前，让其轻轻挥动手掌，“这是什么味道?”“酸的。”“甜的。”通过嗅觉从剩下的里面找到相同味道的配对，依次将剩下的瓶子配对。

3. 收回，结束。

变化延伸

1. 在生活中寻找各种各样的气味。

2. 为嗅觉瓶内的气味配文字卡或图片。

错误控制 教师在嗅觉瓶底部贴的错误控制点。

兴趣点 不同味道的新鲜感。

指导用语 嗅觉瓶。

注意事项

1. 嗅觉瓶是木质的会吸收气味，教师一旦将香精投放在瓶内就不要更换了。

2. 教师要选择生活中常能闻到的气味，如水果的气味。

五、感官领域味觉教具操作活动

蒙台梭利曾说：“去品尝酸甜苦咸四种味道，这是舌头所能感觉的主要四种味道。”

工作名称：味觉瓶

教具构成 8个棕色玻璃滴瓶。

工作前经验 3岁以上。

操作材料

味觉瓶(2瓶白水、2瓶盐水、2瓶糖水、2瓶白醋)，装净水的水杯2个、装脏水的空杯子1个，小勺1个。

工作目的

1. 直接目的：感受不同的味道，并将瓶内的味道进行正确的配对。

2. 间接目的：

(1)让幼儿体会味觉器官的存在及其作用；

(2)发展幼儿味觉的敏锐性；

(3)为幼儿分辨生活中不同的味道做准备；

(4)发展幼儿的秩序感、专注力、协调性和独立性。

工作步骤

1. 介绍工作名称，取味觉瓶。

2. 教师请幼儿张嘴，滴一滴到幼儿嘴里，品尝味道，命名“甜的(咸的、酸的)”，漱口，再尝剩下的，直到配对完成。

3. 收回，消毒。

变化延伸

1. 变换味觉瓶内的物品，让幼儿品尝不同的味道。

2. 在瓶内放入浓度不同的糖水，让幼儿感受甜度不同的糖水。

3. 在生活中寻找各种各样的味道。

4. 为味觉瓶中的味道配文字卡片。

错误控制　教师在味觉瓶底部贴的错误控制点。

兴趣点　品尝的过程。

指导用语　味觉瓶、甜的、酸的、咸的。

注意事项　注意卫生及安全问题。

实训经验分享

蒙台梭利半日活动的设计、组织与实施(以一个蒙班第三学期的活动为例)

实训目标

1. 掌握蒙氏半日活动流程。

2. 能设计、组织、实施半日活动。

3. 有喜欢开展蒙氏活动的情感。

实训准备

工作教具、自制教具、走线用品。

实训步骤

1. 走线活动：播放轻音乐，进行动作走线、模仿走线、持物走线，时间 10 分钟左右，一位同学模拟主班老师在前面带领幼儿走线，线外配班老师维持秩序。

2. 静寂游戏：不出声的游戏，“我怎样做你就怎样做”，时间 3～5 分钟，教师做不出声的手指游戏，幼儿模仿。

3. 教师展示：如数棒的工作，包括基本操作展示和延伸变化练习(延伸变化练习教具是小组自制教具和自己设计的纸张作业单)。

4. 幼儿操作：幼儿自选工作，教师观察指导。

走线

静寂游戏

工作展示

延伸变化

项目回顾

内　容	掌握等级
蒙台梭利感官教育的含义	☆☆☆☆☆
蒙台梭利感官教育的内容	☆☆☆☆☆
蒙台梭利感官教育的目的	☆☆☆☆
蒙台梭利感官教具的特征	☆☆☆☆
蒙台梭利感官教具的操作	☆☆☆☆☆

思考与练习

1. 蒙台梭利感官教育的内容有哪些？
2. 蒙台梭利感官教具具有什么特征？
3. 举例说明蒙台梭利感官领域教具操作使用的三阶段教学法。
4. 蒙台梭利感官领域视觉、触觉、听觉、嗅觉和味觉部分各包括哪些工作？

学习自评卡

请同学根据实际掌握情况填写下表。

所属内容	掌握程度		分享与总结
	可独立操作教具的数量	可独立操作教具的质量	
蒙台梭利感官教具视觉部分			
蒙台梭利感官教具触觉部分			
蒙台梭利感官教具听觉部分			
蒙台梭利感官教具嗅觉部分			
蒙台梭利感官教具味觉部分			

项目八
蒙台梭利数学教育

学习目标

1. 了解蒙台梭利数学教育的含义和内容。
2. 领会蒙台梭利数学教育的目的。
3. 掌握数学领域教具的规律和特征。
4. 能熟练、规范、完整地示范教具操作活动。

任务一　蒙台梭利数学教育概述

- 一、蒙台梭利数学教育的含义与内容
- 二、蒙台梭利数学教具的特征
- 三、蒙台梭利数学教育的目的

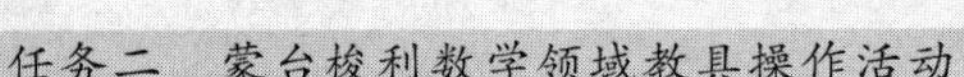

	工作名称
10以内的点数	数棒、砂纸数字板、纺锤棒箱、数字与筹码、数字与实物的记忆游戏、彩色串珠梯、黑白串珠梯、灰黑串珠梯
十进位系统	金色串珠的命名、数字卡片的命名(金色串珠与数字卡片的配对)、金色串珠9的排列、9的危机、取数量
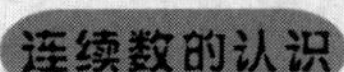 连续数的认识	塞根板第一盒、塞根板第二盒、100板、100串珠链、1000串珠链
 四则运算	数棒10的合成、银行游戏(加、乘、减、除)、邮票游戏(加、乘、减、除)、加法板、减法板、乘法板、除法板、蛇形加减法、点的游戏
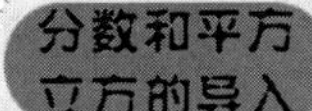 分数和平方立方的导入	分数小人

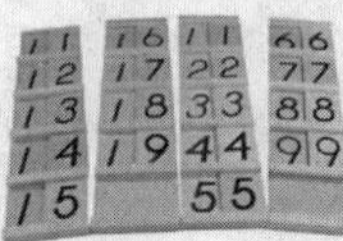

项目导言

霖霖已经4岁了。今天，老师为他示范数棒的工作，可是他自己数的时候却是“1、2、5、6”，数序意识很模糊，工作一上午还是数错。出现这样的情况，可能是他的数学敏感期还没到来，也可能和他的家庭教育缺少数学元素有关系。对于这样的小朋友，我们既要等待，同时又要引导家长在生活中渗透数学教育。

任务一　蒙台梭利数学教育概述

一、蒙台梭利数学教育的含义与内容

(一)蒙台梭利数学教育的含义

幼儿的生活需要数学，也离不开数学。例如：孩子常会遇到这样的问题“家里有几个人，又来了几位客人，需要准备几组碗筷，如果需要去超市购买，买多少最合理”。由此可见，要提高幼儿的生活能力必须发展幼儿的数学心智。

蒙台梭利通过对人类的观察和研究发现，人类的学习过程遵循由简单到复杂、由具体到抽象的规律。数学概念是非常抽象的，要让幼儿觉得数学容易学习的最直接的方法就是以具体、简单的实物为起点，让幼儿在动手操作中学习。先让幼儿了解实物的多与少、大与小，然后再自然联想出具体与抽象的关系。蒙台梭利数学教育就是利用日常生活中常见的素材和教具，帮助幼儿从生活中认识和掌握数学知识，激发幼儿的数学心智潜能。

蒙台梭利数学教育即是以培养幼儿对数的了解，感知数的概念，初步了解数量关系及运算法则，激发幼儿学习数学的兴趣，发展逻辑思维能力及想象创造能力为目的的教育。

(二)蒙台梭利数学教育的内容

1. 十以内的点数活动

十以内的点数活动主要是帮助幼儿建立数概念，理解1～10的数量、数字、数名之间的一一对应关系。

要培养幼儿数概念，不仅要教他们将数名正确无误地说出来，而且要注意引导幼儿理解数概念形成的所需条件。感官领域的操作和学习是数学学习的基础，同感官领域围绕配对、排序、分类三种操作的练习一样，数学领域的学习也是采用类似方法逐步让幼儿了解、掌握数的基本概念。

首先，我们应该知道为什么要进行配对的操作。因为通过这样的操作，可以使幼儿发现配对与等值之间的关系，在此基础上，让他们开始学习、理解和掌握数的基本概念。其次，我们还应该知道为什么要学排序的操作。因为数本身具有大小、多少的性质，说明数是存在顺序的。就自然数来说，我们通常见到的 1、2、3、4 等就是按顺序排列的。所以，我们可以通过分级排序的练习，让幼儿建立大小、多少的概念。最后，为了能让幼儿正确掌握数学运算，成人要支持幼儿建立起整体与部分的概念，并理解二者间的关系。因为在进行加、减运算时，幼儿往往考虑到了整体就忽略了部分，考虑到了部分就忽略了整体。而分类的操作练习，则可以让幼儿深刻体会到这些概念及其相互联系，比如数位的位置与代表意义的规律，就是类的概念。

数概念的建立是通过配对、排序、分类等方式完成的。如数棒与数字卡片的配对帮助幼儿将数量与数字一一对应；砂纸数字板的排序则将数字与数名一一对应；数字与筹码则通过分类帮助幼儿将数字、数量、数名三者一一对应起来，同时理解了奇数与偶数的特点。

2. 十进位系统

十进位系统主要是帮助幼儿认识进位，从 1 变 10，从 10 变 100，从 100 变 1000，如工作“9 的危机”等。

3. 连续数的认识

连续数的认识关键是认识十进位法的基本结构，主要包括认识 1～100 的连续数、十位数和个位数的排列等，教具主要有塞根板、100 板、10/100/1000 串珠链。

4. 四则运算

阿拉伯数字可以按照定位计数，这样不但有利于记录数字，也有计算数字的功能。因此，阿拉伯数字不仅可以用于加、减、乘、除运算，还能用在十进位法及定位上。只要掌握了基本的运算法则，任何位数的数字都可以进行运算，故而首先要使幼儿建立加、减、乘、除的概念。主要涉及的工作有银行游戏、邮票游戏、加/减/乘/除法板等。

5. 分数的导入

分数的导入主要是帮助幼儿了解数的分解与平均的概念。平均分配一样东西是幼儿日常生活中经常遇到的问题，本部分的主要教具是分数小人。

二、蒙台梭利数学教具的特征

(一)以感觉教育作为数学教育的基础

感觉是幼儿认识世界的通道，幼儿在感知中了解事物之间的关系，促进逻辑思维能力的发展。感觉教育让幼儿在感知中观察，在观察中比较，在比较中配对、排序、分类，这些都是幼儿形成数概念的基础。

1. 感官教具中配对(P)的操作能为幼儿理解数学中的等值概念做准备

在操作感官教具时，包括找出同样属性的教具操作，如插座圆柱体第一次展示配对，或在色板的操作中找出相同的颜色的操作，目的是让幼儿积累等值的经验，如在数学中可以用数字 2 表示🍎🍎数量，即🍎🍎是 2 个苹果，用图片表示的苹果与数字表示的苹果数量是相同的，所以配对的操作可以为幼儿学习数概念、计数、点数等打下基础。

2. 感官教具中排序(G)的操作能为幼儿理解数列概念做准备

圆柱体有大小的顺序，长棒有长短的顺序，色板有明暗的顺序，数本身便具有大小或多少的性质，而且数本身也有 1、2、3、4 数列的顺序。这些操作可以让幼儿了解各种变化的量之间的各种关系。

3. 感官教具中分类(S)的操作能为幼儿理解运算法则做准备

感官教具中有收集相同的东西加以分类的操作，如神秘的口袋等。幼儿在做加算、减算时，要理解数位是不同类的量所在的位置不同，了解数位、全体与部分之间的关系非常重要。幼儿往往考虑到全体就忘了部分，考虑到部分就忘了全体。利用数作分类的操作，知道其连贯关系，才能开始进行运算。

(二)从真实的数量认识着手

数概念是抽象的知识，数棒等教具的操作用看得见、摸得着的方式将抽象知识具体化、生活化，这不但适于幼儿的学习方式，还能促使幼儿把数学与生活紧密联系起来。数学来源于生活，也服务于生活，相关教具还有锤棒箱等。

(三)重视数字、数量、数名三者之间的关系

学习数学要从数开始，学习数必须知道数量、数字、数名与数的关系，三者当中的任何一个都不能完整代表数的概念，通常我们所说的数，是数量、数字、数名的总体概念。我们要想认识某一个数，就要知道这个数的大小、符号和名称，大小即数量，符号即数字，名称即数名，只有建立起三者之间一一对应的关系，才是掌握了数的基本概念，相关教具如数棒、数字与筹码等。

(四)使用阿拉伯数字，并统一字体

阿拉伯数字的特点是简单易懂，可以任意组合，所代表的量可以无限延伸，可以用有限的数字表示无限的量。如一百一十一，可以写成 111，每个数字的位置可以表示它所占有的量。蒙台梭利用数字卡片提示幼儿掌握数字的表达作用，如 111，即在 100 的数字卡上叠放表示 10 的数卡，再在代表 10 的数卡上叠放表示 1 的数卡，相关教具如砂纸数字板、数字与筹码、纺锤棒箱、银行游戏的数字卡片、邮票游戏等。这些教具所使用的阿

拉伯数字字体是完全相同的。

(五)重视“0”的概念及十进制的计算

进行十进位系统的工作首先要让幼儿认识0与进位的关系。譬如数字“10”，要理解“10”中的0代表的意义，就要先取走“0”。当我们把“10”中的0移去后，“10”就会变成“1”，而我们所要表达的不是1而是10，于是就约定在“1”的右边放一个“0”，写成“10”，这就代表了数字“10”。因此“10”中的“1”是由右往左算的第二个数字，表示10位的数字，0是空位，这个位置上什么数都没有。

由上面的叙述可知，“0”认识起来比较抽象，因为它表示什么也没有，没有就不可被触摸，也无法直观地看到。“0”在十进位法中的作用，是为了表示空位，是为了便于我们更清楚无误地记录和运算而设置的。

(六)为了表示定位或进行数量计算，在教具的数字和数量上采用“颜色归类”原则

定位和计算是极抽象的数的科学，传统的接受学习呆板而枯燥，而蒙氏教学是通过具体的操作让儿童自己去发现规律。“颜色归类”其实是儿童在操作中进行发现学习的一种提示。例如：邮票游戏的个位、十位和百位数字分别采用的是绿色、蓝色和红色，借助具体形象的颜色理解定位、掌握定位；彩色串珠也是将颜色与数量对应起来，一般会说“红色串珠1”“绿色串珠2”等；在加减法蛇的运算中颜色则成为相应数量的标识，使计算简单化、形象化、儿童化。

(七)采用验算或控错板的形式来达到错误提示的功能

数学领域虽然相对抽象，但仍然具有支持幼儿自主学习的错误控制功能，如100板。

三、蒙台梭利数学教育的目的

蒙台梭利认为，数学教育有两大目的。一是直接目的，就是通过幼儿的生活经验，让幼儿熟悉数字、数量、图形，建立起相关的抽象概念，并明白它们之间的逻辑关系；二是间接目的，就是通过数学教育，发展幼儿的数理逻辑智能，增强幼儿对人类文化的吸收和学习，提高幼儿的整体素质，促进幼儿完美人格的发展①。所以在教学过程中必须结合幼儿的发展阶段和年龄特点，采取适当的教学方法，采用适当的教具，使教学过程和手段更加优化，从而达到满意的教学效果。具体来说，就是要根据每个幼儿的注意力集中情况、逻辑思维能力、理解能力等，利用灵活的教学方法和相配套的教具，给予他们适时、有效的指导，使他们最大限度地掌握知识。同时，让幼儿学习数学绝不能以考试为目的，而应该让幼儿在了解“数”中得到满足和喜悦，进而培养他们对数理知识的兴趣。

---

① 林丽等．蒙台梭利数学教育[M]．长春：北方妇女儿童出版社，2011.

任务二　蒙台梭利数学领域教具操作活动

一、数学领域“10 以内的点数”教具操作活动

蒙台梭利曾说：“数概念是非自然所赋予的，也非教师所教授的，而是由幼儿在操作教具的过程中获得的。”

(一)工作名称：数棒

教具构成

10 根木质长棒，长度以 10cm 为单位由 10cm 等量增至 100cm，每根木棒红蓝颜色相间。

**第一次展示：名称练习**

工作前经验

已有红棒操作经验或年龄在 3.5 岁以上。

操作材料　数棒、2 块工作毯。

工作目的

1. 直接目的：通过视觉和触觉感受 1～10 数棒的长短变化。

2. 间接目的：

(1)让幼儿形成数序的概念；

(2)为幼儿学习十进位法做准备；

(3)数量概念的导入。

工作步骤

1. 介绍工作名称，取来数棒散放(取的方法同红棒)。

2. 请幼儿比较排序(红色头放在最左面)。

3. 取出数棒 1、2、3，横向排列在工作毯中间(如图 8-2-1-1)，进行三阶段教学：(1)命名：触摸数棒“1”，完整感知(如图 8-2-1-2)，放下，“1，这是 1”，数棒 2 从红色部分开始点数，“1、2，这是 2”，请幼儿来感知，同样的方法介绍数棒 3；(2)辨别：“请你指哪一个是‘1’”，或“请把‘1’拿给我”，又或“请把‘1’藏起来”，同样的方法辨别数棒 2 和数棒 3；(3)发音：指“1”问：“请你来数一数，这是几”，同样的方法操作数棒 2 和数棒 3。

4. 将数棒归队，结束工作。

变化延伸

1. 同样的方法介绍数棒 4～10，根据幼儿学习情况，安排每次学习的数量，以 3～5

个为宜，每次学习新的数之前都要复习前面的，从 1 开始。

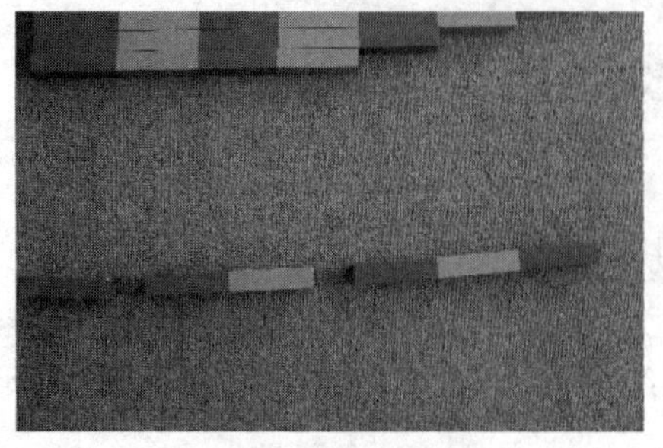

图 8-2-1-1

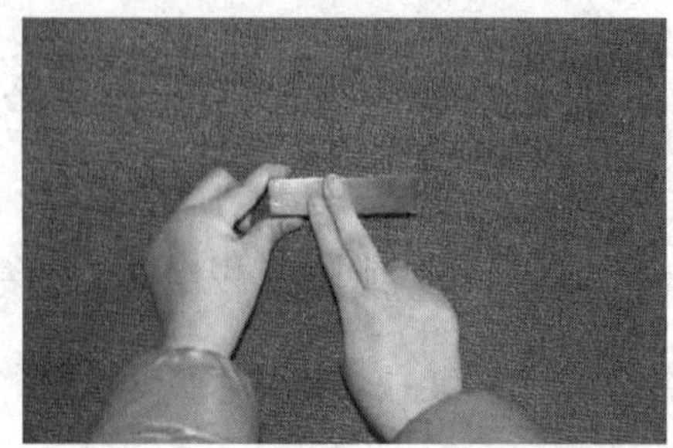

图 8-2-1-2

2. 1～10 数棒的正数和倒数。

错误控制　数棒的颜色及本身的序列。

兴趣点　准确为数棒命名的成就感。

指导用语

数棒；这是 1；请你指一下 1；请你把 1 递给我；请你数一数，这是几。

注意事项

1. 数棒的排列从红色一端开始。

2. 工作毯要比数棒 10 长。

第二次展示：与数字卡片配对

工作前经验　3.5 岁以上。

操作材料　数棒，1～10 的数字卡片。

工作目的

1. 直接目的：能将具体的量与抽象的数字配对(如图 8-2-1-3)。

2. 间接目的：

(1)训练幼儿视觉对物体尺寸的辨别力；

(2)为数的组合与分解做铺垫；

(3)训练幼儿从左至右的方向感；

(4)为学习数学中的一一对应关系做铺垫；

(5)发展幼儿的秩序感、专注力、协调性和独立性。

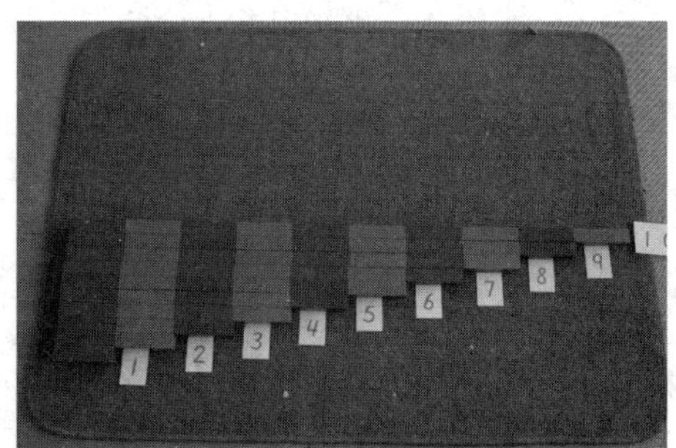

图 8-2-1-3

工作步骤

1. 介绍工作名称，数棒散放。

2. 将数棒由长到短依次排列，取数棒 1、2、3，横向排列在工作毯上，请幼儿直接发音，分别出示对应的数字卡片，放在数棒的右边，并进行数卡的三阶段教学。

3. 数棒归队，收数字卡片，结束。

变化延伸

1. 同样的方法进行数卡 4～10 与数棒的配对和相应数字的认识。

2. 数棒有序，数字卡片无序。

3. 数棒无序，数字卡片有序。

4. 数棒无序，数字卡片无序。

错误控制 数棒本身的序列。

兴趣点 数棒与数字卡片一一对应的成就感。

指导用语 所涉及的数名。

注意事项

此次展示在幼儿熟练操作砂纸数字板之后进行。

第三次展示：数棒 10 的合成

工作前经验 4.5 岁以上。

操作材料 数棒，2 张工作毯，1～10 的数字卡片。

工作目的

1. 直接目的：初步感受量的合成概念。

2. 间接目的：

(1)促进幼儿数学心智的发展；

(2)为幼儿学习四则运算做准备。

工作步骤

1. 介绍工作名称，散放数棒。

2. 请幼儿按顺序将数棒排列好。取出 10 的数棒，问幼儿“这是几”，取出数卡 10 放在数棒旁；取数棒 1 放在 10 的下方，左端对齐，问“它是几”，取数卡 1 放在数棒旁；“1 和几合起来是 10，我们来数一数”，右手触摸计数“1、2、3、…、9”，取数棒 9 放在 1 的旁边，数卡 9 放数棒旁，观察“是一样长的”；将数棒 1 和 9 放在另外一张工作毯上，依次合成数棒 2 和 8、3 和 7、4 和 6、5 和 5。

3. 将数棒 10 放在最上端，念读“1 和 9 合起来是 10……5 和 5 合起来是 10”(如图 8-2-1-4)。

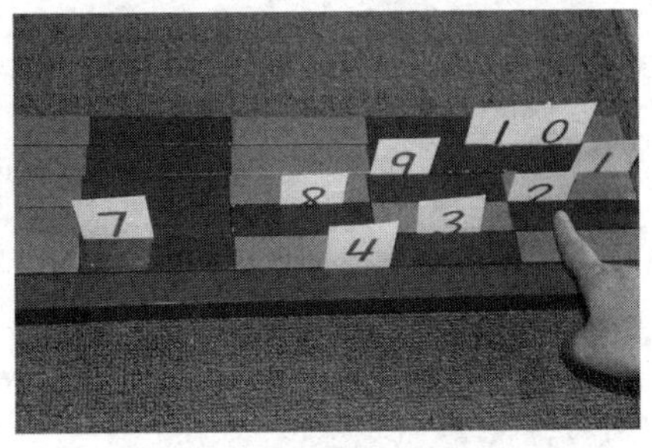

图 8-2-1-4

4. 收回，结束。

变化延伸

1. 数棒 9、8、7 等的合成。

2. 可加入“＋”“＝”符号进行展示。

3. 可配纸张工作。

错误控制 补差排列完成后的长度。

兴趣点 补差的过程。

指导用语

1 和几合起来是 10；2 和几合起来是 10；……一样长的。

注意事项

引入“＋”“－”“＝”符号时，要先用具体形象的方法解释这些符号的意思。

第四次展示：数棒 10 的分解

工作前经验 4.5 岁以上。

操作材料 数棒，2 张工作毯，1～10 的数字卡片。

工作目的

1. 直接目的：初步感受量的分解概念。

2. 间接目的：同本工作第三次展示。

工作步骤

1. 介绍工作名称，散放数棒。

2. 请幼儿按顺序将数棒 10 的合成排列好，数卡摆放好，从左往右触摸数棒 9 和 1，然后在数棒 1 移开的同时说“10 拿走 1 是几”，依次进行“10 拿走 2 是几”……拿走的数棒和数卡依次排列在工作毯的右下角(如图 8-2-1-5)。

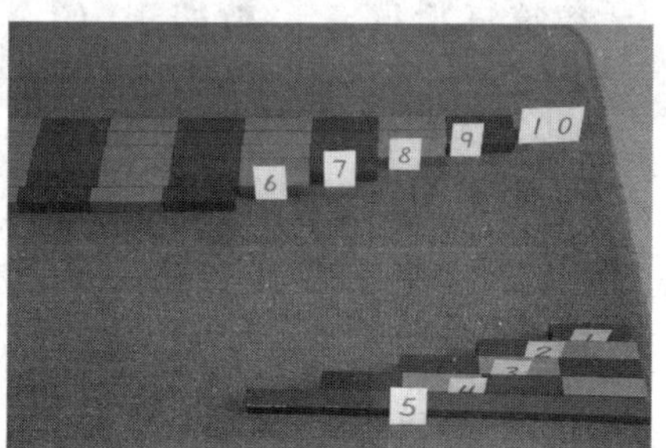

图 8-2-1-5

3. 收回，结束。

变化延伸

1. 数棒 9、8、7 等的分解。

2. 可加入“－”“＝”符号进行展示。

3. 可配纸张工作。

错误控制 幼儿的视觉。

兴趣点 分解的过程。

指导用语

1 和几合起来是 10；2 和几合起来是 10；……一样长的。

注意事项

引入“＋”“－”“＝”符号时，要先用具体形象的方法解释这些符号的意思。

(二)工作名称：砂纸数字板

教具构成

10 块绿色长方形木板，上有砂纸数字。

第一次展示：名称练习

工作前经验

已简单接触过数棒名称练习或年龄在3.5岁以上。

操作材料 1～9的盒装砂纸数字板。

工作目的

1. 直接目的：认识0～9的数字，了解书写笔顺。

2. 间接目的：

(1)锻炼幼儿小肌肉的灵活性和精确性；

(2)为书写做准备；

(3)发展幼儿的秩序感、专注力、协调性和独立性。

工作步骤

1. 介绍工作名称，取教具。

2. 拿出1、2、3三个数字的砂纸数字板反扣在工作毯上(如图8-2-2-1)，盒子置右下角。打开1，教师用右手食指、中指按书写数字的笔顺指画两遍1(如图8-2-2-2)，“1，1这是1，你来感受一下”，请幼儿边指画边说数名，依次介绍剩下的2和3，方法同1。

3. 收教具，结束。

图 8-2-2-1

图 8-2-2-2

变化延伸

1. 同样的方法介绍剩下的数字，每次都要先复习前面的，从1开始。

2. 准备沙箱等，在上面练习写数字。

3. 蘸水在黑板上写数字。

4. 拓印硬币。

5. 临摹数帖。

6. 美工活动：打扮我的数字宝宝。

7. 用谷物等粘贴数字。

错误控制 粗糙的砂纸。

兴趣点 用手指画的过程。

指导用语 这是1，你来感受一下。

注意事项

0 的学习要在纺锤棒与纺锤棒箱的工作完成后再进行。

第二次展示：长条砂纸数字板与盒装砂纸数字板的配对

工作前经验 已有砂纸数字板操作经验。

操作材料 长条砂纸数字板、盒装砂纸数字板。

工作目的

1. 直接目的：巩固 0～9 的数字顺序及书写。

2. 间接目的：

(1)锻炼幼儿小肌肉的灵活性和精确性；

(2)为书写做准备；

(3)发展幼儿的秩序感、专注力、协调性和独立性。

工作步骤

1. 介绍工作名称，取教具。

2. 散放盒装砂纸数字板(如图 8-2-2-3)。

3. 指画长条砂纸数字板 0，在散放的小板中找到 0 直接发音配对，依次将后面的配好对后，观察，收回。

4. 结束。

图 8-2-2-3

图 8-2-2-4

变化延伸 砂纸数字板也可有序摆放。

错误控制 幼儿的记忆。

兴趣点 配对的过程。

指导用语 找到与它一样的。

注意事项

长条砂纸数字板可贴在墙上或桌子上，幼儿可随时描画。

(三)工作名称：纺锤棒与纺锤棒箱

扫码看视频

教具构成

3 个木质长方体箱体，其中两个箱子中间有隔断；45 根木质纺锤棒，是两头细中间粗的纺锤形状。

工作前经验 已有数棒操作经验或年龄在3.5岁以上。

操作材料 纺锤棒与纺锤棒箱。

工作目的

1. 直接目的：让幼儿认识0的发音及概念。

2. 间接目的：

(1)促进幼儿发展数学心智；

(2)培养幼儿的秩序感和专注力；

(3)为幼儿渗透子集和集合的概念；

(4)学习数字的自然排列顺序。

工作步骤

1. 介绍工作名称，取教具。

2. 用纸板将0挡住，让幼儿观察木箱上的数字(如图8-2-3-1)，指读1，点数1根纺锤棒放在右手抓握，放进箱中(如图8-2-3-2)，教师示范到4，请幼儿点数数字5～9，“盒子里还有纺锤棒吗？哪一个箱和它一样？什么也没有就是0。”把纸板拿走露出0(如图8-2-3-3)，“这是0，表示什么也没有。”

3. 从前往后依次取出纺锤棒，送回，结束。

图 8-2-3-1

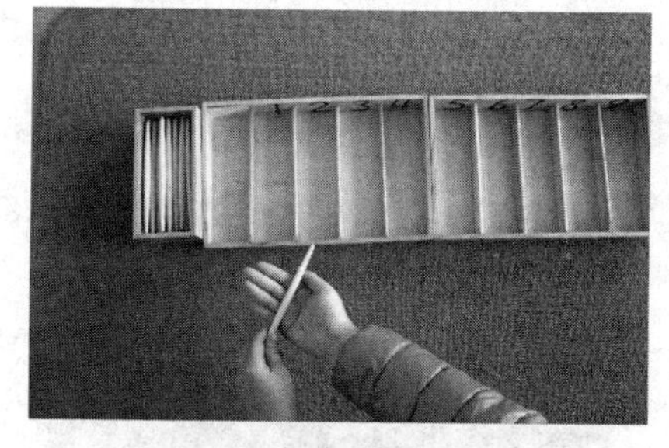

图 8-2-3-2

变化延伸 可改变纺锤棒和纺锤棒箱的形式。

错误控制 纺锤棒的数量。

兴趣点 点数纺锤棒的过程。

指导用语

纺锤棒；纺锤棒箱；0～9的数字；0就是什么都没有。

图 8-2-3-3

注意事项

1. 教师点数纺锤棒时一定要读出声音。

2. 纺锤棒共45根，如果丢失要及时补充。

3. 展示尽量一对一进行。

(四)工作名称：数字与筹码

扫码看视频

教具构成

0～10 的 11 个塑料红色数字，55 片红色圆形木质筹码。

工作前经验

已有纺锤棒箱操作经验或年龄在 3.5 岁以上。

操作材料 数字与筹码。

工作目的

1. 直接目的：练习点数。

2. 间接目的：

(1)促进幼儿数学心智的发展；

(2)为学习奇数和偶数做准备。

工作步骤

1. 介绍工作名称，取教具。

2. 取数字，散放，请幼儿排序(如图 8-2-4-1)。

3. 指读 0，表示什么都没有，不用取筹码；指读数字 1，点数筹码 1，放在数字 1 的下方；指读数字 2，点数筹码 1、2，并排放在数字 2 的下方；指读数字 3，点数筹码 1、2、3，两个并排放，剩下一个筹码放在第一行左侧筹码的下方；依次进行，教师展示 1～5，幼儿操作 6～9(如图 8-2-4-3)。

4. 观察筹码，“哪个数字下方的筹码都有朋友，哪个数字下方的筹码有一枚没有朋友”，将有一枚没有朋友的筹码推放上方，这个数为奇数，剩下的为偶数(如图 8-2-4-4)。

5. 收数字，收筹码，结束。

图 8-2-4-1

图 8-2-4-2

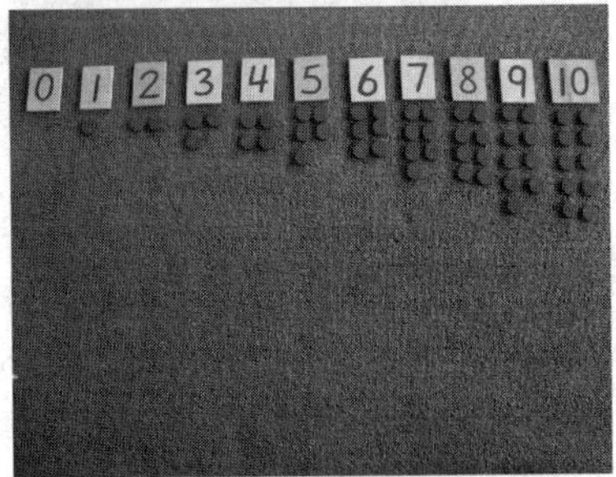

图 8-2-4-3

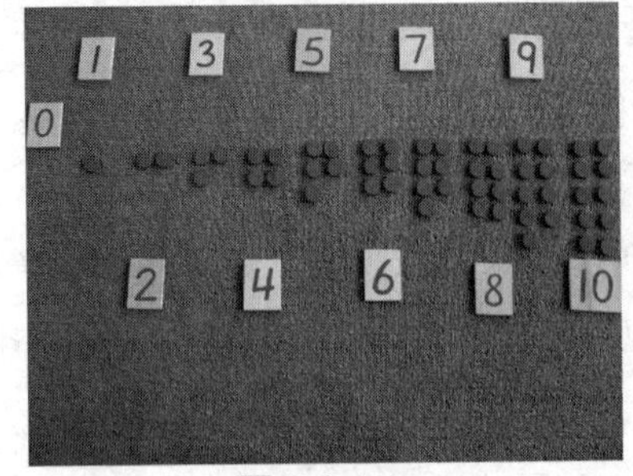

图 8-2-4-4

变化延伸

1. 可结合形式卡排列。

2. 可配奇数和偶数字卡。

3. 可在手工活动中进行粘贴数字与筹码。

错误控制 筹码的数量。

兴趣点 点数排列的过程。

指导用语

1～10的数名；哪个数字下方的筹码都有朋友，哪个数字下方的筹码有一枚没有朋友；奇数、偶数。

注意事项

如果数字里面加0，则第一次展示时要结合形式卡进行。

（五）工作名称：数字与实物的对应游戏

工作前经验

已比较熟悉数量点数或年龄在3.5岁以上。

操作材料 教师自制数字卡。

工作目的

1. 直接目的：练习数和量的对应。

2. 间接目的：

(1)促进幼儿数学心智的发展；

(2)培养幼儿的秩序感和专注力；

(3)为幼儿学习数量概念做准备；

(4)为幼儿学习量的等值概念做准备。

工作步骤

1. 11名幼儿围圈而坐，每名幼儿拿一张数字卡，扣放。

2. 打开数字卡，观察，记忆，再扣放，根据所选数字卡的数字点数小熊钥匙链。

3. 检验：打开数字卡片，检查数与量是否一一对应，请幼儿猜"没有拿钥匙链的小朋友取的数字卡是几？""是0。"

4. 收数字卡，收钥匙链。

变化延伸

生活中幼儿感兴趣的小物品都可以用来做这个练习。

错误控制 物品数量一定是55个。

兴趣点 点数的过程。

指导用语 请你点数你的钥匙链数量。

注意事项

1. 在记忆游戏之前可先进行对应游戏，没有扣放数字卡环节。

2. 在对应游戏时可穿插 0 的游戏。

(六)工作名称：彩色串珠梯①

教具构成

9 串塑料圆形珠粒，1 是红色，2 是绿色，3 是粉色，4 是橙色，5 是浅蓝色，6 是紫色，7 是白色，8 是棕色，9 是深蓝色。

工作前经验

已有数量点数工作经验或年龄在 3.5 岁以上。

操作材料

彩色串珠梯 1 套，小碟 1 个，数珠板(小桥)1 个，棉布 1 块(40cm×40cm)，托盘 1 个。

工作目的

1. 直接目的：练习点数，巩固数与量的对应。

2. 间接目的：

(1)为幼儿学习数量概念做准备；

(2)为幼儿学习量的等值概念做准备；

(3)为学习加减混合计算和数的平方(立方)做间接准备。

图 8-2-5-1

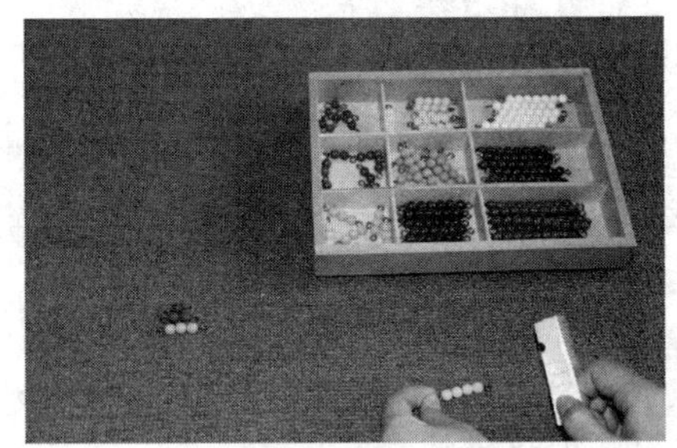

图 8-2-5-2

工作步骤

1. 介绍工作名称，取教具，将串珠散放，注意拿串珠时要捏住边缘。

2. 将串珠从 1～9 排好，介绍“小桥”，“它是用来数珠的”，分别取 1、2、3 个珠粒放工作毯上(如图 8-2-5-1)。捏住串珠边缘拿小桥从左至右切数串珠，“1，这是 1，它是红色的”。请幼儿来切数(如图 8-2-5-2)，同样的方法依次介绍剩下的，完整进行三阶段教学。

3. 收回，结束。

变化延伸

1. 随机切数彩色串珠梯。

2. 为彩色串珠梯配自制数字卡片。

3. 为彩色串珠梯配纸张工作单。

错误控制　彩色串珠梯本身的数量和序列。

---

① 在以下工作介绍中，有时将彩色串珠梯简称为彩串，将彩色串珠简称为彩珠。

兴趣点 串珠梯的形式。

指导用语 彩色串珠梯所代表的1～9的数字及其颜色。

注意事项

1. 彩色串珠梯可以摆成直角三角形或者等腰三角形的形状。

2. 取放彩色串珠时要捏住珠耳。

3. 彩色串珠梯要放在棉布上，用小桥切数。

4. 彩色串珠梯的数字卡片要与对应的串珠的颜色一致。

5. 彩色串珠梯中不包括10。

(七)工作名称：黑白串珠梯

教具构成

9串塑料圆形珠粒，1～5是黑色；6～9的串珠左侧5粒是黑色、其余是白色。

工作前经验

已有彩色串珠梯操作经验或年龄在3.5岁以上。

操作材料

彩色串珠梯1套，黑白串珠梯1套，小碟1个，数珠板1个，棉布1块(40cm×40cm)，托盘1个。

工作目的

1. 直接目的：练习点数，巩固数与量的对应。

2. 间接目的：同“彩色串珠梯”。

工作步骤

1. 介绍工作名称，取彩色串珠和黑白串珠各自散放，重新排好。

2. 将串珠摆好，取红色串珠1放下方，黑色串珠1放其右侧，指红色串珠1问“这是几，你用小桥数数”，指黑珠方法同此。将黑珠放彩珠下面问“一样多吗”，比较后放回上方，依次继续进行，在白珠出现时重点介绍。

3. 分别收回，结束。

变化延伸

1. 随机切数黑白串珠梯。

2. 为黑白串珠梯配自制数字卡片。

3. 为黑白串珠梯配纸张工作单。

错误控制 黑白串珠梯本身的数量和序列。

兴趣点 黑白珠的形式。

指导用语 黑白串珠梯所代表的1～9的数字。

注意事项

1. 黑白串珠梯可以摆放成直角三角形或等腰三角形的形状，摆放时要黑色在左、白色在右。

2. 取放黑白串珠时要捏住珠耳。

3. 黑白串珠梯要放在棉布上，用小桥切数。

(八)工作名称：灰黑串珠梯

教具构成

9 串圆形珠粒，1～5 是灰色；6～9 的串珠左侧 5 粒是灰色，其余是黑色。

工作前经验

已有彩色串珠梯操作经验或年龄在 3.5 岁以上。

操作材料

彩色串珠梯 1 套，灰黑串珠梯 1 套，小碟 1 个，数珠板 1 个，棉布 1 块(40cm×40cm)，托盘 1 个。

工作目的

同“黑白串珠梯”。

工作步骤

同“黑白串珠梯”的操作，将其中“黑白串珠梯”替换为“灰黑串珠梯”。

变化延伸

1. 随机切数灰黑串珠梯。

2. 为灰黑串珠梯配自制数字卡片。

3. 为灰黑串珠梯配纸张工作单。

错误控制　灰黑串珠梯本身的数量和序列。

兴趣点　灰黑珠的形式。

注意事项

1. 灰黑串珠梯可以摆放成直角三角形或等腰三角形的形状，摆放时要灰色在左、黑色在右。

2. 取放灰黑串珠时要捏住珠耳。

3. 灰黑串珠梯要放在棉布上，用小桥切数。

二、数学领域“十进位系统”教具操作活动

(一)工作名称：金色串珠的命名

扫码看视频

教具构成

1 颗粒珠代表 1，1 串串珠代表 10，1 片片珠代表 100，1 块珠块代表 1000，都是塑料质地，颜色为金黄色。

工作前经验

已非常熟悉数量点数工作或年龄在 4.5 岁以上。

操作材料

金色串珠1、10、100、1000各1个，木质托盘1个。

工作目的

1. 直接目的：幼儿初步接触金色串珠的材料，学习十进位系统中数量的名称。

2. 间接目的：同“黑白串珠梯”。

工作步骤

1. 介绍工作名称，取教具摆放于工作台上，从右至左摆放次序为粒珠、串珠、片珠和块珠。

2. 指一粒“1”问“这是几”，指一串珠问：“这串珠子有多少，你知道吗？我们用1比着数一数。”右手拿1在10的右侧比较点数，1个1……10个1是10，这是10，依此法数千，完整进行三阶段教学。

3. 收回1～1000串珠，结束工作。

错误控制

金色串珠本身的尺寸和重量，幼儿对数字的理解。

兴趣点 金黄色串珠的命名。

指导用语 金色串珠；这是1/10/100/1000。

注意事项

1. 用木质托盘盛放金色串珠。

2. 金色串珠在工作毯上的摆放位置是个位在右、千位在左。

3. 教师要注意观察幼儿掌握的情况，以此决定接下来的展示进度。

(二)工作名称：数字卡片的命名

扫码看视频

教具构成

数字卡片均为纸质，具体规格为：1～9绿色正方形，代表个位；10～90蓝色长方形，代表十位；100～900红色长方形，代表百位；1000～9000绿色长方形，代表千位。

工作前经验

已认识金色串珠或年龄在4.5岁以上。

操作材料

大数字卡片1、10、100、1000各1张，金色串珠1、10、100、1000各1个，木质托盘1个。

工作目的

1. 直接目的：幼儿初步接触数字卡片，学习十进位系统中数字符号的名称。

2. 间接目的：同“黑白串珠梯”。

工作步骤

1. 介绍工作名称，取教具。

2. 将金色串珠放在工作毯上，指“1”问“这是几”，拿出数字 1 说“这是 1，它是绿色的。”将其放在金珠下方，依此法介绍到 1000，金珠收回，完整进行三阶段教学。

3. 数字卡收回，结束工作。

变化延伸 先出示数卡，再找对应的金黄色珠。

错误控制 数字卡片本身的尺寸和重量，幼儿对数字的理解。

兴趣点 数卡的命名。

指导用语 数字卡片；这是 1/10/100/1000。

注意事项

1. 数字卡片在工作毯上的摆放位置是个位在右、千位在左。

2. 教师要注意观察幼儿掌握的情况，以此决定接下来的展示进度。

(三)工作名称：金色串珠 9 的排列

工作前经验

已有金色串珠操作经验或年龄在 4 岁以上。

操作材料

金色串珠 9 个 1、9 串 10、9 片 100、9 块 1000，木质托盘 1 个。

工作目的

1. 直接目的：让幼儿认识数位，理解每个数位上最大的量是 9。

2. 间接目的：

(1)促进幼儿数学心智的发展；

(2)培养幼儿的秩序感和专注力；

(3)为幼儿未来学习十进位系统做准备；

(4)为幼儿未来学习四则运算做准备。

工作步骤

1. 介绍工作名称，取教具。

2. 将金色串珠从个位到千位竖着排列在工作毯上，由上至下数到 9 后指着粒珠位置说“这个位置我们叫它个位”，由上至下数到 90 后指着串珠位置说“这个位置我们叫它十位”，以此类推介绍到千位，完整进行三阶段教学。

3. 收回教具，结束工作。

变化延伸 数字卡片 9 的排列。

错误控制 金色串珠本身的尺寸和数量。

兴趣点 排列的过程。

指导用语

1～9000 的数名；数学家把这个位置叫个位/十位/百位/千位。

注意事项

金色串珠在工作毯上摆放的位置是个位在右、千位在左。

(四)工作名称：9的危机

工作前经验

已有金色串珠操作经验或年龄在4.5岁以上。

操作材料

大托盘装有金色串珠9个1、9串10、9片100，小托盘装有1个1、1串10、1片100、1块1000。

工作目的

1. 直接目的：理解位数之间量的进位。

2. 间接目的：同“金色串珠9的排列”。

工作步骤

1. 介绍工作名称，取教具，点数大托盘的金色串珠，将其摆放在工作毯上。

2. 从小托盘取1粒珠子，“这里还有1粒珠子，9粒珠子再添上1粒是多少，我们数数”，粒珠是10，拿出1串珠子比较，一样的，10颗粒珠拿走；1串10放十位上，与原来的9串10一起数是10串10，拿1片100比较，是一样的；10串10拿走，1片100放百位。依此法继续，最后摆成1个1000。

3. 收回教具，结束。

变化延伸　排列进位系统鸟瞰图。

错误控制　幼儿对数量的理解。

兴趣点　1的威力，千的死亡。

指导用语

1个1、2个1、3个1、4个1……9个1；请××帮老师取1个1来；10个1是10；1个10、2个10、3个10……9个10；请××帮老师取1个10来；10个10是100；1个100、2个100、3个100……9个100；请××帮老师取来1个100；10个100是1000。

(五)工作名称：取数量

工作前经验

已熟悉金色串珠和数字卡片或年龄在4.5岁以上。

操作材料

数字卡片若干，木制托盘1个，小碟1个。

工作目的

1. 直接目的：练习数和量的组合方式。

2. 间接目的：

(1)促进幼儿数学心智的发展；

(2)培养幼儿的秩序感和专注力；

(3)为幼儿学习十进位系统做准备；

(4)为幼儿学习四则运算(银行游戏)做准备；

(5)为幼儿学习代数做准备。

工作步骤

1. 介绍工作名称，取教具。

2. 出示图片(教师自己准备图片，图片上方是形象的物品，下方是这个物品的价钱，如冰箱，3789)，读数，引导幼儿取对应的大数字卡片(教师可以进行情境创设，安排一名幼儿扮演数字卡小姐帮助取卡)，从高位取，取数字卡到工作毯上，师幼共同检验。

3. 引导幼儿取量(教师可安排一名幼儿扮演银行先生或银行小姐帮助取金色串珠)，放在工作毯上检查(第二阶段可取特殊的数如5555、5050、5005、505)。

4. 送卡片，送金色串珠，结束工作。

变化延伸

1. 教师可变化不同的语言和数字卡。

2. 此次工作可由两名以上幼儿合作完成。

3. 为幼儿准备白纸若干、彩笔若干，让幼儿自制数字卡后再取数量。

错误控制　幼儿对数量的理解。

兴趣点　数字小姐、银行小姐/先生的称呼。

指导用语　幼儿取数量时的数名。

注意事项

此次工作将为幼儿进行银行游戏做准备，要鼓励幼儿反复练习，使其提高取数量时的正确率。

三、数学领域“连续数的认识”教具操作活动

(一)工作名称：塞根板第一盒(认识11～19)

教具构成

2块长方形木板，每块木板有5个隔断，前9个隔断上印着数字10，可从右侧插入个位数的木板。

工作前经验

已了解数位或年龄在4.5岁以上。

操作材料

塞根板第一盒，彩色串珠1套，金色串珠9串10，小盒子2个。

工作目的

1. 直接目的：让幼儿学习数字11～19的组合形式。

2. 间接目的：为幼儿学习11～19的数字书写做准备。

工作步骤

1. 介绍工作名称，取教具，散放串珠。

2. 上底板放左侧，下底板放右侧，散放数字。

3. 分别请幼儿将数字与彩珠排序。

4. 指底板上的10说是“10”，取一串10放右侧，“它是多少”，取红色串珠1问“这是几”，放在盒10的右侧，“10和1合起来是多少，我们来数数”，“10、11，10和1合起来是11”，将数字1插进塞根板中，“这是11”。教师示范到13，请幼儿合成14～19，完整进行三阶段教学，底板放回原处。

5. 收教具：彩串变彩梯再入盒，金色串珠顺序收回，数字归队，整理收回，将右底板和左底板盖好，结束。

变化延伸 让幼儿书写11～19的数字。

错误控制

幼儿关于数字的知识，金色串珠和彩色串珠的数量。

兴趣点 数字组合的规律。

指导用语 塞根板第一盒，11～19的数名。

注意事项

教师要结合对幼儿的观察合理安排每次教学的容量，以认识3～5个数字为宜。

(二)工作名称：塞根板第二盒

教具构成

2块长方形木板，每块木板有5个隔断，两块木板相应隔断上印刷着数字10～90，可从右侧插入个位数的木板。

第一次展示：认识11～99

工作前经验

已有塞根板第一盒操作经验或年龄在4.5岁以上。

操作材料

塞根板第二盒，彩色串珠梯1盒，金色串珠9串10，小盒子2个。

工作目的

1. 直接目的：让幼儿学习数字11～99的组合形式，理解数字排列的顺序。

2. 间接目的：

(1)为幼儿学习连续数数做准备；

(2)为幼儿学习11～99的数字书写做准备。

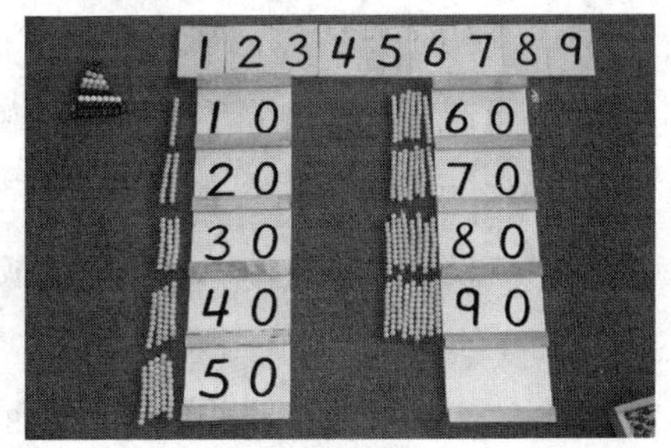

图 8-2-6-1

工作步骤

1. 介绍工作名称，取教具，散放彩珠。

2. 上底板放左侧，下底板放右侧，散放数字。

3. 分别将彩珠与数字排序。

4. 引导幼儿观察两侧底板数字，右底板扣放在左侧底板上 20 以下的数(包括 20)，复习 11～19 的合成；当合成 19 后，问“19 的后面是多少”，拿出两串 10，放底板左侧，打开底板露出 20，示范合成 20～23；其他数字的组数可根据幼儿能力让其自行操作。

5. 收教具，收的方法同塞根板第一盒，结束。

变化延伸

1. 可使用金色串珠 9 个 1、9 串 10 进行数字组合。

2. 让幼儿书写 11～99 的数字。

3. 为塞根板第二盒配数字卡片 11～99。

错误控制

幼儿关于数字的知识，金色串珠和彩色串珠的数量。

兴趣点　数字的组合规律。

指导用语　塞根板第二盒，11～19 的数名。

注意事项

此次展示要根据幼儿的掌握情况，分成 5～9 课时完成。

 第二次展示：11 的倍数

工作前经验

已有加法或乘法计算经验或年龄在 5.5 岁以上。

操作材料

塞根板第二盒，彩色串珠 1 套，金色串珠 45 串 10，小盒子 2 个。

工作目的

1. 直接目的：发现数字之间等量递增的关系。

2. 间接目的：为幼儿学习连加做准备。

工作步骤

1. 介绍工作名称，取教具，散放彩珠。

2. 上底板放左侧，下底板放右侧，散放数字。

3. 请幼儿将珠与数字排序。

4. 与幼儿合成 11～99，“你合成的是?”请幼儿观察这些数字的特点。“个位与十位数字是一样的”，指 11，“这是 11，这个 1 表示一个 10(指一下金珠)，这个 1 表示一个 1 在个位上(指一下彩珠)。”教师举例到 33，剩下的请幼儿说出含义，请幼儿注意“相同的数在不同的数位上表示的量是不一样的”。

5. 收教具。

变化延伸

可用金色串珠45个1、45个10进行操作。

错误控制

幼儿关于数字的知识，金色串珠和彩色串珠的数量。

兴趣点 数字的组合规律。

指导用语 所涉及的数名。

注意事项 根据幼儿情况，安排展示的次数。

(三)工作名称：100板

第一次展示：有控制卡的展示

工作前经验

已有塞根板操作经验或年龄在4.5岁以上。

操作材料

100板(有控制卡)，10个小玻璃杯(上面分别贴有标签，如1～10，11～20，21～30，…，91～100等，每个小玻璃杯内放着相应的数字板)，1个钥匙圈。

工作目的

1. 直接目的：练习数字1～100的正数和倒数。

2. 间接目的：

(1)促进幼儿数学心智的发展；

(2)为幼儿学习十进位系统做准备。

工作步骤

1. 介绍工作名称，取教具，散放数字杯(数字瓶)。

2. 根据序号排列数字，打开控制板，钥匙圈放一侧。

3. 打开1～10的瓶子，散放，将钥匙圈放在控制板1的数字上，找到数字放在底板上，依次边移动钥匙圈边找出对应数字，放入底板。

4. 收回(收时可正收，即正数，也可倒收，即倒数)，结束。

变化延伸

1. 可进行正数，倒数，从任意数开始数的练习。

2. 无控制板排列。

错误控制

100板的控制卡，幼儿对数字序列的理解。

兴趣点 钥匙圈。

指导用语 100板所涉及的数名。

注意事项 注意钥匙圈的使用安全。

第二次展示：奇偶数的发现

工作前经验

已有数字筹码和100板操作经验或年龄在4.5岁以上。

操作材料

100板(有控制卡)，10个小玻璃杯(上面分别贴有标签，如1～10，11～20，21～30，…，91～100等，每个小玻璃杯内放着相应的数字板)，个位金色串珠若干。

工作目的

1. 直接目的：认识100以内的奇数和偶数，并在教师的引导下总结规律。

2. 间接目的：为幼儿学习十进位系统做准备。

工作步骤

1. 介绍工作名称，取教具，按顺序排列数字杯。

2. 打开1～10，按顺序排列在底板上，问“1～10中哪些是奇数，哪些是偶数”；打开11～20，按顺序将数字放在底板上，问“11～20中谁是奇数，谁是偶数”；用金色串珠粒珠来排列，排到11停，请幼儿说出11是奇数，还是偶数；边排列粒珠边询问“12呢？13呢？”说出11～20中的所有奇数和偶数；随机问其他数字分别是什么数。

3. 说总结语，收教具。

变化延伸

1. 在生活中找奇数和偶数。

2. 教师说出任意数，让幼儿来区分是奇数还是偶数。

错误控制 幼儿学习数字与筹码时的经验。

兴趣点 数字的规律。

指导用语

凡是个位数字是1、3、5、7、9的数字是奇数，凡是个位数字是2、4、6、8、0的数字是偶数。

注意事项

教师尽量让幼儿总结出奇数和偶数的规律。

第三次展示：数字接龙游戏

工作前经验

已有100板操作经验或年龄在4.5岁以上。

操作材料

100板(无控制卡)，10个小玻璃杯(上面分别贴有标签，如1～10，11～20，21～30，…，91～100等，每个小玻璃杯内放着相应的数字板)。

工作目的

1. 直接目的：用游戏形式增加幼儿对数字排列顺序的理解。

2. 间接目的：为幼儿学习十进位系统做准备。

工作步骤

1. 介绍工作名称，取教具，邀幼儿同坐到工作毯的周围。

2. 打开瓶子倒出数字，教师将数字分成若干份给幼儿，请幼儿仔细看手里的数字是多少；按顺序请幼儿将听到的数字对应放在底板上，全部找完后，停顿观察。

3. 将数字收回瓶中，结束。

变化延伸

可按特殊规律进行数字接龙。

错误控制　幼儿对数字的理解。

兴趣点　数字的规律。

指导用语　所涉及的数名。

注意事项

最开始进行此次工作时，发给幼儿数字板，以四五块为宜，逐渐增多。

(四)工作名称：100 串珠链

教具构成

金黄色圆形珠链，由 10 串金色串珠 10 连接在一起而成。

工作前经验

已有 100 板操作经验或年龄在 4.5 岁以上。

操作材料

100 串珠链，数字卡片，1～9 各 1 张(绿色、0.5cm 宽)、10～90 各 1 张(蓝色，1cm 宽)、100 的 1 张(红色，1.5cm 宽)，胶卷瓶 3 个(上有标签)，小桥 1 个，金色串珠 1 片 100。

工作目的

1. 直接目的：提高难度，巩固连续数的概念。

2. 间接目的：

(1)为幼儿学习十进位系统做准备；

(2)锻炼幼儿思维和肢体动作的准确性。

工作步骤

1. 介绍工作名称，取教具，瓶子放好，将折成片状的珠链放在工作毯上。

2. 缓慢拉开珠链问：“这条长长的珠链有多少颗金珠？我们来数一数。”打开 1～9 的瓶子倒出数字，拿起小桥从右往左切串珠，每切数一个就放在对应的数字下面，数到 10

停；打开另一瓶10～90，倒出数字将10放好，剩下群数到100，这一串珠有100颗，上下对折成片状，拿出一片100问“这是多少”，与10串10比较是一样多的。

3. 数字、教具收回，结束。

错误控制

100串珠链与数字卡片的对应，幼儿数数的能力。

兴趣点　珠链的数学规律。

指导用语　本工作涉及的数名。

注意事项　100串珠链要从右至左切数。

(五)工作名称：1000串珠链

教具构成

金黄色圆形珠链，由100串金色串珠10连在一起。

工作前经验

已有100串珠链工作经验或年龄在5岁以上。

操作材料

100串珠链，数字卡片1～9各1张(绿色、0.5cm宽)、10～90各1张(蓝色，1cm宽)、100的1张(红色，1.5cm宽)，胶卷瓶3个(上有标签)，小桥1个，金色串珠10片100、1块1000。

工作目的

1. 直接目的：提高难度，巩固连续数的概念。

2. 间接目的：同“100串珠链”。

工作步骤

同“100串珠链”的工作步骤，最后合10片100与1000比较。

变化延伸

将1000串珠链摆成不同的样子进行切数。

错误控制

1000串珠链与数字卡片的对应。

兴趣点　金黄色珠的变化。

指导用语　1000串珠链，所涉及的数名。

注意事项

1. 1000串珠链可摆成任意样子，但注意首尾不要相连。

2. 可进行数字卷的书写。

四、数学领域“四则运算”教具操作活动

(一)工作名称：加法银行游戏

第一次展示：金色串珠的交换

工作前经验

已有十进位系统操作经验或年龄在 4.5 岁以上。

操作材料

金色串珠 45 个 1，小盒子 1 个。

工作目的

1. 直接目的：能正确交换金色串珠。

2. 间接目的：为幼儿学习四则运算中的进位和退位做准备。

工作步骤

1. 介绍工作名称，取教具。

2. 请幼儿拿托盘去银行取量，放在工作毯上，从低位开始点数，满 10 引导幼儿去换串珠，最后说出总数，反复练习直到幼儿能够正确地点数数量。

3. 收回，结束。

变化延伸

1. 用若干串金色串珠 10 去交换金色串珠 100。

2. 用若干片金色串珠 100 去交换金色串珠 1000。

3. 用 1 块金色串珠 1000 去交换金色串珠 100、10、1。

4. 在生活中用实物进行等量交换，如钱币等。

错误控制　金色串珠本身的量，幼儿对数量的理解。

兴趣点　取量的过程。

指导用语

我要去银行用 10 个 1 换 1 个 10；我要去银行用 10 个 10 换 1 个 100；我要去银行用 10 个 100 换 1 个 1000；我要去银行用 1 个 1000 换 10 个 100；我要去银行用 1 个 100 换 10 个 10；我要用 1 个 10 换 10 个 1。

注意事项

教师要鼓励幼儿多操作此项工作，以达到非常熟练且准确的程度。

第二次展示：不进位的加法

工作前经验

已能正确取数量且理解合成的概念或年龄在 4.5 岁以上。

操作材料

木质空托盘1个，小碟1个，题卡若干，小袋子1个，金色串珠及数字卡片若干，加号卡片1张，红线1根。

工作目的

1. 直接目的：初步接触加法的计算方法，理解加法的概念。

2. 间接目的：为幼儿学习代数做准备。

工作步骤

以题卡“1324＋2163＝”为例：

介绍工作名称，编情境(如春天来了，小朋友们要去春游，幼儿园要为我们买春游用品，需要1324元，还要为我们安排汽车，需要2163元，那么我们这次春游一共需要多少钱呢？请小朋友和老师一起算一算)，取教具，读题卡。

图 8-2-7-1

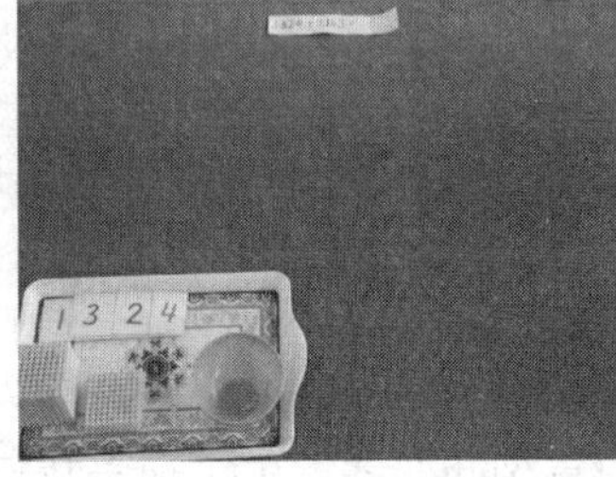

图 8-2-7-2

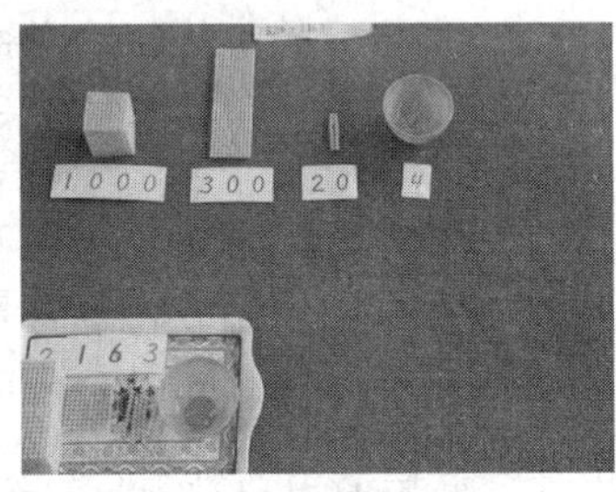

图 8-2-7-3

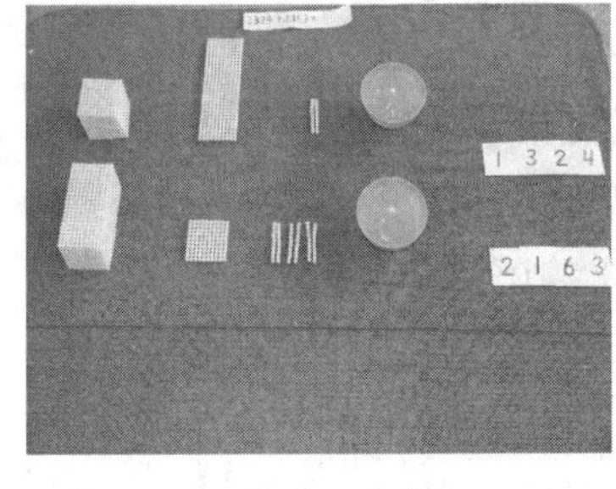

图 8-2-7-4

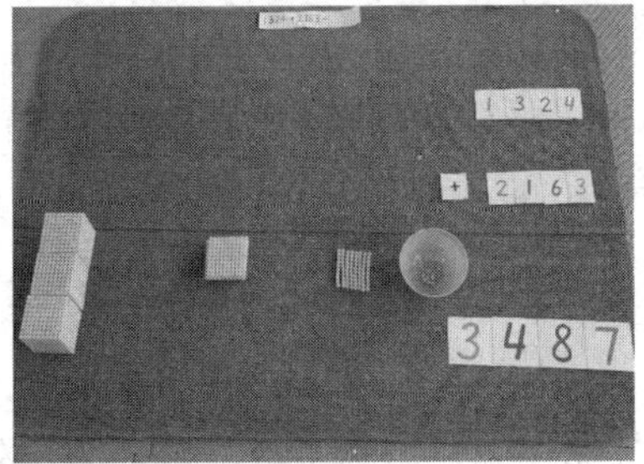

图 8-2-7-5

变化延伸

1. 教师启发幼儿解题时可引入生活中的不同场景。

2. 可由几名幼儿共同合作完成此项工作，比较适宜的人数是3人。

错误控制

金色串珠本身所代表的量，师幼互动中的反馈，题卡背面的得数。

兴趣点

形象计算的过程。

指导用语

银行游戏；我现在要去取××的金色串珠和小数字卡片；我们把个位/十位/百位/千位的金色串珠合在一起数数是多少；个位/十位/百位/千位的得数是××；我们取一张××

的大数字卡片；最后的得数是××。

注意事项

1. 书写题卡时，要注意使不同位数的颜色和字卡的规律保持一致。

2. 教师所举的例子要和生活接近。

3. 金色串珠在工作毯上摆放时是个位在右、千位在左。

4. 用小数字卡片代表加数，用大数字卡片代表得数。

5. 计算的得数不能大于 9999，教师在为幼儿制作题卡时要考虑加数的大小。

第三次展示：进位的加法

工作前经验

已有不进位加法银行游戏操作经验。

操作材料

木质空托盘 1 个，小碟 1 个，题卡若干，小袋子 1 个，金色串珠及数字卡片若干，加号卡片 1 张，红线 1 根。

工作目的

1. 直接目的：掌握加法进位计算的方法，理解加法的概念。

2. 间接目的：为幼儿学习代数做准备。

工作步骤

以题卡“1452＋3129＝”为例：

1. 编情境，介绍工作名称，取教具。

2. 取小卡 1452，请幼儿去银行取相等的量，放置在工作毯上；从高位检查，卡片放在量珠下方，依次取 3、1、2、9 小卡与量合并检查，“现在我们把两次取来的量合在一起”，重叠小卡置右，将量珠从个位至千位合在一起，出示红线放在下面，从个位开始点数，量珠放红线下方；每点数一位取对应的大卡放量珠下方，点数个位时数到 10 就去银行用 10 颗 1 换一串 10，放在十位；依次点数完后重叠大卡置右，出示“＋”号，放竖式里，指念算式，拿出题卡写计算结果，根据题卡背面的答案进行订正。

3. 收教具：收小卡、大卡、金色串珠、符号和红线。

变化延伸

1. 教师启发幼儿解题时可引用生活中的不同场景。

2. 可由几名幼儿共同合作完成此项工作，比较适宜的人数是 3。

错误控制

金色串珠本身所代表的量，师幼互动中的反馈，题卡背面的得数。

兴趣点

形象化计算的过程。

指导用语

银行游戏；我现在要去取××的金色串珠和小数字卡片；我们把个位/十位/百位/千位的

金色串珠合在一起数数是多少；个位的金色串珠满 10 了，我们用这 10 个 1 去银行换 1 个 10；个位/十位/百位/千位的得数是××；我们取一张××的大数字卡片；最后的得数是××。

注意事项

1. 教师所举的例子要贴近生活。

2. 金色串珠在工作毯上摆放时是个位在右、千位在左。

3. 用小数字卡片代表加数，用大数字卡片代表得数。

4. 计算的得数不能大于 9999，教师在为幼儿制作题卡时要考虑加数的大小。

第四次展示：连续数的加法(相同的数字)

工作前经验

已有加法银行游戏操作经验。

工作目的

1. 直接目的：掌握多数连加的计算方法，理解加法的概念。

2. 间接目的：为幼儿学习代数计算做准备。

工作步骤

以题卡“1111＋1111＋1111＝”为例：

1. 编情境，介绍工作名称，取教具。

2. 取小卡 1111，请幼儿去银行取相等的量，放置工作毯上，从高位检查，卡片放在量珠下方，取 3 次，依次竖向排列；“现在我们把 3 次取来的量合在一起”，重叠小卡置右，将量珠从个位至千位合在一起，出示红线放在下面，从个位开始点数量珠并放在红线下方；每点数一位取对应的大卡放量珠下方，重叠大卡置右，出示“＋”号，放竖式里，指念算式，拿出题卡写计算结果，根据题卡背面的答案进行订正。

3. 收教具：收小卡、大卡、金色串珠、符号和红线。

变化延伸

可进行连续的不相同数字的加法。

指导用语

银行游戏；我现在要去取××的金色串珠和小数字卡片；我们把个位/十位/百位/千位的金色串珠合在一起数数是多少；个位的金色串珠满 10 了，我们用这 10 个 1 去银行换 1 个 10；个位/十位/百位/千位的得数是××；我们取一张××的大数字卡片；最后的得数是××。

说明：其余内容与第三次展示相同。

(二)工作名称：乘法银行游戏

第一次展示：不进位的乘法

工作前经验

已有加法银行游戏操作经验或年龄在 5 岁以上。

操作材料

木质空托盘1个，小碟1个，题卡若干，小袋子1个，金色串珠及数字卡片若干，乘号卡片1张，红线1根。

工作目的

1. 直接目的：初步接触乘法的计算方法，理解乘法的概念。

2. 间接目的：

(1)促进幼儿数学心智的发展；

(2)培养幼儿的秩序感和专注力；

(3)为幼儿学习代数计算做准备。

工作步骤

以题卡“1231×2＝”为例：

1. 编情境，介绍工作名称，取教具。

2. 请幼儿取1231小卡，取相同的量，取回检查；“请你再取一次1231的小卡与量”，检查；“我们把两次取来的量合在一起”，方法同加法，最后重叠大卡置右；“1231我们取了几次”，出示小卡2，替换一组1231，将其扣放；出示乘号介绍，“这个符号是乘号，表示相同的数取了几次”，指念算式，出示题卡，检查订正。

3. 收教具。

变化延伸

1. 教师启发幼儿解题时可引用生活中的场景。

2. 可由几名幼儿共同合作完成此项工作，比较适宜的人数是3。

错误控制

金色串珠本身所代表的量，题卡背面的得数。

兴趣点　形象计算的魅力。

指导用语

银行游戏；我现在要去取××的金色串珠和小数字卡片；这是第一次/第二次/第三次的××；我们把个位/十位/百位/千位的金色串珠合在一起数数是多少；个位/十位/百位/千位的得数是××；我们取一张××的大数字卡片；最后的得数是××。

注意事项

1. 教师所举的例子要贴近生活。

2. 金色串珠在工作毯上摆放时是个位在右、千位在左。

3. 用小数字卡片代表加数，用大数字卡片代表得数。

4. 计算的得数不能大于9999，教师在为幼儿制作题目卡时要考虑被乘数和乘数的大小。

第二次展示：进位的乘法

本展示在操作材料、工作步骤与注意事项等方面与第一次展示十分接近，有所区别

的是引入了进位的概念。进位的操作方法同加法进位。

(三)工作名称：减法银行游戏

第一次展示：不退位的减法

工作前经验

已有银行游戏操作经验或年龄在5岁以上。

操作材料

木质空托盘1个，小碟1个，题目卡若干，小袋子1个，金色串珠及数字卡片若干，减号卡片1张，红线1根。

工作目的

1. 直接目的：初步接触减法的计算方法，理解减法的概念。

2. 间接目的：略。

工作步骤

以题卡“3421－2119＝”为例：

1. 编情境，介绍工作名称，取教具。

2. 取3421大卡与量珠，检查，“我要从3421里拿走一部分但不都拿走，我拿走2119”，出示2119小卡放托盘里(如图8-2-8-1)，从个位开始拿量(金色串珠)放托盘中，从高位检查，重叠大卡置右，2119放算式里，出示红线放好；“我们数数还剩下多少量”，从个位开始点数放红线下方，每数完一位取对应小卡，重叠答案置右，出示减号，“这个符号是减号，表示被拿走，减去”，指念算式，题卡订正，写计算结果(如图8-2-8-2)。

图 8-2-8-1

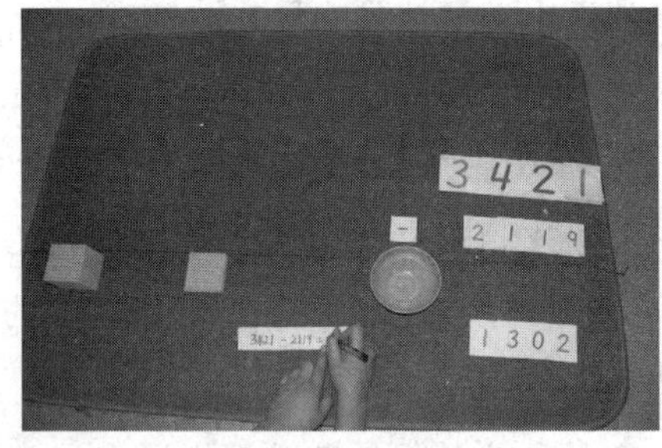

图 8-2-8-2

3. 收教具。

变化延伸

1. 教师启发幼儿解题时可引用生活中的不同场景。

2. 可由几名幼儿共同合作完成此项工作，比较适宜的人数是3。

错误控制

金色串珠本身所代表的量，题卡背面得数。

兴趣点

形象计算的过程。

指导用语

银行游戏；我现在要去取××的金色串珠和大数字卡片；我现在要去取××的小数字卡片；我们用个位的×减去×，还剩下×；个位的得数是×，我们取一张×的小数字卡片；最后的得数是××。

注意事项

用大数字卡片代表被减数，用小数字卡片代表减数和得数。

第二次展示：退位的减法

工作步骤

以题卡“3152－1357＝”为例：

1. 编情境，介绍工作名称，取教具。

2. 取3152大卡与量珠，检查，“我要从3152里拿走一部分但不都拿走，我拿走1357”，出示1357小卡放托盘里，从个位开始拿量放托盘中，从高位检查，重叠大卡置右，1357放算式里，出示红线放好；“我们数数还剩下多少量”，从个位开始点数放红线下方，从2个里面拿走7个不够拿，从前面的十位借一串10，去银行换10颗1，和原来的2颗放在一起，拿走7颗，还剩下5颗；每数完一位取对应小卡，重叠答案置右，出示减号，指念算式，写计算结果，题卡订正。

3. 收教具。

指导用语

银行游戏；我现在要去取××的金色串珠和大数字卡片；我现在要去取××的小数字卡片；我们用个位的×减去×，不够减向十位借1个10，我们去银行把这1个10换成10个1；我们继续减，个位还剩下×；个位的得数是×，我们取一张×的小数字卡片；最后的得数是××。

说明：其余内容同第一次展示。

(四)工作名称：除法银行游戏

第一次展示：不退位且整除的除法

工作前经验

已有银行游戏操作经验或年龄在5岁以上。

操作材料

题卡若干，小袋子1个，金色串珠及数字卡片若干，除号卡片1张，红线1根，若干套托盘和小碟(除数是几即有几套，用来盛放得数)。

工作目的

1. 直接目的：初步接触除法的计算方法，理解除法的概念。

2. 间接目的：略。

工作步骤

以题卡“2846÷2＝”为例：

1. 设计情境，介绍工作名称，取教具。

2. 取2846大卡、量珠，“我要把2846的量平均分给两个人，我要分得很公平”；请幼儿拿好托盘，从高位开始分，“你1000，你1000……千位分完了”，像这样依次将量珠分给幼儿；“请你们数数托盘里分到了多少金色串珠，取对应的小数字卡片放好”，重叠大卡，小卡放横式中；“老师将2846分给了几个人”，出示小卡2放横式里，出示除号介绍，“这个符号是除号，表示平均分配”，指念算式订正。

3. 收教具，结束。

变化延伸

1. 教师启发幼儿解题时可引用生活中的不同场景。

2. 可由几名幼儿共同合作完成此项工作，比较适宜的人数是3。

错误控制

金色串珠本身所代表的量，题卡背面的得数。

兴趣点

减法计算的过程。

指导用语

银行游戏；我现在要去取××的金色串珠和大数字卡片；我现在要去取×的小数字卡片；我们将千位的金色串珠分给这×个小朋友，记住每个小朋友要一样多；分给你1000，分给你1000……；每个小朋友分到了×个1000，千位的得数是×，我们取一张×的小数字卡片；每个小朋友分到××，最后的得数是××。

注意事项

1. 教师所举的例子要贴近幼儿生活。

2. 金色串珠在工作毯上摆放时是个位在右、千位在左。

3. 用大数字卡片代表被除数，用小数字卡片代表除数和得数。

第二次展示：退位且整除的除法

工作步骤

略，不够分时借位方法同减法的借位。

指导用语

银行游戏；我现在要去取××的金色串珠和大数字卡片：我现在要去取×的小数字卡片；我们将千位的金色串珠分给这×个小朋友，记住每一个小朋友要一样多；分给你

1000、分给你1000……；还剩下1000不够分，我们去银行用这1个1000换成10个100；每个小朋友分到×个1000，千位的得数是×，我们取一张×的小数字卡片；现在让我们分百位上的金色串珠……；每个小朋友分到××，最后的得数是××。

说明：其余内容与第一次展示相同。

第三次展示：不退位且有余数的除法

操作材料

题卡若干，小袋子1个，金色串珠及数字卡片若干，除号卡片1张，红线1根，若干套托盘和小碟(除数是几即有几套，用来盛放得数)，另准备1个小碟用来盛放余数。

工作步骤

略，参照退位且有余数的除法。

指导用语

银行游戏；我现在要去取××的金色串珠和大数字卡片；我现在要去取×的小数字卡片；我们将千位的金色串珠分给这×个小朋友，记住每一个小朋友要一样多；分给你1000，分给你1000……；每个小朋友分到了×个1000，千位的得数是×，我们取一张×的小数字卡片；个位还剩×个不够分，这是多余的，放在这个小碟子里；每个小朋友分到××，还余下×，最后的得数是××。

注意事项

用大数字卡片代表被除数，用小数字卡片代表除数、得数和余数。

说明：其余内容与第一次展示相同。

第四次展示：退位且有余数的除法

工作前经验

已有银行游戏操作经验或年龄在5岁以上。

操作材料

题卡若干，小袋子1个，金色串珠及数字卡片若干，除号卡片1张，红线1根，若干套托盘和小碟(除数是几即有几套，用来盛放得数和余数)。

工作步骤

以题卡“1445÷2=”为例：

1. 设计情境，介绍工作名称，取教具。

2. 取1445大卡和量珠(如图8-2-9-1)，“我要把1445的量平均分给两个人，我要分得很公平”；请幼儿拿好托盘摆好(如图8-2-9-2)，从高位开始分，“你1000，你1000……千位分完了”，像这样依次将量珠分给幼儿；“请你们数数托盘里分到了多少金色串珠，取对应的小数字卡片放好”，重叠大卡，小卡放横式中；“老师将1445分给了几个人”，出示小卡2放横式里，出示除号介绍，“这个符号是除号，表示平均分配”，指念算式(如图8-

2-9-3)，写计算结果，订正。

3. 收教具，结束。

图 8-2-9-1

图 8-2-9-2

指导用语

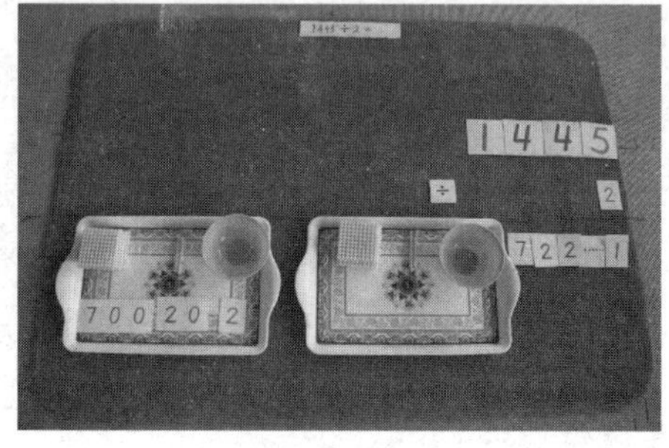

图 8-2-9-3

银行游戏；我现在要去取××的金色串珠和大数字卡片；我现在要去取×的小数字卡片；我们将千位的金色串珠分给这×个小朋友，记住每一个小朋友要一样多；分给你 1000，分给你 1000……；还剩下 1000 不够分，我们去银行用这一个 1000 换成 10 个 100；每个小朋友分到×个 1000，千位的得数是×，我们取一张×的小数字卡片；现在让我们分百位上的金色串珠……；个位还剩×个不够分，这是多余的，放在这个小碟子里，每个小朋友分到××，还余下×，最后的得数是××余×。

注意事项

用大数字卡代表被除数，用小数字卡代表除数、得数和余数。

说明：其余内容同本工作第一次展示。

(五)工作名称：加法邮票游戏

第一次展示：不进位的加法

工作前经验

已有加法银行游戏操作经验或年龄在 5 岁以上。

操作材料

邮票游戏盒，题卡若干，小袋子 1 个，大数字卡片若干，加号卡片 1 张，红线 1 根。

工作目的

1. 直接目的：用较抽象的材料加深幼儿对加法概念的理解，提高幼儿计算的能力。

2. 间接目的：略。

工作步骤

以题卡“2132＋3241＝”为例：

1. 出示题卡。

2. 放定位图片与小人。

3. 取 2132 的邮票总数，再取 3241 的邮票与 2132 邮票保持距离，把两次取来的邮票合起来从个位开始数，出示红线，从个位开始点数邮票放到杯子里，数完直接写答案，拿出题卡订正。

4. 送回邮票、定位小人、圆片和红线。

变化延伸

教师启发幼儿解题时可引用生活中的不同场景。

错误控制

金色串珠本身所代替的量，师幼互动中的反馈，题卡背面的得数。

兴趣点

形象计算的过程。

指导用语

邮票游戏；我现在取××的邮票；我们把个位/十位/百位/千位的邮票合在一起数数是多少；个位/十位/百位/千位的得数是××；我们取一张××的大数字卡片；最后的得数是××。

注意事项

1. 教师所举例子要贴近幼儿生活。

2. 邮票在工作毯上摆放时是个位在右、千位在左。

3. 用大数字卡代表得数。

4. 计算的得数不能大于 9999，教师在为幼儿制作题卡时要考虑加数的大小。

第二次展示：进位的加法

工作步骤

以题卡“2346＋3125＝”为例：

1. 出示题卡，请幼儿抄题。

2. 放定位图片与小人(如图 8-2-10-1)。

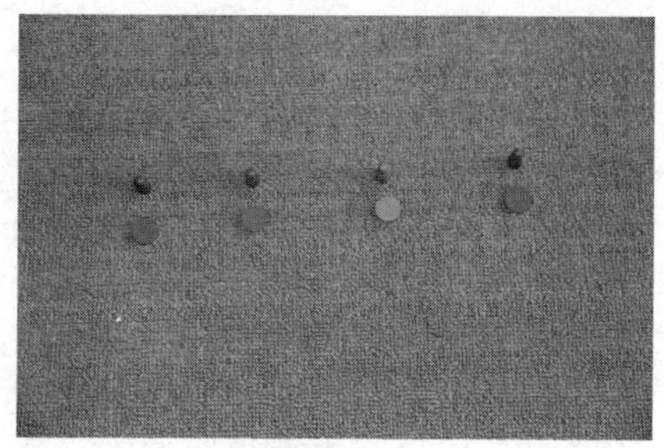

图 8-2-10-1

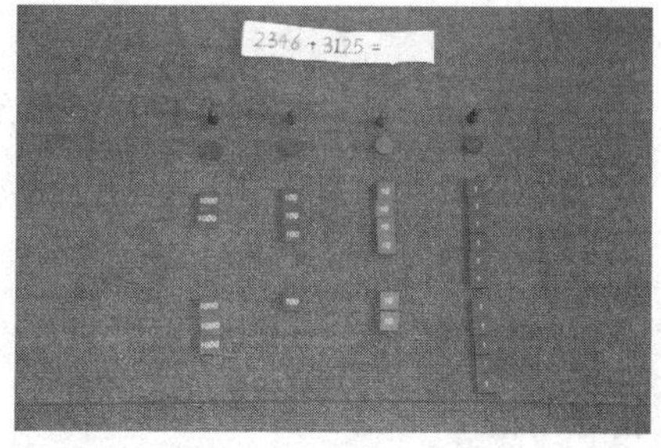

图 8-2-10-2

3. 取 2346 的邮票总数，再取 3125 的邮票与之保持距离，把两次取来的邮票合起来从个位开始数，出示红线(如图 8-2-10-2)；从个位开始点数邮票放到杯子里，数完直接写答案，若超过 10 直接拿杯子去换；换回的邮票放在红线上，数前位时先数红线上的邮票，拿出题卡订正。

4. 送回邮票、小人、圆片和红线。

指导用语

邮票游戏；我现在取××的邮票；我们把个位/十位/百位/千位的邮票合在一起数数是多少；个位的邮票满 10 了，我们用这 10 个 1 去银行换 1 个 10；个位/十位/百位/千位的得数是××；我们取 1 张××的大数字卡片；最后的得数是××。

说明：其余内容同本工作第一次展示。

第三次展示：连续数的加法

工作步骤

略，将取的量竖向排列，其他方法同前两次展示。

指导用语

邮票游戏；我现在取××的邮票；我们把个位/十位/百位/千位的邮票合在一起数数是多少；个位的邮票满 10 了，我们用这 10 个 1 去银行换 1 个 10；个位/十位/百位/千位的得数是××；我们取 1 张××的大数字卡片；最后的得数是××。

说明：其余内容同本工作第一次展示。

(六)工作名称：乘法邮票游戏

第一次展示：不进位的乘法

工作前经验

已有加法邮票游戏操作经验或年龄在 5 岁以上。

操作材料

邮票游戏盒，题目若干，小袋子 1 个，大数字卡片若干，加号卡片 1 张。

工作目的

1. 直接目的：用较抽象的材料加深幼儿对乘法概念的理解，提高幼儿计算能力。

2. 间接目的：略。

工作步骤

略，同连续数的加法。

指导用语

邮票游戏；我现在取××的邮票，这是第一次/第二次/第三次的××，我们把个位/十位/百位/千位的邮票合在一起数数是多少；个位的邮票满 10 了，我们用这 10 个 1 去银行换 1 个 10；个位/十位/百位/千位的得数是××；我们取 1 张××的大数字卡片，最后的得数是××。

说明：其余内容同“加法邮票游戏”。

第二次展示：进位的乘法

本展示内容同第一次展示。

(七)工作名称：减法邮票游戏

第一次展示：不退位的减法

工作前经验

已有减法银行游戏操作经验或年龄在 5 岁以上。

操作材料

邮票游戏盒，题卡若干，小袋子 1 个，大数字卡片若干，减号卡片 1 张，红线 1 根。

工作目的

1. 直接目的：用较抽象的材料加深幼儿对减法概念的理解，提高幼儿的计算能力。

2. 间接目的：略。

工作步骤

以题卡“4357－2132＝”为例：

1. 介绍工作名称，出示题卡。

2. 放定位图片与小人。

3. 取 4357 的邮票总数，然后从 4357 中拿走 2132 个，先从个位拿，依次放到准备好的杯子里，出示红线；从个位开始点数邮票放到红线下面的杯子里，数完直接写答案，拿出题卡订正。

4. 送回邮票、定位小人、圆片、红线。

指导用语

邮票游戏；我现在取××的邮票；我现在要去取××的小数字卡片；我们用个位的×减去×，还剩下×；个位的得数是×，我们取一张×的小数字卡片，最后的得数是××。

注意事项

用小数字卡片代表减数和得数。

第二次展示：退位的减法

工作步骤

略，借位方法同银行游戏。

指导用语

邮票游戏；我现在要去取××的邮票；我现在要去取××的小数字卡片；我们用个位的×减去×，不够减向个位借 1 个 10；我们去银行把 1 个 10 换成 10 个 1；我们继续减，个位上的还剩下×，个位的得数是×；我们取一张×的小数字卡片，最后的得数是××。

说明：其他内容同本工作第一次展示。

(八)工作名称：除法邮票游戏

第一次展示：不退位且整除的除法

工作前经验

已有除法银行游戏操作经验或年龄在 5 岁以上。

操作材料

邮票游戏盒，小碟子 1 个，题卡若干，小袋子 1 个，小数字卡片若干，除号卡片 1 张，红线 1 根。

工作目的

1. 直接目的：用较抽象的材料加深幼儿对除法概念的理解，提高幼儿的计算能力。

2. 间接目的：略。

工作步骤

以题卡“3366÷3＝”为例：

1. 介绍工作名称，出示题卡。

2. 放定位图片与小人。

3. 取 3366 的邮票总数，平均分成 3 份，并将其排列在红线下方，点数，写计算结果，然后检验。

4. 收回，结束。

指导用语

邮票游戏；我现在要去取××的邮票；我现在要去取×的小数字卡片；我们将千位的邮票分给这×个小朋友，记住每个小朋友要一样多；分给你 1000，分给你 1000……；每个小朋友分到了×个 1000，千位的得数是×，我们取一张×的小数字卡片；每个小朋友分到××，最后的得数是××。

注意事项

用小数字卡片代表除数和得数。

说明：其他内容同“加法游戏”。

 第二次展示：退位且整除的除法

工作步骤

略，借位方法同银行游戏除法借位。

指导用语

邮票游戏：我现在要去取××的邮票；我现在要去取×的小数字卡片；我们将千位的邮票分给这×个小朋友，记住每个小朋友要一样多；分给你1000、分给你1000……；还剩下1000不够分，我们去银行用这1个1000换成10个100；每个小朋友分到了×个1000，千位的得数是×，我们取一张×的小数字卡片；现在让我们分百位上的邮票……；每个小朋友分到××，最后的得数是××。

说明：其他内容同本工作第一次展示。

 第三次展示：不退位且有余数的除法

工作步骤

略，方法同除法银行游戏。

指导用语

邮票游戏；我现在要去取××的邮票；我现在要去取×的小数字卡片；我们将千位的邮票分给这×个小朋友，记住每个小朋友要一样多；分给你1000，分给你1000……；每个小朋友分到了×个1000，千位的得数是×，我们取一张×的小数字卡片；个位还剩×个不够分，这是多余的，放在这个小碟子里；每个小朋友分到××，还余下×，最后的得数是××余×。

说明：其他内容同本工作第一次展示。

 第四次展示：退位且有余数的除法

工作步骤

略，方法同除法银行游戏。

指导用语

邮票游戏；我现在要去取××的邮票；我现在要去取×的小数字卡片；我们将千位的邮票分给这×个小朋友，记住每个小朋友要一样多；分给你1000，分给你1000……；还剩下1000不够分，我们去银行用这1个1000换成10个100；千位的得数是×，我们取一张×的小数字卡片；现在让我们分百位上的邮票……；个位还剩×个不够分，这是多余的，放在这个小碟子里；每个小朋友分到××，还余下×，最后的得数是××余×。

说明：其他内容同本工作第一次展示。

(九)工作名称：加法板

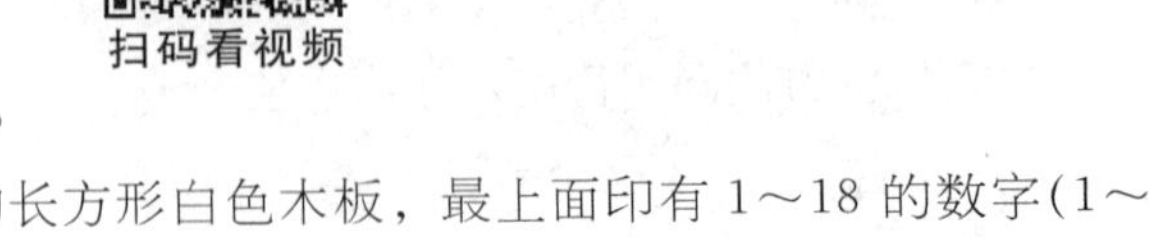

教具构成

包括加法板、蓝色定规、红色定规。

加法板：是一块印有 12×18 方格的长方形白色木板，最上面印有 1～18 的数字(1～10 是红色数字，11～18 是蓝色数字)，数字 10 之后有一条红色的线(如图 8-2-11)。

蓝色定规：9 块蓝色由短至长的长方形木板。

红色定规：9 块红色由短至长的长方形木板。

工作前经验

已有银行游戏和邮票游戏操作经验或年龄在 5 岁以上。

工作目的

1. 直接目的：练习 1～9 任意两个数的加法。

2. 间接目的：

(1)帮助幼儿发现并总结加法的计算规律；

(2)为幼儿将来学习抽象数学做准备。

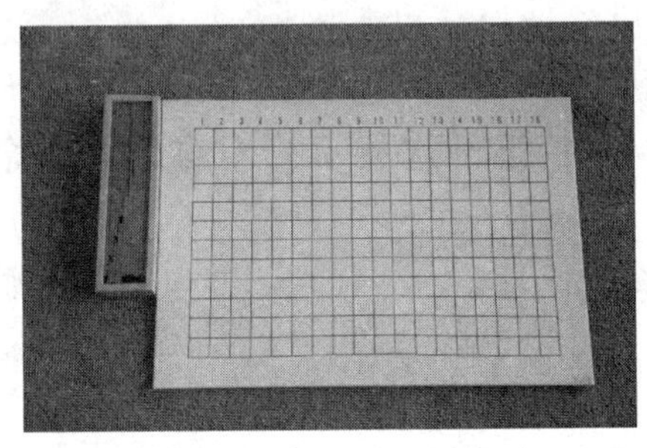

图 8-2-11

工作步骤

1. 介绍工作名称，取教具。

2. 将红色、蓝色定规排好，蓝在左，红在右，读出“9＋4＝”，将蓝色 9 放板上，取红色 4 放 9 的后面，引导幼儿说出答案，“9＋4＝13”，定规指值，收回结束。

变化延伸

1. 做加法板的 10 的合成的工作(9 的合成、8 的合成等)。

2. 可为加法板配上题卡(最开始时不要让幼儿做过多的题目，保持在 3～5 题为宜，逐渐增至 9 道题目)。

错误控制　加法板本身的格子，加法订正板。

兴趣点　计算形式的变化。

指导用语

我们来做一道加法题，题目是×加上×，得数是×。

注意事项

1. 蓝色定规和红色定规是加数，加法板上印刷的 1～18 的数字是得数。

2. 此项工作可由两名幼儿合作完成。

(十)工作名称：减法板

教具构成

包括减法板、蓝色定规、红色定规、原色定规(如图 8-2-12-1)。

减法板：一块印有 12×18 方格的白色长方形木板，最上面印有 1～18 的数字(1～10 是蓝色数字、11～18 是红色数字)，数字 10 之后有一条红色的线。

蓝色定规：9 块蓝色由短至长的长方形木板。

红色定规：9 块红色由短至长的长方形木板。

原色定规：17 块原木色由短至长的长方形木板。

工作前经验

已有银行游戏、邮票游戏操作经验或年龄在 5 岁以上。

工作目的

1. 直接目的：练习得数在 0～9 的减法。

2. 间接目的：

帮助幼儿发现并总结减法的计算规律。

工作步骤

1. 介绍工作名称，取教具，散放红色和蓝色定规。

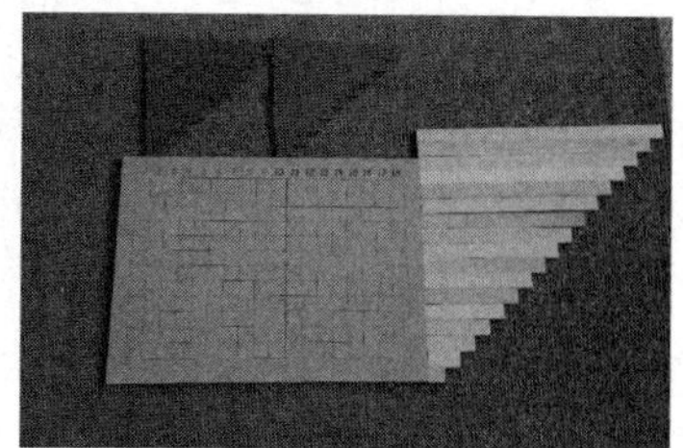

图 8-2-12-1

2. 红色定规在左、蓝色定规在右摆好，原色定规放在右下方(如图 8-2-12-1)，读题“15－8＝”，左手指 15，右手数 15 后面的数字，取原色定规第 3 根，盖住 15 后面的数，取蓝色定规 8 放在 15 的下面(如图 8-2-12-2)，引导幼儿数前面的量，取对应的红色定规，引导幼儿说出得数 7(如图 8-2-12-3)，定规尺归位。

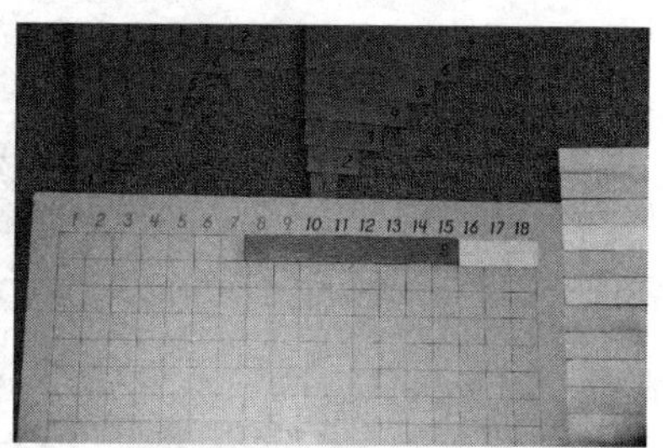

图 8-2-12-2

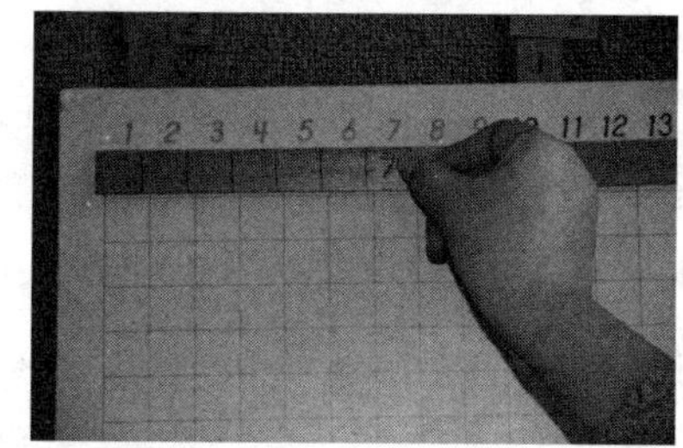

图 8-2-12-3

3. 收回，结束。

变化延伸

1. 做减法板的 10 的减法工作(9 的减法、8 的减法等)。

2. 可为减法板配上题卡。

错误控制

减法板本身的格子，减法订正板。

兴趣点　计算形式的变化。

指导用语

我们来做一道减法题，题目是×减去×，得数是×。

注意事项

1. 减法板上印刷的 1～18 的数字是被减数，蓝色定规是减数，红色定规是得数。

2. 17 根原木色定规起遮盖多余被减数的作用，并不参与实际计算。

3. 此项工作可由两名幼儿合作完成。

(十一)工作名称：乘法板

教具构成

包括乘法板、数字板、珠子、定位筹码。

乘法板：1 块中间有 10×10 的 100 个圆穴的原木色长方形木板，正上方有 1～10 的数字，木板左侧有一个凹槽，可插入数字板。

数字板：10 块白色长方形木板，分别印有 1～10 的数字。

珠子：100 粒红色圆形塑料珠粒。

定位筹码：红色、木质，呈圆形。

工作前经验

已有银行游戏、邮票游戏操作经验或年龄在 5 岁以上。

操作材料

乘法板，小碟 1 个。

工作目的

1. 直接目的：练习 1～9 的任意两个数字的乘法。

2. 间接目的：帮助幼儿发现并总结乘法的计算规律。

工作步骤

1. 介绍工作名称，取教具(如图 8-2-13)。

2. 数字从 1～9 竖排于乘法板左侧，圆片放左上角凹槽里；出示题卡“3×2＝”，请幼儿说出式子含义，“表示 3 被重复取 2 次”；将数字 3 插进乘法板中，红色圆片放在 2 上，开始排珠，“第一次 1、2、3(竖排)”“第二次……”引导幼儿数出总数，说出结果。

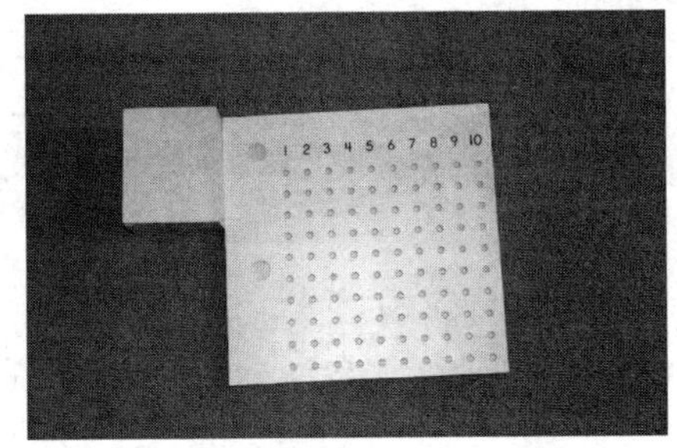

图 8-2-13

3. 归位，结束。

变化延伸 可为乘法板配上题卡。

错误控制 乘法板的珠子，乘法订正板。

兴趣点 计算形式的变化。

指导用语

我们来做一道乘法题，题目是×乘以×，得数是×。

注意事项

1. 白色数字板上印刷的 1～10 的数字是被乘数，乘法板上方印刷的 1～10 的数字是乘数，100 粒红色的珠子是得数。

2. 此项工作可由两名幼儿合作完成。

(十二)工作名称：除法板

扫码看视频

教具构成

包括除法板、除数小人、珠子。

除法板：1块原木色长方形木板，中间有9×9的81个圆穴，正上方有9个稍大的圆穴，可放入除数小人，木板左侧印有1～9的数字板。

除数小人：9个像跳棋样的绿色木质小人。

珠子：81粒圆形珠粒，绿色、塑料质地。

工作前经验

已有银行游戏、邮票游戏操作经验或年龄在5岁以上。

操作材料

除法板，小碟1个。

工作目的

1. 直接目的：练习得数在1～9的除法。

2. 间接目的：帮助幼儿发现并总结除法的计算规律。

工作步骤

1. 介绍工作名称，取教具。

2. 出示题卡，问“9÷3=”的含义，“9粒珠分给3个人”；数9粒珠放碟中，分别取3个小人放在除法板上方(如图8-2-14-1)，然后分珠(如图8-2-14-2)，引导幼儿数每个小人分到几粒，说出结果。

3. 收教具，结束。

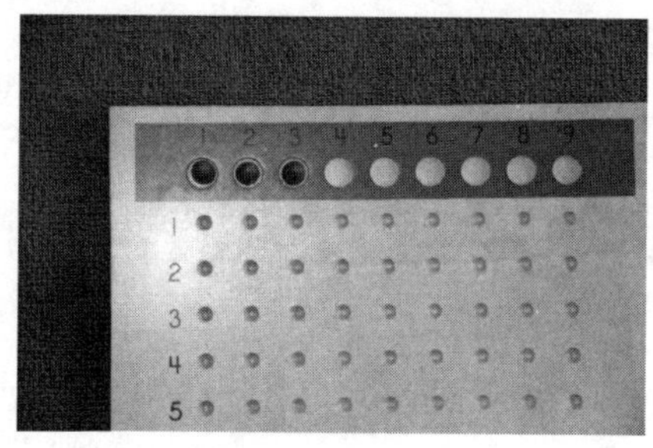

图 8-2-14-1

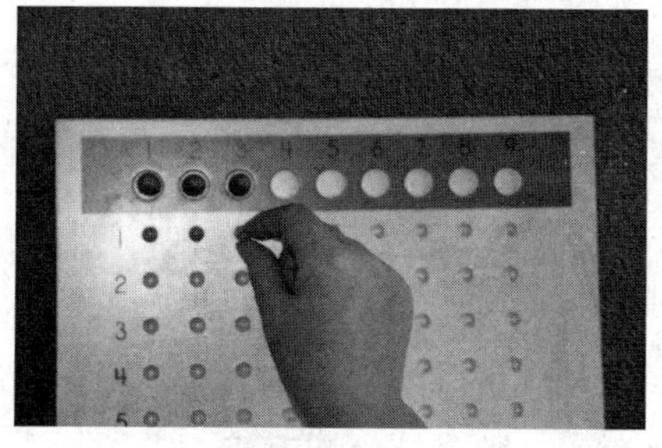

图 8-2-14-2

变化延伸 可为除法板配上题目卡。

错误控制 除法板的珠子，除法订正板。

兴趣点 变化形式的计算。

指导用语

我们来做一道除法题，题目是×除以×，得数是×。

注意事项

1. 81 粒绿色的珠子是被除数，9 个绿色的小人是除数，除法板左侧 1～9 的数字是得数。

2. 此项工作可由两名幼儿合作完成。

(十三)工作名称：蛇形加法

第一次展示：整十的蛇形加法

工作前经验

已有整十的蛇形加法操作经验或年龄在 5 岁以上。

操作材料

彩色串珠梯 2 套，黑白串珠梯 2 套，金色串珠 10 串 10，小盒子 3 个，小桥 1 个，棉布(40cm×40cm)1 块，托盘 1 个。

工作目的

1. 直接目的：练习连加的计算。

2. 间接目的：为幼儿做蛇形加法做准备。

工作步骤

1. 介绍工作名称，用彩珠摆出小蛇“9＋4＋5＋7＋6＝”。

2. 拿小桥从左往右数彩珠到 10 停，拿金色串珠 10 换彩珠，小桥后面拿不走的取相等的黑珠代替，彩珠放右侧，拿小桥从黑珠开始切数，数到 10 停换金珠，黑珠送回原处。

3. 用此法数出总数，整理答案，检查订正、验算：彩珠从长到短放好，用彩珠合十，若出现没有的彩珠可用其他彩珠替换回需要的彩珠。

4. 收教具，结束。

变化延伸

1. 为幼儿制作蛇形加法小书。

2. 让幼儿自己制作蛇形加法小书。

错误控制

彩色串珠本身的颜色和数量，幼儿对量的合成的理解。

兴趣点　数形结合的方式。

指导用语

蛇形加法；彩色串珠梯；所涉及的数名；彩色串珠满 10 了，我们用金色串珠 10 来替换，剩下的用黑白串珠来代替；彩色小蛇变成了一条金色的小蛇，我们来数一数它一共有多少。

注意事项

1. 此次展示时的小蛇是特殊摆放的，每 2 或 3 串彩色串珠梯加起来的得数必须是 10。

2. 彩色串珠代表加数，金色串珠和留在小蛇最末尾的黑白串珠代表得数。

3. 计算时在小蛇中间的黑白串珠是替代没有被小桥切数的彩色串珠，并不参与实际计算。

4. 每页蛇形加法小书的背面要有得数。

第二次展示：任意数的蛇形加法

扫码看视频

工作步骤

以加法小蛇“1＋7＋8＋2＋9＋3＋4＝”为例(如图 8-2-15-1)：

1. 用彩珠摆出小蛇(如图 8-2-15-2)，拿小桥从左往右数彩珠到 10 停，拿金色串珠 10 换彩珠，小桥后面拿不走的取相等的黑珠代替，彩珠放右侧，拿小桥从黑珠开始切数，数到 10 停换金珠，黑珠送回原处。

2. 用此法数出总数，整理答案，检查订正、验算：彩珠从长到短放好，用彩珠合十，若出现没有的彩珠可用其他彩珠替换回需要的彩珠。

3. 收教具，结束。

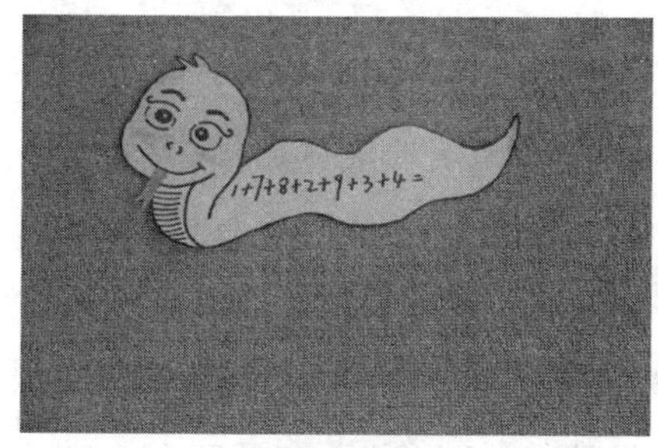

图 8-2-15-1

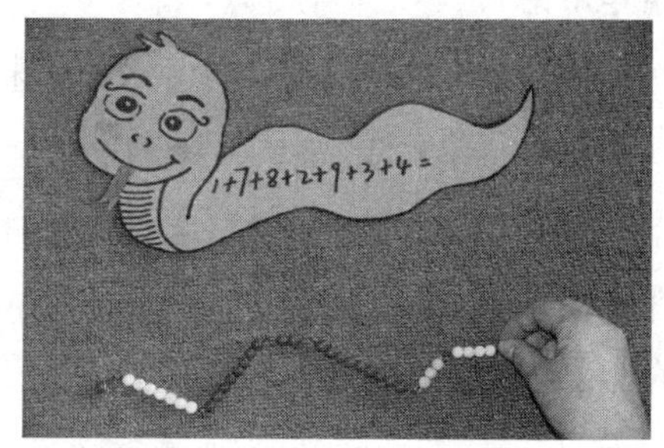

图 8-2-15-2

指导用语

蛇形加法；彩色串珠梯；所涉及的数名；彩色串珠满 10 了，我们用金色串珠 10 来替换，剩下的用黑白串珠来代替；彩色小蛇变成了一条金色的小蛇，我们来数一数它一共有多少。

说明：其他内容同本工作第一次展示。

(十四)工作名称：蛇形减法

工作前经验

已有蛇形加法操作经验或年龄在 5 岁以上。

操作材料

彩色串珠梯 2 套，黑白串珠梯 2 套，灰黑串珠梯 2 套，金色串珠 10 串 10，小盒子 4 个，小桥 1 个，棉布 1 块，托盘 1 个。

工作目的

1. 直接目的：让幼儿练习加减混合计算。

2. 间接目的：略。

工作步骤：

1. 介绍工作名称，取教具。

2. 用彩色串珠与灰黑串珠摆一条小蛇“7＋1－2＋3－8＋5－4＝”，所有的减数用灰珠摆，拿小桥数，数到10用金色串珠10替换彩珠，拿不走的彩珠用黑白珠代替；数过的彩珠放右侧，再从黑珠开始点数，数到10停换金珠10，黑珠送回原处；遇到灰珠，“灰珠表示减去，我们折回去往回数”，把灰珠放前面数过的珠子上方同步往回数，剩下的珠子用黑珠代替，数过的灰珠放彩珠下方，像这样数出答案。

3. 准备验算：灰珠放结果下方，彩珠从长到短排好，先验灰珠，再验结果。

4. 收教具，结束。

变化延伸

1. 为幼儿制作蛇形减法小书。

2. 让幼儿自己制作蛇形减法小书。

指导用语

蛇形加减法；彩色串珠梯；黑白串珠；灰黑串珠；所涉及的数名；彩色串珠满10了，我们用金色串珠10来替换，剩下的用黑白串珠来代替；小蛇生病了；彩色小蛇变成了一条金色的小蛇，我们来数一数它一共有多少。

注意事项

1. 此次展示时的小蛇是特殊摆放的，但要保证彩色串珠在总量上比灰黑串珠多；彩色串珠是被减数，灰黑串珠是减数，金色串珠是得数，如果有黑白串珠留在小蛇最末尾，则金色串珠与黑白串珠共同组成最后的得数。

2. 计算时在小蛇中间的黑白串珠是替代没有被小桥切掉的彩色串珠或减去灰黑串珠时所代表的量，黑白串珠并不参与实际计算。

3. 每页蛇形减法小书的背面要有得数。

4. 此次展示的形式最好是个别指导。

说明：其他内容同工作“蛇形加法”。

（十五）工作名称：点的游戏

第一次展示：不进位的加法

工作前经验

已有银行游戏、邮票游戏的操作经验或年龄在5.5岁以上。

操作材料

点的游戏计算纸1张，绿色、蓝色、红色铅笔各1支，题卡若干。

点　的　游　戏

姓名:　　　　　　　日期:

10000	1000	100	10	1	

图 8-2-16　点的游戏计算纸

工作目的

1. 直接目的:

(1)练习较大数目的加法;

(2)更为抽象地进行加法运算。

2. 间接目的:

(1)提高幼儿数学计算的速度和精确性;

(2)促进幼儿数学心智的发展。

工作步骤

1. 介绍工作名称，取教具。

2. 选题卡，如“2337＋3212＝”，在计算纸最右侧将该题卡的计算竖式写好(个位用绿色，十位用蓝色，百位用红色，千位用绿色，万位用蓝色)。

3. 绘制 2337 的点，从右侧个位用绿色铅笔由上至下点 7 个点，十位用蓝色铅笔由上至下点 3 个点，依次点到千位。

4. 同步骤 3 的方法绘制 3212 的点。

5. 绘制完后从个位由上至下，由右至左点数总数，个位得数是 9，十位得数是 4，百位得数是 5，千位得数是 5，所以最后结果是 5549，结果写在计算纸的最下面一行。

6. 与题卡背面的得数进行比较检验，收教具，结束。

变化延伸

1. 加法进位的计算，进位表示的方法：以个位向十位进一为例，在计算纸个位的倒数第二行画一个向左的箭头到十位，“我们用这 10 个 1 换 1 个 10”画掉个位满 10 的绿色点，在十位增加一个红色点。其他数位的进位方法与此相同。

2. 乘法的计算即一个数重复画几遍，计算方法同加法。

错误控制　题卡背面的得数。

兴趣点　计算的形式。

指导用语

计算中涉及的数名；个位得数是；十位得数是；百位得数是……

注意事项

1. 循环变化的数字与点的颜色。

2. 最好用个体指导的形式进行。

 第二次展示：不借位的减法

工作前经验

已有银行游戏、邮票游戏的操作经验或年龄在5.5岁以上。

操作材料

点的游戏计算纸1张，绿色、蓝色、红色铅笔各1支，题卡若干。

工作目的

1. 直接目的：

(1)练习较大数目的减法；

(2)练习更为抽象的减法运算。

2. 间接目的：

(1)提高幼儿数学计算的速度和精确性；

(2)促进幼儿数学心智的发展。

工作步骤

1. 介绍工作名称，取教具。

2. 选题卡，如“2337－1205＝”，在计算纸最右侧将该题卡的计算竖式写好(个位用绿色，十位用蓝色，百位用红色，千位用绿色，万位用蓝色)。

3. 绘制2337的点，从右侧个位用绿色铅笔由上至下点7个点，十位用蓝色铅笔由上至下点3个点，依次点到千位。

4. 画掉1205的点，个位上减去5，则个位由上至下画掉5个点，剩下2个点，则个位得数为2，十位上减去0，不用画掉点，十位得数是3，百位上减去2，百位画掉2个点，剩下1个点，百位得数是1，千位上减去1，千位画掉1个点，剩下1个点，千位得数是1，所以最后结果是1132。

5. 与题卡背面的得数进行比较检验，收教具，结束。

变化延伸

借位的减法，表示方法：以百位向十位借位为例，“十位上不够减向百位借1个100，我们把这1个100换成10个10”，用向右的箭头从百位画到十位，百位画掉1个红点，十位点上10个蓝点，其他数位借位同此法。

错误控制　题卡背面的得数。

兴趣点　计算的形式。

指导用语

计算中涉及的数名；我现在画……的点；个位上减去××。

注意事项

同点的游戏加法计算。

五、数学领域“分数和平方立方的导入”教具操作活动

(一)工作名称：分数小人

教具构成

1/1是原木色跳棋状，1/2是2个红色1/2跳棋状，1/3是3个黄色1/3跳棋状，1/4是4个蓝色1/4跳棋状，底座是1个带有4个凹槽的原木色长方形。

第一次展示：感官展示

工作前经验 4岁以上。

操作材料 分数小人。

工作目的

1. 直接目的：通过视觉和触觉让幼儿感受一个整体可以被分解成几部分。

2. 间接目的：为幼儿将来学习分数做准备。

工作步骤

1. 介绍工作名称，小人竖放在工作毯上。

2. 拿起1完整感知，请幼儿感知，“这是一个完整的分数小人，老师把它分成两部分，比比看一样大吗?”

3. “这是一个完整的分数小人，老师把它分成三部分，比比看一样大吗?”

4. “这是一个完整的分数小人，老师把它分成四部分，比比看一样大吗?”

5. 收教具，结束。

变化延伸

1. 重新展示建构三角形的三角形盒，让幼儿发现两者之间的联系。

2. 在生活中寻找有整体与部分关系的物体。

错误控制

分数小人本身的颜色和大小。

兴趣点

将1分成几部分的操作过程。

指导用语

分数小人；这是一个完整的分数小人；这是一个完整的分数小人，它可以被分成2/3/4个部分，它们是一样大的。

注意事项

尽量采取个别展示的方式。

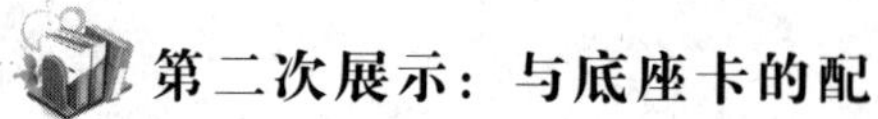

第二次展示：与底座卡的配对

工作前经验　4岁以上。

操作材料

分数小人，与分数小人对应的1/1(1张)、1/2(2张)、1/3(3张)、1/4(4张)的底座卡。

工作目的

1. 直接目的：能将分数小人和底座卡正确配对。
2. 间接目的：同本工作第一次展示。

工作步骤

1. 介绍工作名称，取教具，竖放分数小人。
2. 触摸第一个小人，打开小人与底座形式卡配对，依次将剩下的配对。
3. 收教具，结束。

变化延伸

1. 制作透明的底座卡。
2. 让幼儿自制底座卡。

错误控制

分数小人与底座卡的一一对应。

兴趣点　配对的过程。

指导用语

分数小人；底座卡；这是一个完整的分数小人；它可以被分成2/3/4个部分，它们是一样大的。

说明：其他内容同本工作第一次展示。

第三次展示：与分数卡的配对

工作目的

1. 直接目的：让幼儿初步接触分数的书写和朗读，理解分数所代表的含义。
2. 间接目的：略。

工作步骤

1. 介绍工作名称，取教具，竖放分数小人。
2. 触摸感知第一个小人，这是一个完整的分数小人，它的名字叫1/1，放分数卡片。
3. 依次分别命名，放分数卡片。
4. 完整进行三阶段教学。
5. 收教具，结束。

变化延伸　幼儿自制分数卡片。

错误控制 每个分数小人被分成的份数。

兴趣点 配对的过程。

指导用语

分数小人；底座卡；这是一个完整的分数小人，它被分成两个部分，它们是一样大的，名字叫二分之一……

说明：其他内容同本工作第一次展示。

(二)工作名称：平方珠链(认识5的平方)

工作前经验

已有100串珠链操作经验或年龄在5岁以上。

操作材料

5的平方珠链1条，5的平方片1片，小桥1个，自制数字卡片(1、2、3、4、5、10、15、20、25)，小盒子1个(上有标签)。

工作目的

1. 直接目的：认识数字5的群数。

2. 间接目的：

(1)为幼儿学习十进位系统做准备；

(2)锻炼幼儿思维和肢体动作的精确性。

工作步骤

1. 介绍工作名称，取教具，将5的平方珠链拉开并摆放在工作毯中间。

2. 从1开始数珠片，数到5时，请幼儿将数字卡片5摆放到相对应的串珠旁边(摆放方法同100串珠链)。

3. 依此方法数到25，放数字卡片25。

4. 邀请幼儿按顺序指读数字卡片。

5. 小心地将串珠链折成正方形，与5的平方珠片叠放比较，“1串5被重复了5次，也就是5×5，结果就是25，也叫作5的平方。”边说边把等式写下来：$5\times5=25=5^2$。

6. 分类收回教具，结束。

变化延伸

切数平方珠链上其他的平方链。

错误控制

5的平方链与数字卡片的对应，幼儿数数的能力。

兴趣点 数的多变性。

指导用语

5的平方链；5的平方片；所涉及的数名。

注意事项

1. 要从右至左切数珠链。

2. 自制数字卡片的颜色要与珠链的颜色相同。

(三)工作名称：立方珠架(认识5的立方)

工作前经验 已有100串珠链操作经验或年龄在5岁以上。

操作材料

5的立方链1条，5的平方片5片，5的立方块1块，小桥1个，自制数字卡片(1、2、3、4、5、10、15、…、125)，小盒子1个(上有标签)。

工作目的

1. 直接目的：认识数字5的群数。

2. 间接目的：同"平方珠链(认识5的平方)"。

工作步骤

1. 介绍工作名称，取教具，将5的立方珠链摆放在工作毯中间。

2. 切数，摆数字卡片，每当数到平方的位置会出现一个较大的铁环作为提醒，此时在铁环处放置1片5的平方珠片。

3. 邀请幼儿按顺序指读数字卡片。

4. 将串珠链由右至左推折，每到5串就形成一个5的平方珠片的形状，拿一块5的平方珠片进行对比，直到折叠完毕，形成一个平铺的长方形，将5块平方珠片平铺叠放至上比较，发现二者是相同的。

5. 将5片平方珠片叠放，边叠边数："1个5的平方，2个5的平方……"叠成立方体与5的立方珠块比较，"5个5的平方等于一个5的立方珠块，也叫5的立方"，边说边将等式写下来并解说："5×5是5的平方，5个5的平方就是5的立方。也就是$5\times5\times5=125=5^3$。"

变化延伸

切数立方珠架上其他的立方链。

错误控制

5的立方链与数字卡片的对应，幼儿数数的能力。

兴趣点 数的多变性。

指导用语

5的立方链；5的平方片；5的立方块；所涉及的数名。

注意事项

1. 从右至左切数珠链。

2. 自制数字卡片的颜色要与珠链的颜色相同。

实训经验分享

自制蒙氏材料(自制蒙氏教具，以数学领域为例)

名称：魔法花朵(请你算一算)

目的：10 以内的加法运算练习

名称：青蛙过河(请你找一找)

目的：数序的巩固和强化

名称：衣服上的花朵(请你画一画)

目的：数与量的对应

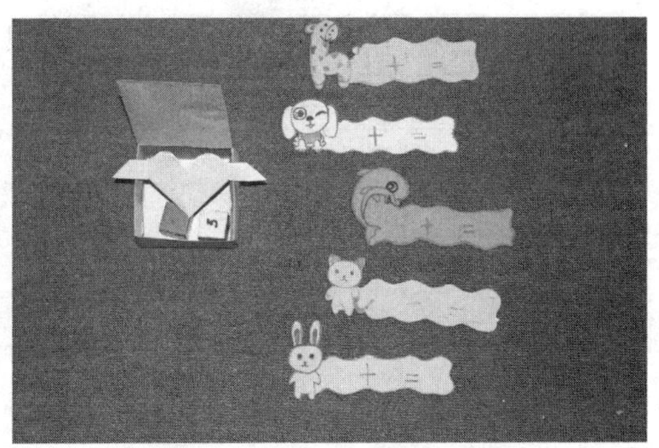

名称：动物题卡(请你想一想)

目的：自己设计题目计算

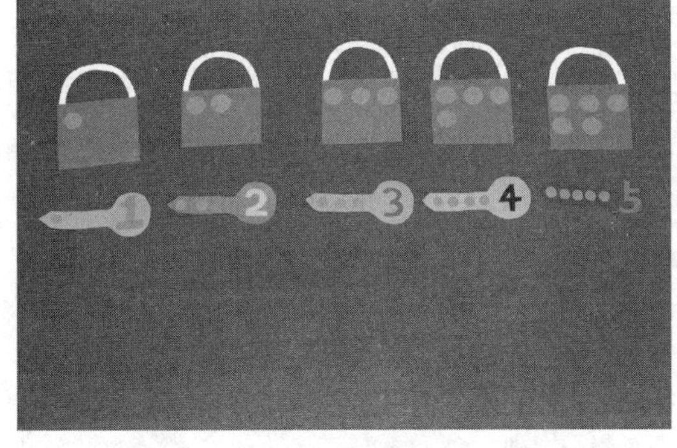

名称：钥匙不见了(请你找一找)

目的：数与量的对应

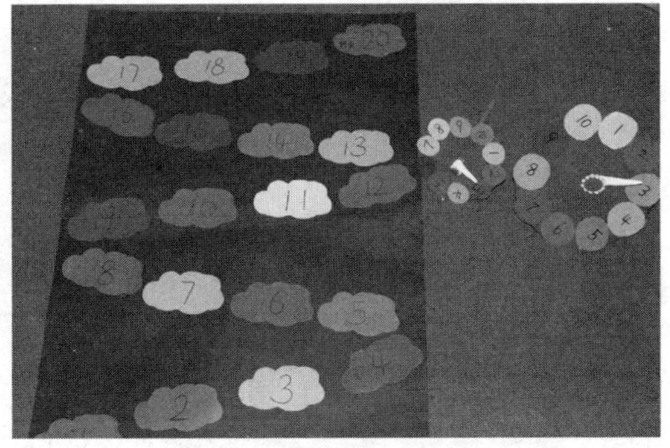

名称：比比谁先到终点(请你跳一跳)

目的：数概念的巩固和强化

实训目标

1. 掌握蒙台梭利教具的规律及操作目标。
2. 能自制蒙台梭利教具。
3. 具有灵活地、个性化地进行蒙台梭利教育的素养。

实训准备

手工制作用品。

实训步骤

1. 选择一项数学教具，根据蒙台梭利数学领域教具的规律及目标，制作延伸活动或自主操作环节使用的材料。

2. 以学习小组为单位，完整展示操作过程，注意介绍自制教具的错误控制功能。

3. 结合使用情况进行自我评价。

4. 组间评价，提出修改意见。

5. 教师从蒙台梭利自制教具的特点的角度进行评价总结，提出修改意见。

6. 实训小组根据反馈意见继续修改提升，修改后在班级自制蒙氏教具展览区进行展览分享。

项目回顾

内　容	掌握等级
蒙台梭利数学教育的含义	☆☆☆☆☆
蒙台梭利数学教育的内容	☆☆☆☆☆
蒙台梭利数学教育的目的	☆☆☆☆
蒙台梭利数学教具的特征	☆☆☆☆
蒙台梭利数学教具的操作	☆☆☆☆☆

思考与练习

1. 蒙台梭利数学教育的内容有哪些？

2. 蒙台梭利数学教具的特征是什么？

3. 举例说明蒙台梭利数学领域教具操作使用的三阶段教学法。

4. 蒙台梭利数学领域的学习与感官领域之间的联系和区别有哪些？

学习自评卡

请同学根据实际掌握情况填写下表。

所属内容	掌握程度		分享与总结
	可独立操作教具的数量	可独立操作教具的质量	
10 以内点数的教具操作活动			
十进位系统的教具操作活动			
连续数认识的教具操作活动			
四则运算的教具操作活动			
分数和平方立方导入的教具操作活动			

项目九
蒙台梭利语言教育

学习目标

1. 了解蒙台梭利语言教育的含义和目的。
2. 领会蒙台梭利语言教育的内容和特点。
3. 能熟练、规范、完整地操作教具。

内容图解

任务一　蒙台梭利语言教育概述
- 一、蒙台梭利语言教育的含义与内容
- 二、蒙台梭利语言教育的特点
- 三、蒙台梭利语言教育的目的

任务二　蒙台梭利语言领域教具操作活动

工作名称

听力训练	肃静练习、听指令做动作、寻声游戏
口语训练	发音游戏、神秘袋游戏
书写预备	铁质嵌板、砂纸笔画板
阅　读	三阶段字卡（如姓名三点卡、句子三步卡）

项目导言

壮壮不爱去幼儿园，每天早上都不愿意起床、刷牙、洗脸，其实他心里在想什么，妈妈最清楚了。壮壮是个内向的孩子，不爱说话，在幼儿园朋友少。妈妈把这个情况跟老师说了，老师发动了班里最爱说笑又懂事的跃跃和其他几位小朋友，让他们多跟壮壮说话，做游戏。慢慢地，一个学期过去了，在与同伴的交流中，壮壮的话渐渐变多了，朋友也多了，每天早晨都催妈妈赶紧去幼儿园，在他脸上露出了满足的微笑……

我国《幼儿园教育指导纲要(试行)》明确指出，幼儿的语言能力是在运用中发展起来的，强调了语言教育要重视语言交际的功能。蒙台梭利也认为，孩子在语言交往的过程中就能自然地习得母语。因此，教师要引导幼儿乐于并专注地与人交谈。

任务一　蒙台梭利语言教育概述

一、蒙台梭利语言教育的含义与内容

(一)蒙台梭利语言教育的含义

蒙台梭利语言教育旨在培养儿童听、说、读、写的能力，让幼儿了解如何书写和阅读，形成一定的阅读与书写习惯及对阅读的兴趣，并增强口语表达能力、强化听力与阅读能力，提高书写能力。

蒙台梭利语言教育可以分为口语与文字教育两个方面，蒙台梭利指出口语教育要从交谈身边的事物开始，要把幼儿放在有准备的环境中，要得到成人的支持。考虑到幼儿是通过认识生活中常见的符号与标识对文字产生兴趣的，文字教育要按幼儿心理发展过程，从具体到半具体再到抽象来进行。

(二)蒙台梭利语言教育的内容

1. 听觉练习

(1)听力专注练习(如闭上眼睛听)。

(2)方位辨别练习。

(3)听力差异性练习(如听不同的音色，辨别小猫、小狗的声音差异)。

(4)听力解析性练习(如描述性语言的解释分析)。

(5)听力连接性练习(如上下句连接，听一句，接一句)。

(6)听力记忆性练习(如复述)。

2. 口语练习

(1)口语词汇练习(如词语接龙游戏：成千上万、万紫千红、红光满面……)。

(2)口语连接练习(如教师编故事的开头，让幼儿往下接)。

(3)口语记忆练习(如传话游戏)。

(4)口语经验的建立(如分享观点)。

3. 视觉练习

(1)视觉差异练习(如找相同，找不同)。

(2)视觉转移练习(如大小图片的配对工作)。

(3)视觉连接练习(如展示名字卡片，让幼儿发现其中的连续性)。

(4)视觉记忆练习(如展示一张图片后让幼儿记下来，说自己看到了什么)。

(5)视觉专注练习(如图片找不同，找出各部分的情节，教师将其做成词条请幼儿来讲)。

(6)视觉解析性练习(如拼图)。

4. 书写预备

铁质嵌板：一种几何图形嵌板，儿童用来进行书写的运笔练习的教具。

砂纸拼音板：砂纸与木板做成的汉语拼音板，可供儿童结合触觉进行练习的拼音板教具。

5. 阅读

(1)图片和文字结合在一起的阅读。

(2)图片和文字分开的阅读。

(3)连词阅读。

(4)人物关系阅读。

(5)短句阅读。

(6)长句和文章的阅读。

二、蒙台梭利语言教育的特点

语言是人与人沟通的桥梁，语言教育对培养儿童的语言交际能力和表达能力发挥着重要作用。蒙台梭利认为儿童的语言能力并不是先天遗传的，而是通过自身不断地从周围的环境中吸取相关经验，再经过大脑转化成语言机制而形成的。儿童的语言是伴随着对这个世界的认识而发展的，在认知的基础上进行思维活动，为儿童的智力发展奠定了基础。蒙台梭利主张为儿童提供丰富的语言环境，以促进儿童语言能力的发展。接受过良好语言教育的儿童，会跟别人交流，能更好地表现自己，这样儿童的心理就会更健康，有助于其形成积极向上的健康人格。阅读是幼儿能力发展的重要方面，也是一种帮助儿童获取知识及生活经验的重要途径。在成人的指导下，借助一些图文并茂、生动有趣的书籍，幼儿将逐渐学会阅读。蒙台梭利语言教育非常重视培养儿童的阅读兴趣，其主张采用图文结合的方式，为幼儿营造一个轻松有趣的氛围，让幼儿能够反复阅读喜欢的儿歌和故事。在阅读中，儿童可以尽情想象，不受任何限制，这样能够激发他们的想象力和创造力；同时，阅读还可以让儿童感受美、感受爱，培养孩子的情绪智力。

总结而言，蒙台梭利语言教育具有这样几个特点：注重以口头语言练习为基础发展儿童的书面语言；尊重每名儿童的生活文化背景和民族特色；语言活动和教具的设计符合儿童语言发展的敏感期。

三、蒙台梭利语言教育的目的

首先，通过语言教育使幼儿能理解他人语言活动的含义，表达自己的想法或经验，正确使用日常生活中的必要词汇。

其次，满足幼儿书写的需要，培养正确的语言技能。

最后，促使幼儿喜爱阅读书籍或欣赏视听材料，发展其想象力，培养良好品格。

任务二　蒙台梭利语言领域教具操作活动

一、蒙台梭利语言领域听力训练部分教具操作活动

蒙台梭利曾说："当各种不同的声响杂乱地传进儿童的耳朵里时，某些富有魅力和吸引力的声音被突然而又清晰地听到了。这时尚未有推理能力的心灵听到了一种音乐，这种音乐充满了他的整个世界。"

(一)工作名称：肃静练习(静默游戏)

教具构成　哨子。

工作前经验　2.5 岁以上。

工作目的

1. 直接目的：使儿童学会安静，养成认真倾听的习惯。

2. 间接目的：培养幼儿为达到宁静所必需的人际协调能力。

工作步骤

1. 向幼儿介绍"我们要进行一个特别的游戏"，接着教师让自己的头(或是手、脚等，自己认为最轻松、最容易开始的部位)不动，请孩子注意观察并模仿：自然放松身体，保持全身静止不动数秒。

2. 请幼儿练习，注意给其明确开始和结束的信息，例如：当教师吹响哨子便开始，就必须不动；当教师弹指(或以双唇轻弹一声)就表示结束。

3. 按照刚才约定的信息让幼儿重复练习，在此过程中教师也必须和孩子一样保持静止不动。

4. 更换不同的身体部位，同步骤 1～3 的方式继续进行。

5. 根据幼儿的兴趣以及能保持肃静的耐力，变换不同的身体部位，最后练习全身不动，并且逐渐加长静止的时间(如图 9-2-1)。

图 9-2-1

变化延伸

1. 和幼儿进行带有肢体名称的儿歌律动，例如："头、肩膀、膝盖脚……""一个拇指动一动……""左三圈、右三圈，脖子扭扭、屁股扭扭……"来加强幼儿对肢体的意识和控制。

2."123，木头人"：这是一个传统的团体游戏，4 岁以上的幼儿就可以玩得很好，也可以变化成"123，机器人""123，睡美人"等。让幼儿练习控制不动一段时间。

3. 模仿布偶：请幼儿模仿他喜爱的布偶，这是 2 岁多幼儿就可以做的活动，但能够控制不动的时间以及模仿的深刻性，会随着孩子的年龄和观察力而有很大的差异。

错误控制　儿童相应身体部位动了。

兴趣点　保持静止不动。

注意事项

1. 提示时间可以渐渐延长。

2. 肃静游戏是肃静练习的导引，教师要把握好肃静练习的时机。

(二)工作名称：听指令做动作

教具构成　相关动作指令卡。

工作前经验 3岁以上。

工作目的

1. 直接目的：培养听觉专注力、训练反应能力。

2. 间接目的：认识五官及身体各部分。

工作步骤

1. 邀请一组幼儿围坐在室内地板的线上。

2. 教师要视幼儿对身体的认识能力，进行难度调节；必要时，教师边发出指令，边示范。

3. 教师逐一发出动作指令，如："请摸摸你的头""请摸摸你的肩""请指一指眼睛(耳朵、鼻子、嘴巴)在哪里"，请幼儿按照指令指示身体相应位置。

4. 等幼儿熟悉活动后，教师可变换指令和方式，增加难度与趣味性。如根据指令做相反动作的游戏。

5. 请一名幼儿发出指令，其他幼儿做动作。

变化延伸

根据儿歌卡做听指令做动作的活动：

1. 准备《小螺号》的儿歌卡及相关动作指令卡。

2. 请幼儿手拉手围成一个圆圈按一定方向走，边走边唱儿歌，唱完一遍后，老师拿出一张动作指令卡，请一名幼儿做动作，再拿出第二张指令卡，依次进行。

错误控制 指令卡。

兴趣点 依据指令做动作。

注意事项

1. 可请幼儿通过互相帮助完成活动，锻炼幼儿的协作能力(如图9-2-2)。

图 9-2-2

2. 在发出指令让孩子做动作时，应注意安全，防止幼儿间发生冲突或身体冲撞。

(三)工作名称：寻声游戏

教具构成 眼罩。

工作前经验 2.5 岁以上。

工作目的

1. 直接目的：锻炼幼儿用听觉辨别声音方位的能力。

2. 间接目的：提高幼儿的专注力、思考力和反应能力。

工作步骤

1. 请幼儿持多件相同的乐器围成一圈。

2. 另请一名幼儿戴上眼罩站在圈中。

3. 教师请站在不同方位的幼儿奏响乐器(每次只请一名)。

4. 请戴眼罩的幼儿辨别声音的方位。

变化延伸

准备多种乐器，做声音的配对，“这是哪种乐器发出的声音?”找声音发出的方位。

错误控制 声音发出的位置。

兴趣点 依据声音辨别方位。

注意事项

1. 开展活动的时候，要避免不安全因素，以免戴眼罩的幼儿被绊倒。

2. 每轮活动只请一名幼儿发出声音，其他幼儿要保持安静，以保证戴眼罩者能更准确地判断声音发出的方位。

二、蒙台梭利语言领域口语训练部分教具操作活动

蒙台梭利曾说：“如果一个人考虑到人类语言的魅力，他就一定会承认没有掌握正确口语的人是低等的。如果没有专门去完善口头语言，那么一种美学概念上的教育就是不可想象的。”

(一)工作名称：发音游戏(指物发音)

教具构成

幼儿生活中熟悉的物品。

工作前经验

幼儿学习过声母和韵母。

工作目的

1. 直接目的：通过游戏和环境练习，加强幼儿的发音能力。

2. 间接目的：提高幼儿的语言表达能力。

工作步骤

1. 教师说："今天我带大家观察咱们的室内和室外环境，请你们排好队，跟着我，我指一件物品，你们就告诉我它是以什么音开头的。"

2. 教师带领小朋友们慢慢从教室一头开始走，教师指着棕色梯："谁能告诉我这是什么？它的首字母发音是什么？"

3. 继续进行活动，注意，教师指的物品一定是孩子们知道名称的。

4. 延伸活动：利用单音编故事。"我打算到商店去买 t(出示 t 的卡片)，它很甜，……"请幼儿说出以声母 t 开头的字或词。

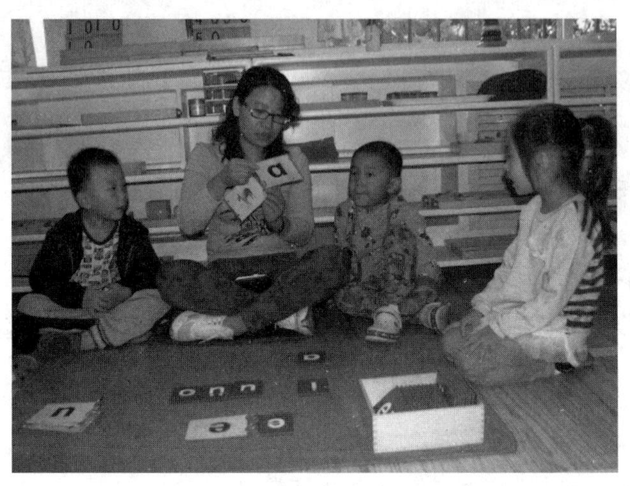

图 9-2-3

变化延伸 变化指认的实物。

错误控制 幼儿的辨音意识。

兴趣点 发音。

注意事项 教师不能强制性纠错。

(二)工作名称：神秘袋游戏

教具构成

自制神秘袋，袋中物品是生活中常见的，此次活动里面装的是水果。

工作前经验 3 岁以上。

工作目的

1. 直接目的：词汇练习、口语表达练习。

2. 间接目的：提高幼儿语言表达能力。

工作步骤

1. 教师将装有物品的神秘袋摆在工作毯上，对幼儿说："我这里有一个漂亮的神秘袋，你们想知道里面装了什么吗？"

2. 请一名幼儿将手伸进神秘袋里，摸一摸，猜猜是什么。

3. 利用三阶段教学法进行活动：

命名：从袋子里取出摸到的物品，如一个苹果，向幼儿说明“这是苹果”，接着取出梨、香蕉、葡萄，并进行命名。

辨别：请回答或做出相应动作，“请你指一指哪个是苹果？”“香蕉在哪里？”“请你把梨递给我好吗？”

发音：指着不同的水果请幼儿回答“这是什么”。

变化延伸

1. 更换袋子中的物品，如几何立体等教具，让幼儿辨别物品的大小、形状等。

2. 配合语音学习，进行辨音指物的练习，如“哪种水果名字的第一个字的发音有‘p’(葡萄)？”

错误控制

幼儿的辨音能力。

兴趣点

放在神秘袋里的物品。

注意事项

1. 教师可用语气营造神秘的氛围，提高幼儿对活动的兴趣，使其会喜欢从神秘袋中摸取物品。

2. 如果幼儿一时回答不出问题，要引导他积极思考，不要急于告诉他答案。

3. 活动过程中要注意丰富幼儿的形容词，如酸酸的、甜甜的、香香的等。

图 9-2-4

三、蒙台梭利语言领域书写预备部分教具操作活动

蒙台梭利曾说：“儿童时期是运动机能的敏感期，它们能够很快地听从大自然在冥冥中所做的指示……我们必须找出书写机制定型的年龄，以便让它们能够很自然地、毫不费力地建构起来……这当然不可能是指在小学里试着刺激其书写机制的时候，此时动作

已经定型的小手已丧失了动作的敏感性，这双小手已错过了动作协调的良机。因此，我们必须回头去找那双动作协调却很柔软的幼儿的手。”

(一)工作名称：铁质嵌板

扫码看视频

教具构成

1. 铁质嵌板分两组，分别由 5 个曲线型图形和 5 个直线型图形组成，它们被放在两个基座上。

2. 一个中等大的托盘，夹有纸张的纸夹，装有彩色铅笔的彩色笔筒，笔座。

工作前经验　3.5 岁以上。

工作目的

1. 直接目的：

(1)学习怎样正确握笔；

(2)学习书写时正确的坐姿及动作要领；

(3)培养秩序感、专注力、协调性和独立性。

2. 间接目的：

(1)培养手眼协调能力；

(2)掌握各种不同形状的名称；

(3)培养美感；

(4)为学习几何做准备。

工作步骤

1. 告诉幼儿：“今天我们来做绘图的工作。”

2. 带幼儿到工作架前，拿托盘，并把绘图需要用到的工具都放在托盘里，包括：铅笔、笔座、绘图座、纸夹、圆形铁质嵌板。

3. 一般先选择 3 支彩色铅笔，放在笔座上，笔尖向外，然后把托盘拿到桌子上。

4. 从托盘里拿出纸放到桌子上，然后把圆形嵌板的外框放在纸的正中央。

5. 拿起铅笔，向幼儿示范正确的握笔姿势。

6. 教师左手按住圆形嵌板的外框，从框上“九点”的标注位置起笔，顺时针方向描画一圈。

7. 介绍这个几何图形。

8. 将铅笔和外框归位。

9. 拿起圆形嵌板，放到刚才画好的轮廓上。

10. 取另一支彩色铅笔沿着嵌板描绘。

11. 将教具归位。

12. 取用另一种颜色的铅笔，描绘两个圆形中间的位置。

13. 将描绘完的图形放到个人纸张作业箱中。

14. 教具全部放回架上。

15. 邀请幼儿重新操作。

变化延伸

1. 运用其他形状嵌板进行练习。

2. 填充圆形轮廓。

3. 组合运用不同形状的嵌板进行练习。

4. 熟练运用嵌板框。

5. 绘制花样图形(如图 9-2-5)。

6. 制作铁质嵌板小册子。

错误控制 辨音。

兴趣点 发音。

注意事项

1. 如果幼儿在填涂时有困难，可以将框架放在纸上，以便更好地画线。

2. 对于刚学书写的幼儿来讲，采用正确的握笔方法较困难，教师可以允许幼儿用自己的方法进行操作。

3. 铁质嵌板的工作可以持续几个月，在操作过程中教师必须注意保持幼儿的兴趣，以使他们的技能不断得到提高。

4. 在第一次操作时，可以用黑色的铅笔，以便使图形突出。

5. 铁质嵌板内部比框架难些，所以一般从框架开始操作。

6. 幼儿运笔能力增强后，教师可以引导他们练习一笔画完一个简单的图案。

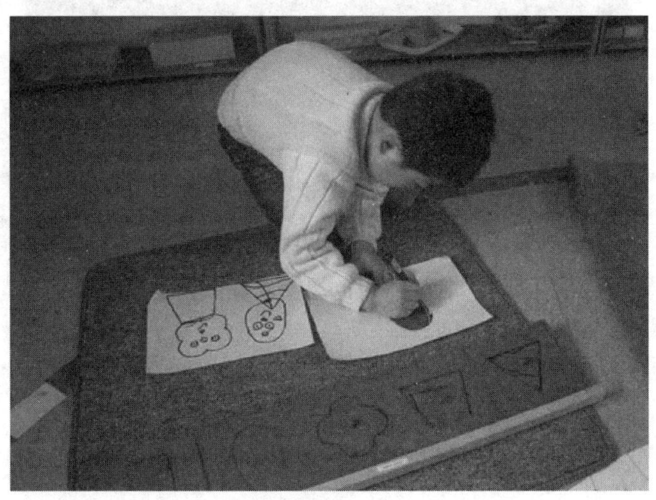

图 9-2-5

(二)工作名称：砂纸笔画板

教具构成

砂纸笔画板：由 31 个手写体笔画组成，将黑色砂纸或者其他毛绒材料固定在白色纤维板上制成。笔画包括：①点、横、竖、撇、捺、提；②竖钩、弯钩、竖折、斜钩、卧钩、竖弯、竖弯钩、竖提、横钩、横折、横撇、撇折、撇点；③横折钩、横折弯钩、横斜钩、横折提、横折折撇、横撇弯钩、横折折、横折折折钩、横折弯、竖折折、竖折折钩、竖折撇(如图 9-2-6)。

工作前经验 4.5 岁以上。

工作目的

1. 直接目的：通过描摹笔画，让肌肉记忆汉字的书写顺序和结构。

2. 间接目的：为书写汉字做准备。

工作步骤

1. 拿出 3 块砂纸笔画板，字面朝下置于桌面。

2. 将 1 块笔画板翻转过来，左手扶板，右手食指中指并拢描摹笔画，从笔画的上部开始，边描写边重复发音。

3. 邀请幼儿描摹这个笔画。

4. 将砂纸笔画的正面朝下，移动到右上角。

5. 继续进行。

6. 运用三阶段教学法，使幼儿了解笔画。

图 9-2-6

变化延伸 用沙箱练习书写笔画。

错误控制 视觉辨别。

兴趣点 描摹笔画的过程。

指导用语 笔画的名称。

注意事项 训练要适度，尽量游戏化。

四、蒙台梭利语言领域阅读部分教具操作活动

蒙台梭利曾说："当孩子用眼睛阅读文字时，他也正用想象力阅读世界，用细腻的心阅读人生。"

(一)工作名称：姓名三步卡

教具构成

姓名三步卡：控制卡由幼儿的照片和姓名组成；图片卡是幼儿的照片；名称卡是幼儿的名字。

工作前经验　3岁以上。

工作目的

1. 直接目的：认识自己与同伴的姓名。

2. 间接目的：建立前识字经验，为阅读做准备。

工作步骤

1. 将控制卡从左至右、从上至下在工作毯左上方进行排列，边放边念出每张卡片上的名字。

2. 把图片卡分发给幼儿，让幼儿进行图片卡与控制卡的配对。

3. 取出名称卡，分发给幼儿，让他们配对，并念出卡上的名字。

4. 进行三阶段教学。

5. 拿走控制卡，打乱图片卡与名称卡的顺序，重新配对。

6. 全部认读完毕后，请幼儿拿名称卡与本人配对。

7. 幼儿独立工作，教师在旁观察。

变化延伸

制作班级成员小书或古诗三步卡。

错误控制　视觉辨别。

兴趣点　配对的过程。

指导用语　班级幼儿姓名。

注意事项　教师应让幼儿参与姓名三步卡的制作过程。

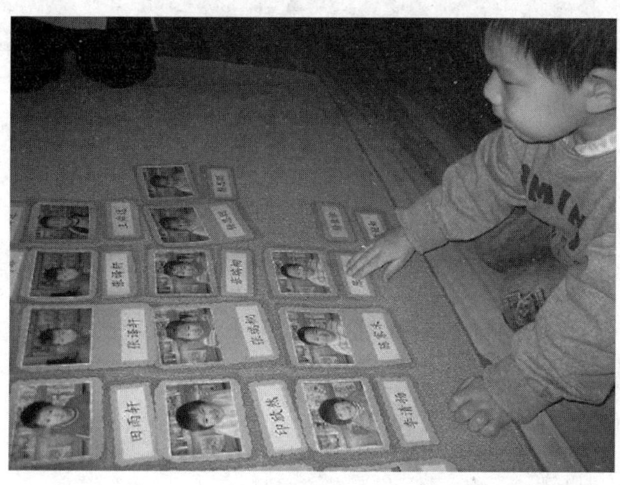

图 9-2-7

(二)工作名称：句子三步卡

教具构成 句子三步卡若干。

工作前经验 4 岁以上。

工作目的

1. 直接目的：理解句意，进入初步阅读阶段。

2. 间接目的：丰富幼儿的早期阅读经验。

工作步骤

1. 告诉幼儿：“今天我们要进行句子三步卡的工作。”

2. 把教具拿到工作毯上。

3. 先把控制卡按纵列排好。

4. 拿出图片卡，分发给幼儿，让他们进行配对。

5. 拿出句子卡，分发给幼儿，让他们进行配对(如图 9-2-8)。

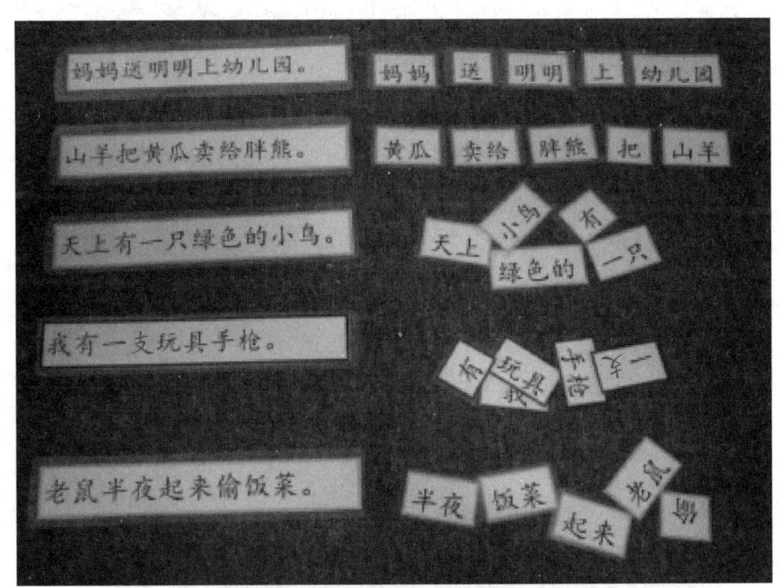

图 9-2-8

6. 请幼儿试着阅读句子卡上的句子，再阅读控制卡上的句子，看是否一致。

7. 进行三阶段教学。

8. 收起控制卡，打乱图片卡和句子卡的顺序，进行图片卡和句子卡的配对。

9. 收起图片卡，让幼儿读句子卡。

10. 试读句子卡，并按句子内容找出相应的图片。

变化延伸 句子拼图。

错误控制 视觉辨别。

兴趣点 配对的过程。

指导用语 句子卡上的句子。

注意事项 教师应让幼儿参与卡片制作过程。

(三)工作名称：补充句子

教具构成

1. 图片若干。

2. 根据图片书写句子，并剪去主要表达图片内容的词语或短语。

工作前经验 4 岁以上。

工作目的

1. 直接目的：加强幼儿对图文的理解能力，锻炼幼儿根据图意写句子的能力。

2. 间接目的：丰富幼儿的早期阅读经验。

工作步骤

1. 告诉幼儿：“现在我们来练习把句子补充完整。”

2. 拿出图片，纵向摆好。

3. 拿出句子卡，放在适合的图片右方。

4. 拿出词语或短语卡片，让幼儿把句子补充完整(如图 9-2-9-1、图 9-2-9-2)。

5. 重新阅读已补充完整的句子。

6. 让幼儿表达为什么把那个词语放在那个句子上面。

变化延伸

由图片卡、句子卡、短语或词语卡片过渡到句子卡和短语(词语)卡片。

错误控制 视觉辨别。

兴趣点 配对的过程。

指导用语 卡片上的句子。

注意事项 教师应让幼儿参与卡片制作过程。

图 9-2-9-1

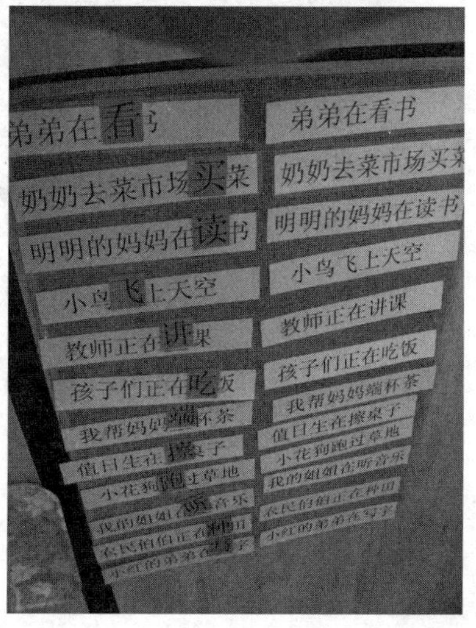

图 9-2-9-2

(四)工作名称：偏旁部首三步卡

教具构成

偏旁部首三步卡若干(如图 9-2-10)。

工作前经验　5 岁以上。

工作目的

了解汉字偏旁部首，为书写做准备。

工作步骤

1. 告诉幼儿：“今天我们要进行偏旁部首三步卡的工作。”
2. 把教具拿到工作毯上。
3. 先把字卡摆好。
4. 拿出部首卡，按顺序摆好，让幼儿进行字卡与偏旁部首卡的配对。
5. 进行三阶段教学。
6. 收起控制卡，打乱部首卡的顺序，进行偏旁部首卡和字卡的配对。

图 9-2-10

(五)工作名称：词语配对三步卡

教具构成

词语三步卡若干(如图 9-2-11)。

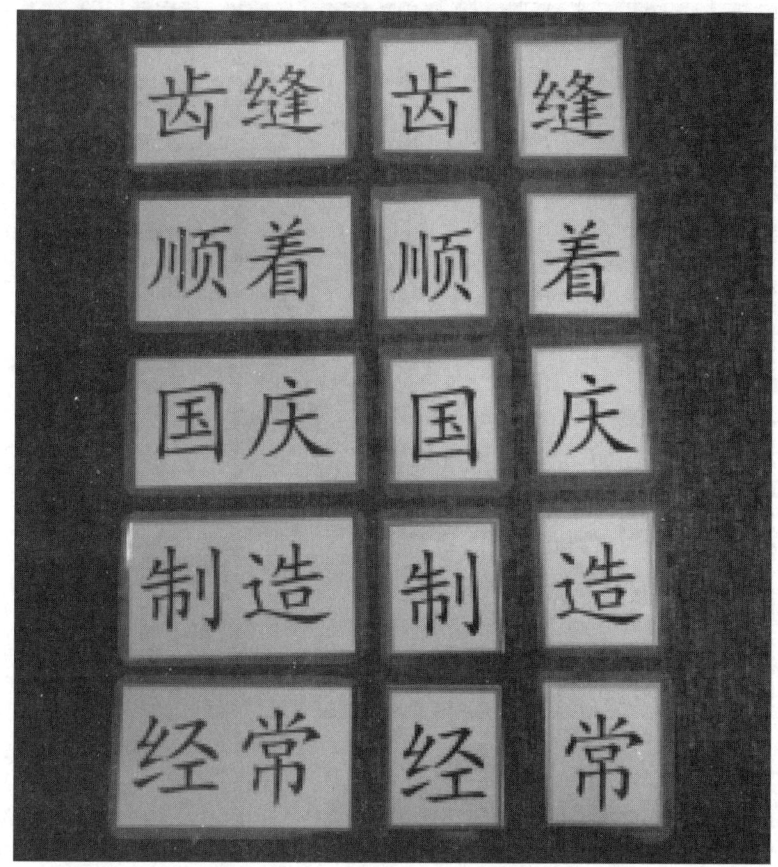

图 9-2-11

工作前经验　4 岁以上。

工作目的

通过对常见固定搭配的词语进行配对练习，熟练掌握汉字。

工作步骤

1. 告诉幼儿："今天我们要进行词语配对三步卡的工作。"
2. 把教具拿到工作毯上。
3. 先把控制卡按纵列排好。
4. 拿出控制卡，分发给幼儿，让他们进行配对。
5. 拿出字卡，分发给幼儿，让他们进行配对。
6. 进行三阶段教学。
7. 收起控制卡，打乱字卡的顺序，进行字卡和词卡的配对。

(六)工作名称：形容词三步卡

教具构成

形容词三步卡若干(如图 9-2-12)。

工作前经验　4 岁以上。

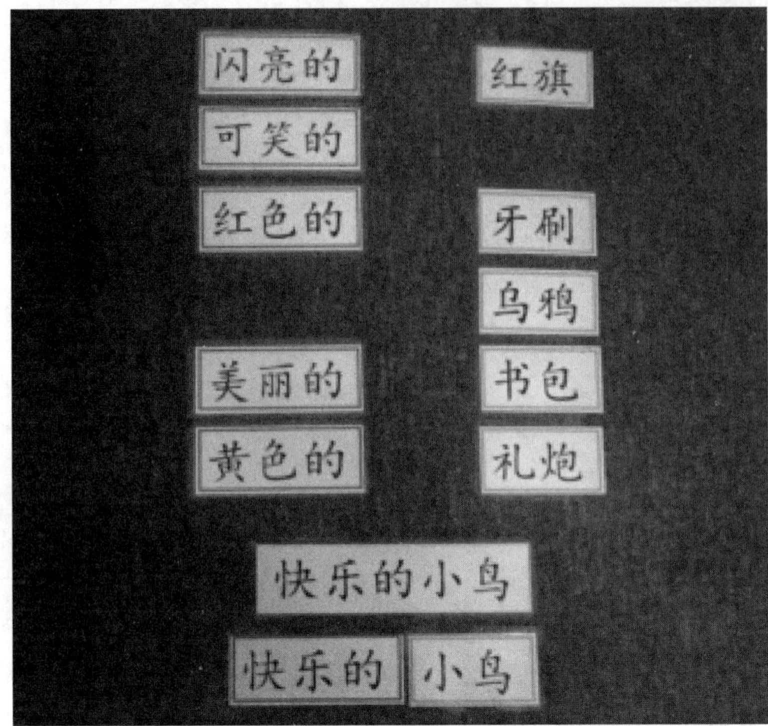

图 9-2-12

工作目的

了解形容词的意义，知道形容词在句子中的使用方法，丰富词汇量。

工作步骤

1. 告诉幼儿："今天我们要进行形容词三步卡的工作。"
2. 把教具拿到工作毯上。
3. 先把控制卡按纵列排好。
4. 拿出控制卡，分发给幼儿，让他们进行配对。
5. 拿出形容词卡，分发给幼儿，让他们进行配对。
6. 进行三阶段教学。
7. 收起控制卡，打乱字卡的顺序，进行形容词卡和词语卡的配对。

(七)工作名称：量词三步卡

教具构成

量词三步卡若干(如图 9-2-13)。

工作前经验　3 岁以上。

工作目的

通过灵活操作量词卡，正确使用量词。

工作步骤

1. 告诉幼儿："今天我们要进行量词三步卡的工作。"

2. 把教具拿到工作毯上。

3. 先把控制卡和图片卡按横向排好。

4. 拿出量词卡，分发给幼儿，让他们进行配对。

5. 收起控制卡，打乱量词卡的顺序，重新排序，巩固对量词的认识。

图 9-2-13

(八)工作名称：故事阅读三步卡

教具构成

故事阅读三步卡若干(如图 9-2-14)。

工作前经验　4 岁以上。

工作目的

通过阅读和理解每张图片的意义，讲述完整故事，逐步培养阅读能力。

工作步骤

1. 告诉幼儿："今天我们要进行故事阅读三步卡的工作。"

图 9-2-14

2. 把教具拿到工作毯上。

3. 先把图片卡按横向排好。

4. 拿出故事卡，分发给幼儿，让他们进行配对。

5. 让幼儿完整阅读故事。

6. 重新阅读故事。

7. 收起控制卡，打乱故事卡的顺序，重新排序，阅读故事。

实训经验分享

蒙氏语言领域配对卡的制作

实训目标

1. 掌握蒙台梭利教具的规律及操作目标。

2. 能自制蒙台梭利教具。

3. 有灵活地、个性化地进行蒙台梭利教育的素养。

实训准备

手工制作和绘画的用品。

实训步骤

1. 根据提示图(见配套教学资源)，结合配对卡的特点，制作配对卡。可用剪贴或绘画的方式，涉及的汉字都用打印机打印出来，贴到配对卡对应的位置上。

2. 以学习小组为单位，完整展示使用配对卡的过程。

3. 结合使用情况进行自我评价。

4. 组间评价，提出修改意见。

5. 教师从配对卡的颜色、轮廓、文字三方面进行评价总结，提出修改意见。

6. 实训小组根据修改意见继续修改提升，修改后以班级板报的形式展览分享。

项目回顾

内　容	掌握等级
蒙台梭利语言教育的内容	☆☆☆☆☆
蒙台梭利语言教育的目的	☆☆☆☆
蒙台梭利语言教育的特点	☆☆☆☆☆
蒙台梭利语言教具的操作	☆☆☆☆☆

思考与练习

1. 蒙台梭利语言教育的内容有哪些？

2. 蒙台梭利语言教具有哪些？

3. 举例说明蒙台梭利语言教育使用的三步卡的操作方法。

4. 蒙台梭利语言领域听力训练、口语训练、书写预备和阅读几部分各包括哪些工作?

学习自评卡

请同学根据实际掌握情况填写下表。

所属内容	掌握程度		分享与总结
	可独立操作教具的数量	可独立操作教具的质量	
蒙台梭利语言领域听力训练部分			
蒙台梭利语言领域口语训练部分			
蒙台梭利语言领域书写预备部分			
蒙台梭利语言领域阅读部分			

项目十
蒙台梭利科学文化教育

学习目标

1. 了解蒙台梭利科学文化教育的含义和目的。
2. 领会蒙台梭利科学文化教育的内容。
3. 掌握蒙台梭利科学文化教育的特征。
4. 能熟练、规范、完整地示范教具操作活动。

内容图解

任务一　蒙台梭利科学文化教育概述

- 一、蒙台梭利科学文化教育的含义与内容
- 二、蒙台梭利科学文化教育的特征
- 三、蒙台梭利科学文化教育的目的

任务二　蒙台梭利科学文化领域教具操作活动

工作名称

动物学	有生命和无生命、分类、脊椎动物
植物学	植物嵌板(如树的嵌板、树叶的嵌板)
地　理	认识亚洲、认识方位、看云识天气
历　史	认识四季、一日生活时间线
天　文	八大行星嵌板
其　他	人体的支架骨骼、水中的沉与浮、杂音筒等

项目导言

《列子·汤问》中有一篇文章《两小儿辩日》，讲的是这样一个故事。孔子到东方游历，途中遇见两个小孩在争辩，便问他们在争辩什么。有一个小孩说："我认为太阳刚升起时距离人近，而到中午的时候距离人远。"另一个小孩则认为太阳刚升起的时候距离人远，而到中午的时候距离人近。

第一个小孩解释道："太阳刚升起的时候大得像一个车盖，到了正午就小得像一个盘盂，这不是远处的看着小而近处的看着大的道理吗?"另一个小孩说："太阳刚升起的时候清凉而略带寒意，到了中午的时候像手伸进热水里一样热，这不是近的时候感觉热而远的时候感觉凉的道理吗?"孔子听了不能判定他们谁对谁错。

苏霍姆林斯基曾说："求知欲，好奇心——这是人的永恒的、不可改变的特性。"孩子与生俱来的好奇心，使得年幼儿童以成人难以想象的好奇心来探索这个世界，以至于提出了连思想家都感到棘手的问题。在幼儿教育实践中，蒙台梭利发现，幼儿对整个宇宙表现出强烈的兴趣，他们乐于探索这个宇宙和自身的位置。这更加激发了蒙台梭利对于科学文化领域课程的开发与研究。

任务一　蒙台梭利科学文化教育概述

一、蒙台梭利科学文化教育的含义与内容

(一)蒙台梭利科学文化教育的含义

蒙台梭利认为儿童是环境的一部分，也是文化的一部分。蒙台梭利倾向于把科学文化作为一个整体，在教育内容上从宇宙万物开始，让孩子们了解到宇宙的万事万物(有生命的和没有生命的)都是互相联系和互相依存的。蒙台梭利让孩子们通过多种感官感知世界，从而获得丰富的感性经验，并通过精心设计的教具和环境了解更多的细节内容，使得那些大人们看似很深奥的知识和经验，能很自然地纳入儿童的知识结构之中。

蒙台梭利指出，幼儿对文化学习的兴趣萌芽于 3 岁，到了 6～9 岁会出现探索事物的强烈要求，因此，这时期"孩子的心智就像一块肥沃的田地，准备接受大量的文化播种。"成人可在此时提供丰富的文化资讯，以本土文化为基础，延伸至关怀世界的大胸怀。蒙台梭利主张在 3～6 岁幼儿的教室中，利用生动具体的教具让幼儿浸润在文化的世界中。她认为幼儿的吸收心智能够从四周吸取文化方面的知识，并保留在记忆深处，直到多年后这些记忆犹如天赋般的能力成为幼儿心智的一部分，使他比别人能更有效且正确地理解文化方面的抽象知识。

蒙台梭利的科学文化教育包括动物、植物、历史、地理、天文、地质、科学实验及人体生理现象等，它体现了一种自然的倾向，一种生活化的教育内容，每一个类别在教育中都要从大的概念开始逐步细化。蒙台梭利科学文化教具主要分为自然科学和人文科学两类。自然科学包括：动植物部分、天文地质部分、科学部分。自然科学介绍了自然世界中的动物、植物、矿物、岩石、天文、气象、物质、能量、宇宙等。人文科学包括：历史部分和地理部分。人文科学介绍了世界地理观、各国度的风俗文化及因时间演变所发生的故事。

总之科学文化教育是为了培养幼儿对科学的兴趣及探索求知的精神，增长幼儿见识，开阔眼界，使幼儿从小就具有创造性思维和实践能力，帮助其了解基本的动植物学、地理学、天文学和历史学知识等。

(二)蒙台梭利科学文化教育的内容

1. 动植物学

蒙台梭利认为：与幼儿手中的积木相比，孩子们更喜爱有生命的小动物，幼儿园里如果饲养了小动物，就会增加幼儿情感的付出。教师应让儿童学习如何照顾小动物，让儿童了解动物的生活习性及生活基本条件，从而培养儿童对大自然的热爱。此外，蒙台梭利还指出："最能培养孩子对大自然感情的是栽培植物，因为植物不断变化并展示它的美，在其自然发展的过程中给予的远比索取的要多。"这种感情会内化成一种对生命的珍惜与感恩。观察大自然中植物的生长使孩子们有了更多专注的眼神和兴奋的表情，这说明孩子们本来属于活泼的本性和生命力被唤醒，这些更能够激发孩子潜能的发挥。

蒙台梭利的动植物学教育的主要目的是让儿童了解关于动植物的常识性知识，了解动植物与人的关系，了解动植物与环境的关系，培养幼儿热爱动植物、保护动植物的意识，培养幼儿对于动植物的兴趣，对于自然的热爱，树立热爱生命的信念，通过照顾和保护动植物培养幼儿的责任感等人格品质。蒙台梭利教育在动植物教学方面有一套完整的课题计划。幼儿比较偏爱动物，因为它们是活的，会自己动，但是身体跟人类长得不一样，吃的东西不同，生活习性不同，甚至栖息环境也有很大的差异。所以为了让孩子们能更好地、更正确地认识动物的各部位及其功能，教师应让孩子先有饲养的经验，在孩子有了与动物实际接触的经验后，再引入动物部位名称拼图、定义册、三步卡。同样的，教师在设计植物课程时，首先应对植物有初步的认识，另外也可以把植物学课程延伸到其他课程中，如科学实验课程"光线、水、空气对植物的作用"等。

蒙台梭利动植物学教具主要包括各种动植物嵌板、三步卡、各部位名称配对、小书、定义册等。其中动物学教具主要分为昆虫类、鱼类、两栖类、爬行类、鸟类和哺乳类；植物学教具主要分树、根、叶子、花和果实等。

2. 地理教育

地理教育涉及有关地球表面的一切，如地球的运动、陆地、海洋、气候、空气、人类的演变等。地理教育的目的是培养幼儿对地理学的兴趣，帮助幼儿建立空间方位感，了解各个国家的地理和文化，进一步建立世界观和宇宙观。蒙台梭利主张让孩子把握事物的整体性，然后再局部解剖，要遵循从整体到部分，从具体到抽象的原则，如学习地图拼图，描绘地图轮廓，国家名称练习及三步卡的练习等。蒙台梭利让孩子们先从自身开始学习，先认识自身的不同方位，了解“自身的地理”再认识自身的方位，然后再扩展到地球构造、地理区等知识。

蒙台梭利地理教育主要内容包括自然地理的学习，环境中自然因素的学习，时间和空间概念的学习以及自己动手制作教具。蒙台梭利地理教具内容广泛且实用性强，均是精心设计和制作而成，主要分为四类。

(1)地理学教具：手的轮廓图、手指的名称、身体的轮廓图、绘制教室平面图、地图等。

(2)地球方位教具：院子里的东南西北、教室里的东南西北、指南针、地图上的方位等。

(3)自然地理教具：地形三步卡、砂纸地形图、地球仪、陆地和水域的组成等。

(4)人文地理教具：彩色地球仪、世界地图拼图、亚洲地图、中国地图、制作地图、国旗三步卡等。

3. 历史教育

历史是时间伴随地理和人文环境变迁的过程，在蒙台梭利历史学习中，学习方法是以时间为线，把众多事情演变成时间轴的故事，时间的意义依赖于一个一个事件的产生和发展。历史学习的目的主要有：让孩子感受时间是连续不断的；让孩子感受时间是段落的、有节奏的；让幼儿感受人类与历史的关系。

历史教具非常丰富，主要有以下几种：

(1)时间的流逝部分：计时器。

(2)时间的测量部分：目的是给孩子介绍不同测量时间的工具。

时钟的认识部分：目的是认识时钟，知道1小时有60分钟，学习看整点、半点。

整点、半点：目的是认识整点半点；辨别图片的异同，学习配对。

时钟小书：目的是认识时钟，了解整点和半点；更深入地了解时针、分针间的关系；通过书写说明文字，使幼儿了解时钟与人们行为的关系。

制作时钟：目的是了解钟表表盘的概况，加深对钟表的认识；学习用涂色、剪贴的方法制作时钟。

四季年轮：目的是认识一年四季及每个季节所包含的月份；知道四季的排列顺序是循环往复的。

(3)日历的认识部分：目的是认识时间，认识日历。

认识一周中的每一天：目的是知道一周中有7天，并知道一周中每一天的名称；扩展对文字的认识，丰富幼儿的识字量。

认识一月中的每一天：目的是知道一月中有多少天，从 1 日～31 日(或 28 日、30 日)。

认识一年中的每一个月：目的是了解年与月的关系，知道一年有 12 个月；知道月份中的每一天与星期的关系；发展幼儿对数字、文字的认识。

制作日历：目的是认识日历，知道日期与星期的对应关系；学习制作日历的方法；发展幼儿的书写能力。

(4)成长时间线：目的是认识人生命的成长，生活的变化及延续的变化，教具如日期印章、我长大了(照片)。相关的延伸活动还包括衣服、船、飞机、汽车、家庭的生命线。此类活动的目的是学习认识日期，能用日期印章印出正确的日期；认识自己及同伴的姓名，了解姓名的意义；练习书写，丰富幼儿的识字量(姓名三步卡)；让幼儿了解地球绕太阳一圈是一年，知道不同年龄的人做不同的事情；了解人类生命的成长过程，知道生命变化与时间延续的关系。

(5)地球生命线：目的是知道人类的生命与地球生命比起来十分短暂；知道先有地球，后有人类(地球已存在几十亿年，而人类只存在了几百万年)。

4. 天文地质教育

蒙台梭利曾说："如果把宇宙通过正确的途径传授给孩子，那不仅可以激发孩子的兴趣，更能够引起孩子探索广博宇宙奥秘的欲望，到那时孩子的思想将不再神游而变得能全神贯注地思考了，他们所掌握的知识也会变得有组织、有系统。在教学中我们呈现给孩子的世界是完整的、有序的、联系的、和谐的、发展变化的，以这样的世界观来培养孩子的发展也将是全面的。"

天文地质主要是激发儿童的兴趣，了解我们居住的地球、地球的构成和活动、我们生存的空间，以及人类与地质环境、人类与宇宙之间的关系，帮助幼儿形成科学的世界观和探索精神。

蒙台梭利天文学教育的主要内容有行星家族、星座和太空的奥秘。教具主要有八大行星嵌板、八大行星三步卡、八大行星拼图、八大行星符号拼图、太阳系的介绍、月亮的变化、太阳的构造、星座的介绍、望远镜的使用等。岩石标本是蒙台梭利地质学的主要学具，包括各种各样的岩石、矿石、化石和有关岩石的书籍以及探索岩石奥妙的工具等。地质教育要求教师从简单到复杂地使用教具，以开放有序的系统方法布置教学环境。地质学教具主要有地球的层次构造三步卡、地层构造——断层和褶皱、火山爆发实验、火山爆发三步卡、岩石的三种形态、沉积岩实验教具等。

5. 音乐教育

3～6 岁幼儿听觉神经还在发育成长中，并不适合做专业的音乐技巧训练。蒙台梭利认为幼儿期只能接受音乐启蒙教育。蒙台梭利幼儿音乐教育主要包括认识和聆听声音；使用杂音筒做强弱音练习；使用音感钟做高低音练习；在走线时表现韵律和节奏；培养识谱能力等。蒙台梭利音乐教育常和感官教育、日常生活教育融合在一起进行。

除上述内容外，蒙台梭利的科学文化教具还包括人体生理教具和科学实验教具。人体生理教具主要有人体解剖图、人体拼图、人体三步卡等。科学实验教具主要包括空气实验教具、水的特性实验教具、磁铁特性实验教具等。

二、蒙台梭利科学文化教育的特征

(一)遵循由具体到抽象、由已知到未知等秩序性特征

有一次，谷歌(Google)的创始人拉里·佩吉(Larry Page)和谢尔盖·布林(Sergey Brin)在接受采访时，记者问他们的成功应该归功于哪一所学校，他们并没有回答斯坦福大学或密歇根大学，而是“蒙台梭利小学”。他们认为，在蒙台梭利小学中，他们学会了积极的生活态度，即“自己的事，自己负责，自己解决”，也养成了积极进取、勇于尝试、乐观主动、自我驱动的习惯。由此可以看出，蒙台梭利科学文化教育不仅传授科学文化知识，贯穿始终的还有蒙台梭利一直在强调的自由、秩序和感官引导。具体来说，科学文化教育是全球性的，是关于宇宙观和系统性的。科学文化教育通过操作、感官来学习，是一种探索体验式的学习方法。科学文化教育给予孩子基本能力、想象空间和兴趣的延展。科学文化教育所追求的人生态度，是个体终身学习和发展的动力。简言之，蒙台梭利科学文化教育具有以下特征：由具体到抽象，由已知到未知，具有秩序性，将内容设计成可操作的工作，通过感官引导学习等。

(二)尊重地域性、民族性等文化差异

对儿童进行文化教育时需考虑各国文化的不同，以及各区域之间文化差异，设计出适合儿童心理发展的教具。文化有其地域性和民族性，所以文化教育区固定教具比较少。教育者通过把区域文化、民族文化相结合的方式，创造适合文化区教育的教具，可以让儿童认识自己的祖国、民族或家乡文化，从而在形成爱家乡爱祖国的情感的同时，形成渊博的知识和广阔的视野。

三、蒙台梭利科学文化教育的目的

蒙台梭利认为孩子是环境和文化的一部分，儿童对文化认同越多，就越能适应那里的环境。儿童学习文化不只是让他们更聪明，最重要的是使他们了解环境，进而尊重环境、尊重别人、尊重自己；使儿童喜欢探究，增强信心，对世界、对人充满爱。科学文化教育通过了解环境，探究人类与环境、人类与自然、人类与宇宙的关系，建立自我概念；帮助幼儿了解基本的科学文化知识，为日后的学习打下基础。

(一)蒙台梭利科学文化教育的直接目的

蒙台梭利科学文化教育主要是通过动植物、地理历史、天文地质等教具，让儿童学

习如何照顾动植物，了解自己居住的大环境和宇宙万物的奥秘等知识；使儿童对其生存的环境，对人、对事、对物具有浓厚的兴趣，能从自己生活的环境中建构自我的概念；培养儿童爱科学的情感；培养儿童掌握认识事物的方法；培养儿童的好奇心、求知欲；引导儿童接触周围世界，增强与环境和谐相处的能力，获得科学经验；学习民族文化，培养民族自豪感，等等。

(二)蒙台梭利科学文化教育的间接目的

从欣赏、观察、认识中，培养幼儿对宇宙和大自然的热爱及责任感，使幼儿在未来能有足够的能力和适应力，独立工作和发现自我。

任务二　蒙台梭利科学文化领域教具操作活动

一、科学文化领域动物学教具操作活动

(一)工作名称：有生命和无生命

第一次展示：观察

工作前经验　饲养鸟的经验。

操作材料　活鸟、标本鸟。

工作目的

1. 直接目的：培养幼儿对生命体的行为特征和身体特征的观察能力。

2. 间接目的：

(1)培养幼儿对有生命和无生命的视觉辨别力；

(2)了解有、无生命的意义。

工作步骤

1. 介绍工作名称。

2. 从教具柜取出标本鸟，从观察柜中取出活鸟，放在工作毯上。

3. 教师以提问方式让孩子说出标本鸟和活鸟的不同。

4. 启发幼儿得出结论：有生命的物体会成长，需要空气、水、食物；无生命的不会成长，不需要空气、水和食物。

变化延伸

找出周围环境中有生命和无生命的事物。

错误控制　教具观察。

兴趣点 对动物的兴趣，对生命的发现。

指导用语 成长、空气、水、食物。

注意事项

此项工作是幼儿第一次接触动物学教育，教师要以正确方式启发幼儿观察思考有生命和无生命的区别。

第二次展示：分类

工作前经验 已有比较活鸟和标本鸟的经验。

操作材料

有生命和无生命的图片、有生命和无生命的字卡各1张。

工作目的

1. 直接目的：学习对图卡分类。

2. 间接目的：了解有生命和无生命的特征，掌握分类的思维方法。

工作步骤

1. 教师将有生命和无生命两张字卡放在工作毯上。

2. 团体教学，让一名幼儿选择一张图片展示给其他幼儿看。

3. 幼儿展示完图卡之后，自行判断这张图卡的事物是有生命还是无生命，然后放在相应的字卡下进行分类。

4. 按照此方法将所有照片分类。

变化延伸 自己制作有生命的图册。

错误控制 师幼互动中的反馈。

兴趣点 分类的成就感。

指导用语 有生命的定义和无生命的定义。

注意事项

1. 在幼儿展示图卡的时候，教师要注意引导其采用正确的方法，使图片正对着其他幼儿。

2. 幼儿分类出现错误的时候，教师要让幼儿自行解决问题。

(二)工作名称：脊椎动物——鱼类实物的观察

工作前经验 饲养鱼类。

操作材料

一条放在容器内的活鱼，一条放在托盘上的新鲜鱼。

工作目的

1. 直接目的：认识鱼的各部位名称和构造。

2. 间接目的：发展幼儿的专注力和秩序感。

工作步骤

1. 将鱼放在幼儿面前，告诉幼儿今天的工作内容是观察和讨论鱼的身体特征。

2. 让幼儿逐个观察和触摸鱼的各部分。

3. 和幼儿进一步讨论鱼类各部位的功能。

4. 拿托盘内的新鲜鱼给幼儿示范鱼的各部位的特征。

5. 教师让幼儿仔细观察鱼在水中的情形。

6. 观察结束后，将鱼放在观察柜上。

变化延伸 观察鱼的各种鱼鳍。

错误控制 成人的示范。

兴趣点 对鱼的兴趣。

指导用语 鱼的身体部位名称。

注意事项 儿童触摸鱼时的手势。

(三)工作名称：脊椎动物——鱼的嵌板

扫码看视频

工作前经验 观察鱼的身体结构。

操作材料 鱼的嵌板。

工作目的

1. 直接目的：培养幼儿对鱼的行为特征和身体特征的观察能力。

2. 间接目的：

(1)培养幼儿对物体尺寸的视觉辨别力；

(2)锻炼幼儿手指的灵活性，为书写做准备；

(3)训练幼儿从左至右的方向感；

(4)为学习数学中的一一对应关系做铺垫；

(5)发展幼儿的秩序感、专注力、协调性和独立性。

工作步骤

1. 介绍工作名称，从教具柜取出嵌板，说明“这是一条鱼”。

2. 右手把嵌板从嵌板框中取出，散放。

3. 划定范围，选中鱼头的嵌板。

4. 触摸嵌板和嵌板框。

5. 嵌入鱼头嵌板，说明“这是鱼头。”

6. 把嵌板嵌入，收回，结束。

变化延伸 拓鱼。

错误控制 嵌板与嵌板框的对应。

兴趣点 把鱼的嵌板放进嵌板框的成就感。

指导用语 鱼身体的各部分名称。

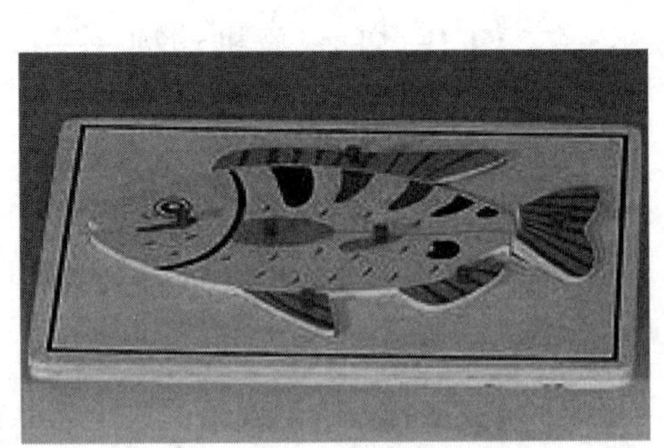

图 10-2-1

注意事项

此次展示要充分，在幼儿工作遇到困难时，教师要注意指导方法，可以和幼儿一同完成但不要包办代替。

(四)工作名称：脊椎动物——鱼类部位名称

工作前经验　了解鱼类部位名称。

操作材料　鱼的部位展示卡、三步卡和定义册。

工作目的

1. 直接目的：使幼儿了解爬行动物的知识。
2. 间接目的：通过阅读卡提高阅读能力。

工作步骤

1. 介绍工作名称，取教具。
2. 先展开展示卡，将三步卡的图字卡依照展示卡的次序由左至右排列在工作毯上。
3. 将图卡与图字卡配对，放在正确部位下方。
4. 将部位名称字卡与图卡配对，放在正确部位下方。
5. 翻开定义册解说部位名称的功能。
6. 收回，结束。

变化延伸　自己动手绘制名称册。

错误控制　配对的过程。

兴趣点　配对的成就感。

指导用语　鱼类各部位名称。

注意事项　展示图卡依次摆放的动作。

二、科学文化领域植物学教具操作活动

(一)工作名称：树的嵌板

工作前经验　了解树的结构。

操作材料　树的嵌板、树的三步卡。

工作目的

1. 直接目的：使幼儿了解植物的组成部分及名称。
2. 间接目的：使用三步卡熟悉树的各部分名称。

工作步骤

1. 介绍工作名称。
2. 取出树的嵌板放在工作毯上。
3. 请幼儿观察树的各部分结构。

4. 取出各部分拼图块，将它们按照从上到下的顺序重新拼摆成完整的图案。

5. 再次取下各部分的拼块，将它们与名称卡对应，再摆拼回原样。

6. 将三步卡依次摆放在工作毯上，请幼儿将它们与拼板对应，并说出各部分名称。

7. 收拾整理用具。

变化延伸

将拼图的轮廓印画在纸上，请幼儿涂色并说出这是什么部位。

错误控制　拼板本身的轮廓。

图 10-2-2

兴趣点　树的嵌板。

指导用语　植物的各部分名称。

注意事项　拼图部分依次摆放。

（二）工作名称：树叶嵌板

工作前经验　观察叶子的经验。

操作材料

叶子的标本和图片及所对应的字卡。

工作目的

1. 直接目的：了解叶子的种类、形状、大小和颜色。

2. 间接目的：培养幼儿分类的能力。

工作步骤

1. 介绍工作名称。

2. 嵌板拿出放在工作毯上，图片、字卡散放，托盘放在右下角。

3. 拿起嵌板说“树叶”，然后把大树叶嵌板放在工作毯上，寻找带有树叶字的图片，将其放在嵌板右边，依次寻找树叶图片和字卡。

4. 右手二指捏出叶身放在嵌板下面，从散放的图片中寻找带有叶身字样的图片放在头部嵌板右侧，依次寻找叶身图片和字卡。

5. 拿出叶脉嵌板放在头部下边，方法同上；拿出叶柄嵌板放在身体下边，方法同上；拿出托叶嵌板放在身体下边，方法同上。

6. 名称练习，三段式教学。

7. 收教具：从头部开始收，先将头部嵌入嵌板，然后将中间图片叠放在第一个图片上，边收边说“叶身”，收叶身字卡，放在第一个图片上，边收边说“叶身”，依此类推。

8. 收拾整理用具。

变化延伸　树叶拓画。

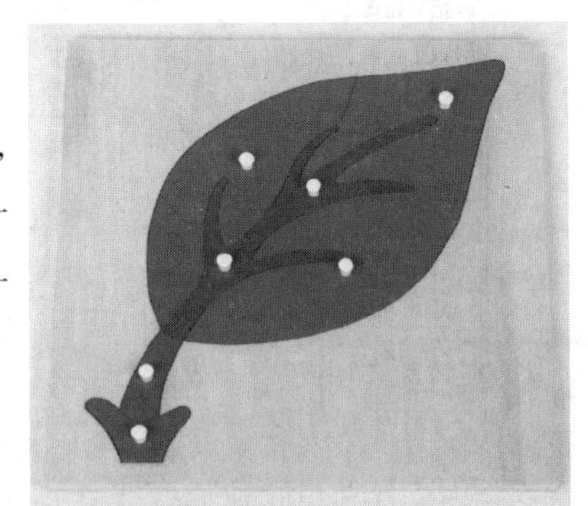

图 10-2-3

错误控制

每个图片后面都有相应大小的辨别标记。

兴趣点 拼图过程。

指导用语 叶子的各部位名称。

注意事项 拼板的顺序；收图片与字卡的顺序。

三、科学文化领域地理教具操作活动

(一)工作名称：认识亚洲

工作前经验 了解亚洲是世界的一个洲。

操作材料

世界地图嵌板、亚洲地图嵌板、亚洲各国标签。

工作目的

1. 直接目的：认识自己所在的洲，了解亚洲是由许多国家组成的。
2. 间接目的：了解亚洲各个国家的名称。

工作步骤

1. 介绍工作名称。
2. 取出世界地图嵌板，请幼儿找出亚洲的位置。
3. 取出亚洲地图嵌板和世界地图嵌板上的亚洲部分，做比较。
4. 找到亚洲拼图里的中国部分，把它放在嵌板的右边，介绍中国是我们居住的地方。
5. 继续找出朝鲜、日本、俄罗斯等邻国，请幼儿辨认观察。
6. 收拾整理用具。

变化延伸

画亚洲地图、认识亚洲的海洋。

错误控制 嵌板本身的轮廓。

兴趣点 对亚洲的兴趣。

指导用语 国家的名称。

注意事项 教师应给幼儿提供充分时间操作嵌板。

(二)工作名称：认识方位

工作前经验 了解亚洲是世界的一个洲。

操作材料

世界地图嵌板、亚洲地图嵌板、亚洲各国标签。

工作目的

1. 直接目的：认识自己所在的洲，了解亚洲是由许多国家组成的。

2. 间接目的：了解亚洲各个国家的名称。

工作步骤

1. 介绍工作名称。

2. 出示方位图，学习识别北、南、西、东的方法。

3. 取出亚洲地图嵌板和世界地图嵌板上的亚洲部分，做比较。

4. 让幼儿目视太阳的方向，引导幼儿按照太阳的“东升西落”，确定东方，并把字卡“东”贴在墙上；同时让一名幼儿站在东面，另一名幼儿站在太阳落山的方向，感觉东面和西面是相对的；用同样方法引导幼儿认识北和南也是相对的。

5. 依次在墙面上贴方向卡。

6. 收拾整理用具。

变化延伸　在教师的平面图中认识方位。

错误控制　嵌板本身的轮廓。

兴趣点　对方位的兴趣。

指导用语　方位名称。

注意事项　教师给儿童展示方位的相对性。

(三)工作名称：看云识天气

工作前经验　生活中有观察云的变化的经验。

操作材料

不同形状、不同颜色的云的图片，字卡，天气卡，2个小木盒。

工作目的

1. 直接目的：能根据常见的两种云来判断晴天和阴天。

2. 间接目的：认识不同的云的变化，培养观察力和对天文探索的兴趣。

工作步骤

1. 介绍工作名称，取教具。

2. 把装云彩图片的盒子放左边，装字卡和图形卡的盒子放右边。

3. 拿出常见的晴天和阴天时的云的图片，引导幼儿了解生活中常见的云，知道其代表的天气；将对应的字卡和天气卡放在对应的云的上面。

4. 将天气卡和字卡收起来。

5. 让幼儿看云说天气，并将对应的字卡和天气卡找出来。

6. 收拾整理用具。

变化延伸　方法和知识的延伸。

错误控制　师幼交流中的即时反馈。

兴趣点　云的形状和颜色。

指导用语　晴天、阴天。

注意事项　教师应留给幼儿自己操作字卡和图卡的时间。

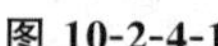

图 10-2-4-1

图 10-2-4-2

四、科学文化领域历史教具操作活动

(一)工作名称：认识四季

工作前经验　观察教室外的季节变换。

操作材料

四季字卡各 1 套，代表各个季节的物品各 1 份，表示各个季节的图片各 1 张，工作毯 1 块。

工作目的

1. 直接目的：认识四季。

2. 间接目的：了解四季的特点。

工作步骤

1. 介绍工作名称，取出四季的学具放在工作毯上。

2. 提问：现在是几月，是什么季节?

3. 取出本月的学具，讨论这个季节的特征：天气、着装、饮食、用品等。

4. 把代表本季节的物品放在工作毯中央，再把相对应的季节图片放在下面，取出字卡与其对应。

5. 以同样的方式介绍其他几个季节。

6. 收拾整理用具。

变化延伸

不同季节时带幼儿到户外活动，体验不同季节的特征。

错误控制　师幼互动的即时反馈。

兴趣点　教具本身。

指导用语　四季名称。

注意事项　教师应给幼儿充分时间讨论四季

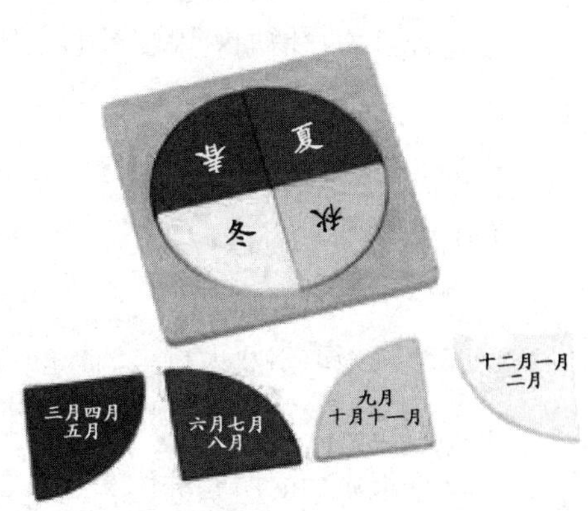

图 10-2-5

的特征。

(二)工作名称：一日生活时间线

工作前经验 观察一日的太阳变化。

操作材料 一日时间的三步卡。

工作目的

1. 直接目的：了解自己在一天中各个时间段的活动内容。

2. 间接目的：懂得珍惜时间。

工作步骤

1. 介绍工作名称，取出一日生活三步卡，分类摆好。

2. 从早晨6点开始逐一按照时间的顺序将时间段的卡片摆好。

3. 对照活动内容卡将时间卡摆好。

4. 观察所展示的学具，说说自己的一日活动。

5. 收拾整理用具。

变化延伸 制作一套家庭时间卡。

错误控制 三步卡的完整组合。

兴趣点 图片的颜色和内容。

指导用语 一日各类活动的名称。

注意事项 教师应给幼儿提供充足时间组合三步卡。

五、科学文化领域天文教具操作活动

工作名称：八大行星嵌板

工作前经验 具有探究星系的兴趣。

操作材料 八大行星嵌板，八大行星标签。

工作目的

1. 直接目的：增加对太阳系的兴趣，认识八大行星，知道行星会沿着轨道围绕太阳运行。

2. 间接目的：为学习八大行星三步卡做准备，培养儿童科学探究的兴趣。

工作步骤

1. 介绍工作名称。

2. 从学具柜取出八大行星嵌板的学具放在工作毯上。

3. 介绍太阳系里八大行星的工作。

4. 将嵌板里面的所有球体拿出来在工作毯上排成一排。

5. 拿出八大行星的标签与球体对应摆放，配对。

6. 收拾整理用具。

变化延伸

利用八大行星嵌板描出八大行星的轮廓并涂色。

错误控制 教具本身的特征。

兴趣点 太阳系的故事。

指导用语 太阳系。

注意事项 教师的讲解顺序，要先从太阳开始。

六、科学文化领域其他教具操作活动

（一）工作名称：人体生理学——人体的支架骨骼

工作前经验 观察过建筑物的支架。

操作材料 人体的支架骨骼。

工作目的

1. 直接目的：知道骨骼是人体的支架。

2. 间接目的：初步了解骨骼的名称和作用，懂得用多种方法保护骨骼。

工作步骤

1. 介绍工作名称，取人体的支架骨骼，引导幼儿观察骨骼的构成。

2. 让幼儿做相应的动作来感受骨骼的作用。

3. 给幼儿提供操作卡，请幼儿判断操作卡上幼儿行为的正误，懂得保护骨骼的多种方法。

4. 收拾整理用具。

变化延伸 给爸爸妈妈讲讲保护骨骼的方法。

错误控制 师幼交流的即时反馈。

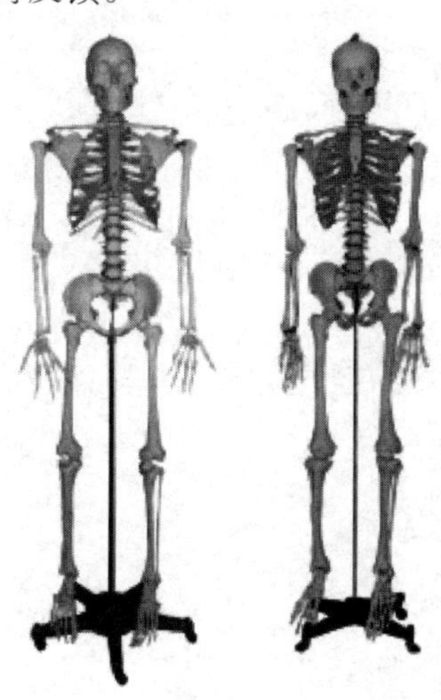

图 10-2-6

兴趣点　探究骨骼的功能。

指导用语　骨骼的名称。

注意事项　在儿童探究骨骼作用的时候，要注意引导其按照骨骼的顺序操作。

(二)工作名称：科学实验——水中的沉与浮

工作前经验　玩水的经验。

操作材料

小泡沫板、石头、玻璃球、雪花片、小球、塑料瓶、操作盘、记录表、笔、水盆。

工作目的

1. 直接目的：观察、比较物体在水中的沉浮现象。

2. 间接目的：用简单的图画记录观察和探索的结果。

工作步骤

1. 介绍工作名称，取教具。

2. 出示托盘中的实物，让幼儿观察。

3. 请幼儿猜猜把这些东西放入水中后，有哪些东西会沉入水底，有哪些东西会浮出水面。

4. 指导幼儿把猜想的结果写在记录表上，设置好上浮和下沉的标记。

5. 和幼儿一起动手把材料投放到水中，实际操作后观察沉浮状态，指导幼儿做好沉浮现象的记录。

6. 请幼儿比较实验记录和先前的猜测。

7. 幼儿对自己的实验进行总结，并与其他幼儿分享，整理用具。

变化延伸　尝试其他材料进行同样实验。

错误控制　实验的结论。

兴趣点　沉与浮的变化。

指导用语　沉、浮。

注意事项　指导幼儿做好沉浮的标记。

(三)工作名称：杂音筒

教具构成

由2个木盒12个圆筒组成，红色为控制组，蓝色为操作组，分别装入沙子、小米、石子等。

工作前经验　3岁以上。

操作材料　音感钟。

工作目的

1. 直接目的：辨别声音的强弱。

2. 间接目的：建立配对和序列的概念。

工作步骤

1. 介绍工作名称，取教具。

2. 从木盒内取出红色筒，把圆筒码成一横排，再把蓝色圆筒拿出放在对面码成一排。

3. 拿出控制组中的蓝色圆筒放到耳边，纵向摇动仔细分辨声音，再取出红色圆筒放在耳边纵向摇动圆筒听辨声音，若声音相同就以配对方式放在最前列，若不同就更换操作组直到声音相同为止。

4. 收教具，结束。

变化延伸 更换圆筒的内容物。

错误控制 筒底部的记号。

兴趣点 声音。

指导用语 小的、大的、轻柔的、舒缓的、急促的。

注意事项 先选择最强音和最弱音来辨识。

(四)工作名称：音感钟

教具构成

第一组钟的台座为原木色，称为操作组，由中央C开始，包括一个八度音程内所有的全音和半音所组成的13个音；另一组为控制组，台座有白黑两种颜色，白色代表由中央C开始一个八度音程内所有的全音，黑色则代表八度音程内所有的半音，主要由木质的击锤和止音棒、音感钟键板、音名白键、升降音名黑键等组成。

工作前经验 3.5岁以上。

操作材料 音感钟。

工作目的

1. 直接目的：启发幼儿对音乐的感受力。

2. 间接目的：

(1)感知和创造音乐；

(2)将动作与游戏、音乐相结合。

工作步骤

1. 介绍工作名称，取教具，放置音感钟的方法：音感钟上有一个绿色的底板，将有黑白的地方放前面，白色的铃是控制铃，只有一个，放在白色底板的后面，白色的控制组放一排，原木色的操作组放在白色底板上。音感钟正常情况下都应该放在绿色的底板上或架子上。

2. 随意取一个原木色的钟，一只手托着它的底部，很小心地拿到桌子上，用木槌敲击，然后听，直到不能听到声音。教师和幼儿轮流进行。

3. 音感钟配对。

4. 按发出音的高低将配对钟排序，结束工作。

变化延伸 结合实物和动作的音乐游戏。

错误控制 音感。

兴趣点 乐音。

指导用语 你来敲。

注意事项 在进行唱音时，如果幼儿跑调，不要批评或指责幼儿。

实训经验分享

模拟工作展示

实训目标

1. 掌握蒙氏教具操作守则及注意事项。

2. 能规范、标准地展示工作并能对自己和他人的工作进行评价。

3. 乐意练习、展示教具操作。

实训准备

蒙氏实验室或蒙氏幼儿园。

实训步骤

1. 介绍模拟教育情境、角色分工(一般以学习小组为单位，有模拟教师的，有模拟小朋友的)。

2. 按蒙氏工作流程进行展示。

3. 结合蒙氏教具操作守则进行自我评价。

4. 组间评价。

5. 教师主要从教师仪态、语言、动作三方面进行评价总结，提出修改意见。

图 1

图 2

图 3

图 4

6. 实训小组根据修改意见继续练习提升，并从情境创设、角色分工、展示语言、展示动作、仪容仪态、心理状态调整等方面撰写修改报告。

项目回顾

内　容	掌握等级
蒙台梭利科学文化教育的含义	☆☆☆☆☆
蒙台梭利科学文化教育的内容	☆☆☆☆☆
蒙台梭利科学文化教育的目的	☆☆☆☆
蒙台梭利科学文化教育的特征	☆☆☆☆
蒙台梭利科学文化教具的操作	☆☆☆☆☆

思考与练习

1. 蒙台梭利科学文化教育的含义是什么？
2. 蒙台梭利科学文化领域的教具包括哪些？
3. 举例说明蒙台梭利科学文化领域教具操作使用的三阶段教学法。

学习自评卡

请同学根据实际掌握情况填写下表。

所属内容	掌握程度		分享与总结
	可独立操作教具的数量	可独立操作教具的质量	
蒙台梭利科学文化教具动植物部分			

续表

所属内容	掌握程度		分享与总结
	可独立操作教具的数量	可独立操作教具的质量	
蒙台梭利科学文化教具历史地理部分			
蒙台梭利科学文化教具天文地质部分			
蒙台梭利科学文化教具音乐部分			
蒙台梭利科学文化教具科学实验部分			

项目十一
0～3 岁蒙台梭利早期教育

学习目标

1. 了解蒙台梭利早期教育的基本思想及 0～3 岁婴幼儿发展的特点。
2. 理解并领会 0～3 岁蒙台梭利早期教育的主要内容及特点。

内容图解

任务一 0～3 岁蒙台梭利早期教育概述

- 一、0～3 岁蒙台梭利早期教育思想概述
- 二、0～3 岁婴幼儿发展特点
- 三、0～3 岁蒙台梭利早期教育的内容
- 四、0～3 岁蒙台梭利早期教育的特点

任务二 0～3 岁蒙台梭利早期教育活动的设计、组织与实施

- 一、0～3 岁蒙台梭利日常生活教育活动的设计、组织与实施
- 二、0～3 岁蒙台梭利感官教育活动的设计、组织与实施
- 三、0～3 岁蒙台梭利语言教育活动的设计、组织与实施
- 四、0～3 岁蒙台梭利数学教育活动的设计、组织与实施
- 五、0～3 岁蒙台梭利科学文化教育活动的设计、组织与实施

项目导言

米朵8个月了，今天来到早教中心练习由爬行发展到站立的动作。她在爬行垫上熟练地向前爬行，在不远的地方有一个她一伸手就能够到的横杆，只见她两只手拽着横杆站了起来，还沿着横杆向前行走了几步。忽然她抬起头，看到了对面镜子里的自己，她咧嘴笑了，一只手松开横杆，向镜子里的小娃娃挥手打招呼，嘴里发出“哇哇哇哇”的声音。

双手的解放和自主灵活行走是蒙氏早期教育活动开展的目的和前提，所以围绕“基于婴幼儿动作发展规律的动作练习”进行的感知觉、语言、情绪情感、社会交往等能力的练习是蒙氏早教活动的基本特征。

任务一　0～3岁蒙台梭利早期教育概述

近年来早期教育和亲子教育的新发展把对蒙台梭利教育法的学习和运用推向了高潮，向蒙台梭利学习成了婴幼儿早期教育的时尚。教师应科学运用蒙台梭利教育思想服务于我国幼儿教育，为幼儿的全面发展创造新的空间。

一、0～3岁蒙台梭利早期教育思想概述

蒙台梭利认为儿童有一种与生俱来的内在生命力——“吸收性心智”。这种生命力是积极的、不断发展的，教育的任务就是激发和促进儿童内在潜力的发挥，使其按自身规律获得自然地、和谐地发展。这就要求我们在践行蒙台梭利教育思想时要以尊重儿童生命和自然规律为前提，促进儿童身心自然成长和完善。蒙台梭利十分强调早期教育的重要意义，认为儿童具有巨大的精神潜能，儿童期的教育对个体一生的发展具有重大影响。“早期的毫厘之差会导致日后生活的重大偏离”，“成人的幸福是与他在儿童时期所过的那种生活紧密相连的”。因此，重视儿童的早期教育，就是为未来社会的发展做准备。

当前，很多人对于0～3岁婴幼儿早期教育的理解还存在不同程度的盲点。为人父母者在没有接受任何教育和训练，甚至是在对生命成长法则和教育知之甚少的情况下便成为了理所当然的父母，初生的婴儿于是很难被正确地认识，也难以得到他应有的科学照料和教育。人们常把新生儿看成是软弱无知、依附于成人的弱小生命，给了他们过多的束缚和管制。基于此，蒙台梭利指出：“我确信，当人们更好地了解了儿童之后，他们就会找到较好的照管他们的方法，仅仅使新生儿避免受到伤害是不够的，应该采取措施使他的心理适应他周围的世界。一些实验表明，要采取这些措施，父母应该在照管新生儿方面受到指导。”蒙台梭利提出了一套适合不同年龄儿童发展特点的教育方法，对教师、环境和活动材料等提出了有代表性的早期教育观点，针对不同年龄和发展水平的儿童设

计了不同的教具。她认为，“儿童出生时就具有各种内在的积极的可能性，这些可能性必须通过环境中的可能性来发展”，于是为儿童提供与他们的发展需要相适宜的教育环境极为重要。对于幼小儿童，蒙台梭利设计了与他们身体尺寸相适应的桌椅，为他们提供合理的饮食，布置适宜的环境，为儿童的生命力发展服务。

现代认知科学和脑科学的发展为早期教育提供了更为丰富和翔实的科学证据，教育要尊重儿童身心发展的特点，尊重儿童生命的成长法则，不能想当然地教育儿童。因此，我们要吸收蒙台梭利重视新生儿养育、重视早期教育的观点，重新认识儿童，对父母进行必要的科学教育训练，为儿童日后的教育和发展奠定良好的基础。现在中国很多城市对早期教育和亲子教育教师的培训都采取蒙台梭利的教育模式，借鉴蒙台梭利教育法安排教育内容、设计教具和布置环境，这是人们重视婴幼儿教育的一个体现，也是我国婴幼儿教育逐步走向科学化的一个标志。

二、0～3 岁婴幼儿发展特点

(一)发展的主动性

个体从出生就具备了主动成长的内在力量和对生存发展有利的行为，努力地观察周围一切事物。如果不给予丰富的环境刺激使这些能力发展出来，就阻碍了个体良好的发展。“人从出生那一刻起就具备自我发展的积极力量，……教育的任务是激发和促进儿童的潜能发展。”个体在一生中的最初几年获得的经验丰富与否，在很大程度上影响着他的大脑的发育，早期教育越丰富大脑的效率越高，可以说儿童早期获得的每一份经验都会促进大脑神经细胞的发育。通常情况下，凡是主动发展的要求得到满足的孩子，对生活的满意度会较高，得意的神情会自然流露，发脾气的机会也比较少。

(二)发展的有序性和阶段性

儿童出生后身心发展表现出明显的顺序性。儿童身体动作发展遵循由上至下、由躯干到四肢、由简单到复杂的秩序原则。如儿童动作发展的顺序是：抬头—翻身—坐—爬—站—走—跑—跳，孩子从出生开始就在一步一步地有序完成这些动作。

儿童身心发展存在敏感期，在这个时期最容易学会和掌握某种知识技能和行为模式。不同月龄段儿童教育的重点会因优势发展领域的不同而有所差异，成人要把握好儿童敏感期内的教育契机。在敏感期时应尽量满足孩子的各项发展要求，提供相应的发展条件，使教育的最佳期不被错过。在这个时期，孩子最易接受环境和教育的影响，从而发展其智力和能力。

(三)发展的差异性

婴幼儿发展的差异性主要体现在生物遗传因素的差异、个体后天成长环境的差异、家庭成员的构成及相互作用关系的差异、个体自身个性特点的差异等方面。这些都会影响孩子在个性、智力、体力等方面的发展，随着年龄的增长，个体相互间的差异会愈加明显。例如：我们经常会发现同一月龄的两个儿童在语言、动作、交往等方面均存在不同程度的差异。

(四)心理和生理发展的关联性

生理即机体的生命活动及各器官的功能，是个体心理发展的物质基础。身体健康，生理机能完好无损，儿童才能逐步建构起完整的心理世界。儿童应多渠道吸收外界信息，以便促进神经系统和大脑的发育，另外保持心情愉快也能促进身心健康。心理与生理的发展是相辅相成的，儿童年龄越小，生理和心理之间的发展关系越密切。

三、0～3岁蒙台梭利早期教育的内容

蒙台梭利教育法是依据婴幼儿不同月龄段的不同敏感期而科学施教的育儿方法，备受世界各国幼教界推崇，教育内容涵盖多方面。蒙台梭利重视儿童自主的学习活动，注重培养儿童良好的日常生活态度及行为习惯。蒙氏教育培养的人要具有健全的人格，他不仅要拥有知识，还要懂得如何做人、如何对待自己和他人、如何回报社会。蒙氏早期教育的主要内容包括以下几方面：

(一)日常生活教育

日常生活教育帮助孩子掌握日常生活所需的技能，同时可以培养他们的专注力、秩序感、手眼与身体各部分的协调能力和独立自主的能力。蒙台梭利教育日常生活练习区为刚入园的孩子提供了一个类似家的环境，在这里他们可以进行生活中熟悉的擦洗、倒水、扫地、系鞋带、串珠子、准备食物等工作，而且每个孩子都可以按照自己的速度或程度完成这些工作。日常生活的练习不仅促进着儿童动作、身体的发展，也培养着他们的智慧。

(二)感觉教育

从出生到5岁是感觉的敏感期，在这段时间儿童各个感官处在最活跃的状态，是感觉能力提高的最好时段和机会。0～3岁儿童感知觉分辨能力还是混沌模糊的，故而蒙台梭利认为感觉刺激应以孤立化的形式出现在孩子面前，一种感觉训练的时候，别的感觉不要参与，这样就能使孩子的某种感官集中去接受这种刺激，不受其他感官刺激的干扰，有助于各种感觉能力的提升。

(三)语言教育

语言发展包括口语的发展和书面语言的发展。在6岁前儿童都处于语言的敏感期，

口语是儿童在语言环境中自然习得的。在自然习得语言的过程中，蒙台梭利特别提出要运用“三阶段”教学，让孩子掌握一些词汇，把词汇和一些动作、一些现象相结合，这是蒙台梭利语言教育的特色。0～3 岁婴幼儿口头语言练习主要涉及教具、动作的名称以及情境中的语言，书面语言练习主要涉及绘本阅读和三步卡等。

(四)数学教育

蒙台梭利数学教育是非常丰富的，程度由浅到深，所涉领域很广。数学教育用具体的教具向儿童展示了多种数学的内涵，而且是形象化的展示，为孩子今后正式学数学奠定了基础。蒙台梭利数学教育重视培养儿童对数学的兴趣，因而接受蒙氏教育的孩子大多数喜欢学习数学。0～3 岁婴幼儿数学教育仅仅是数学领域学习的一个起点，可开展的工作如 1～10 的数概念。

(五)科学文化教育

科学文化从人到动物、植物，再到天文、地理、历史、音乐等。这些内容往往与儿童的生活有一定距离，但通过教具化，儿童便能够直观地感受和接受这些新知识。

科学文化领域里的艺术教育主要指的是美术和音乐。在美术方面蒙台梭利主张给孩子提供各种颜色的笔、纸及相关材料和工具，让孩子进行绘画、手工制作等活动。蒙台梭利反对教师去刻意地教孩子，主张让儿童自觉、自发地用这些材料去做，他们能做到什么程度就做到什么程度，而不是刻意模仿一种东西去做。另外，蒙台梭利鼓励儿童通过唱歌、打击乐器、动作来表现对音乐的感受和理解。

四、0～3 岁蒙台梭利早期教育的特点

0～3 岁蒙氏早期教育与 3～6 岁蒙氏教育一样，都是运用蒙台梭利教育方法对儿童进行的教育活动。这两个阶段的教育在蒙台梭利教室布置、教具使用、对蒙台梭利教育观和儿童观的实践探索、蒙台梭利教师的选择等方面有许多共性。与 3～6 岁幼儿蒙氏教育相比，0～3 岁蒙氏早期教育活动具有一些自身的特点，主要表现在以下几个方面：

(一)以蒙台梭利日常生活教育为基础和主要内容的教学体系

0～3 岁蒙台梭利早期教育没有所谓的模式，教育内容以儿童较为熟悉的日常生活为基础，同时渗透其他领域的教育基础内容，让儿童习得生活中最基本的生活技能。如通过剥鸡蛋、倒水、舀豆子、串项链等工作锻炼婴幼儿肌肉动作的协调性和控制力；通过练习系纽扣、穿脱衣服和鞋子、洗脸等工作让婴幼儿学会照顾自己；通过擦桌子、扫地、整理衣物、照顾小动物等工作让婴幼儿学会爱护生活环境，做个讲卫生的好孩子；通过同他人问好、接待、致谢、道歉等礼貌动作及走线活动和游戏活动，让儿童在这样的氛围中获得社会关系的发展。

(二)在集体教育中，以小班型互动为主

相对 3～6 岁幼儿蒙氏教育活动特点而言，0～3 岁蒙台梭利早期教育以小班额交流互动为主。每班限定至多 10 组家庭参与，教师展示工作时会确保每位宝宝和家长都能看到。轮到宝宝工作时，所有宝宝都可以接触到教具并依据自己的观摩进行教具操作，教师有足够的时间进行个别指导。这种小班型的互动形式一定程度上满足了宝宝对教具的好奇心，锻炼了宝宝的专注力、探索力和肌肉控制力，为宝宝的进一步发展提供了实践条件。

(三)集体教育表现出明显的多向互动性与共同发展性

0～3 岁蒙氏集体教育首先是亲子教育，教师与多名宝宝及其家长共同参与学习互动。家长与家长之间就育儿过程中的困惑和经验展开分享和讨论；家长与幼儿之间以家长为主发起互动；幼儿与幼儿之间大多因玩教具的争抢而发生互动。多向的互动对于每个参与者来说都有不同的收获。对教师而言，一方面，丰富和巩固了自己的专业知识，另一方面，为自己的专业成长提出了新的挑战；对家长而言，可以丰富自己的育儿经验，弥补自己的育儿困惑；对宝宝来说，在互动的过程中发展了与人交往的能力和语言表达能力，为宝宝的进一步社会化创造了条件。

任务二　0～3 岁蒙台梭利早期教育活动的设计、组织与实施

教育者在设计和组织早期教育活动时应考虑到 0～3 岁婴幼儿身心发展的规律与特点，结合每个阶段婴幼儿发展的敏感期，在充分尊重婴幼儿的主体性的前提下，科学设计和组织早期教育活动，调动婴幼儿参与活动的兴趣和热情，为争取婴幼儿最大限度的发展创造条件。以下将围绕蒙台梭利教育的几个领域进行活动设计，以期为早期教育指导提供有益的经验借鉴。

一、0～3 岁蒙台梭利日常生活教育活动的设计、组织与实施

(一)基本动作练习活动设计、组织与实施

1. 五指抓

活动一：敲敲乐

活动目的

练习手的握物、对敲或传手，发展手眼协调能力和手部控制力，促进宝宝触觉和认

知能力的发展。

活动准备 拨浪鼓、手摇铃。

活动过程

(1)家长给宝宝做示范。一手握住拨浪鼓，一手握住手摇铃，慢动作对敲让宝宝观察。

(2)让宝宝同时用两手各拿一个玩具对敲，对敲玩具发出的声响会引起宝宝极大的兴趣。宝宝享受到对敲玩具给他带来的快乐后，会拿着玩具到处敲打。

(3)宝宝在玩的过程中，会双手同时抓住一个玩具，然后忽然放掉一只手，只用其中一只手握住玩具，玩一会儿再换另一只手，使玩具传到不同的手上。传手是手的技巧性进一步发展和双手协调的标志。

活动指导

(1)5～6 个月时宝宝已经学会用单手握物。在家中时，父母要多锻炼宝宝手的动作能力，提供相关玩教具(如图 11-2-1)，发展宝宝的触觉感受能力。

图 11-2-1

(2)利用生活中适合宝宝抓握的发声玩具让宝宝灵活抓握，提高其手部控制力和手指的灵活性。

(3)家长要经常运用鼓励性的语言。

2. 二指捏

活动二：塞硬币

活动目的

(1)学习塞的技能，锻炼婴儿的手眼协调能力。

(2)训练婴儿的专注力。

活动准备 硬币、储蓄罐。

活动过程

(1)将教具托盘取来放在工作毯上。将盛放硬币的托盘放在工作毯的左边，将储蓄罐放在右边。

(2)教师示范：拿起储蓄罐观察，用手触摸投放硬币的小孔，并让宝宝关注小孔。伸出大拇指、食指做三遍捏、放的慢动作：轻轻地捏起托盘里的硬币，对准储蓄罐的小孔放硬币。

(3)鼓励宝宝尝试。

(4)引导宝宝将剩余的硬币全部投入储蓄罐内，必要时家长协助宝宝操作，以免宝宝因连续失败而受挫。

(5)练习完毕后，请宝宝协助将用具整理送回原处。

活动指导

(1)一次不要投放过多的硬币，避免孩子因任务过多而失去兴趣。

(2)硬币要使用未流通的，至少是消毒过的，保证操作材料的卫生、安全。

(3)孩子操作时，家长一定要陪同在其身边，不要让孩子将硬币放入口中，保证操作过程的安全性。

(4)为了激发孩子的兴趣，可以选择透明的存钱罐摇一摇，或放在地上滚一滚，看硬币在存钱罐中滚动，听其滚动的声音。

(5)该活动可举一反三，如设计"小动物吃饼干"活动，即将薯片盒贴上小动物的图片，将嘴巴做成长方形小口，让孩子将玩具圆片塞进小动物的嘴巴里等，还可以如图 11-2-2、图 11-2-3 捏彩钉，如图 11-2-4、图 11-2-5 捏豆子所示进行类似其他活动。

图 11-2-2　捏彩钉(一)

图 11-2-3　捏彩钉(二)

图 11-2-4　捏豆子(一)

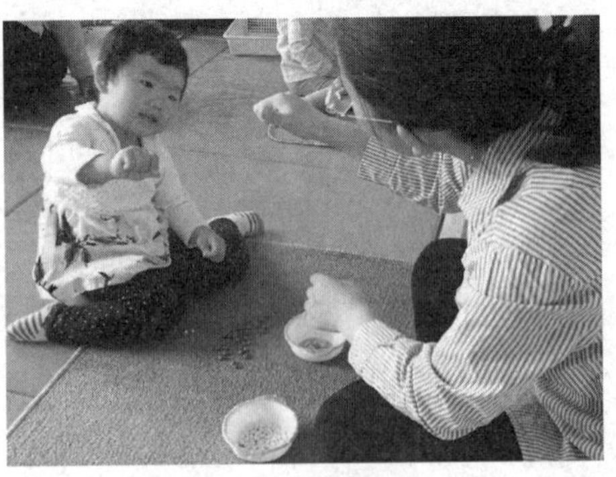

图 11-2-5　捏豆子(二)

3. 挤

活动三：海绵宝宝喝水

活动目的

(1)增强宝宝手眼协调能力，提高动作控制力。

(2)培养宝宝独立性、专注力和自信心。

(3)锻炼宝宝生活自理能力。

活动准备

2 个相同的碗，其中一只空碗置于右侧，另一只盛有水置于左侧；1 块长方形海绵；托盘 1 个；抹布 1 块。

活动过程

(1)告诉宝宝工作的名字叫“海绵宝宝喝水”。

(2)示范工作，确保宝宝都能看清楚示范动作。

(3)双手握住海绵，给宝宝示范如何用力挤压海绵并配合语言提示“挤放、挤放”。

(4)用右手抓住海绵放进盛水的碗里，等待海绵吸水。

(5)用两只手握住海绵，拉出水面，稍作停顿，将海绵移动到空碗的上方，双手挤压海绵，将水挤到空碗里。

(6)操作的过程中注意观察宝宝的情绪反应，请宝宝来尝试。

(7)练习结束后，用抹布擦拭有水的地方，并将工具放回原处。

活动指导

可以用能够吸水的物品代替海绵，经常在家中与宝宝一起游戏。

4. 舀

活动四：喂娃娃

活动目的

(1)通过喂娃娃吃饭，提高婴儿的生活自理能力。

(2)通过学习小勺舀，促进婴儿精细动作的发展。

(3)初步培养婴儿关心他人、帮助他人的情感。

活动准备　勺子、珠子、娃娃。

活动过程

用空的纸巾盒做成一个立体的大嘴巴娃娃，抽纸巾的缝隙作为娃娃的嘴巴。家长用勺盛起珠子，向孩子示范慢慢将珠子喂进娃娃的嘴巴中，然后鼓励宝宝也来喂娃娃吃饭。

活动指导

(1)一次不要投放过多的珠子，避免孩子因任务过多而失去兴趣。

(2)该活动可以举一反三：可换成其他容器，如在矿泉水瓶上用不干胶贴上娃娃脸谱，剪出一个大口，做成娃娃的嘴巴；可变换主题，如喂小动物吃饭等；可变换大小不同的勺子，让宝宝练习舀的技能；可换为舀的东西，如豆子、米等，激发宝宝参与活动的兴趣。

(3)掉在地上或桌上的“食物”，要让宝宝及时捡起，培养宝宝良好的饮食卫生习惯。

(4)通过这个游戏，家长应在日常生活中鼓励和支持宝宝学习自我服务，让宝宝自己吃饭。从而使教育内容源于生活、又回归到生活中去的理念得以体现。

5. 走

活动五：妈妈带我学走路

活动目的

(1)感知迈步，增强腿部、臀部的力量，为婴儿学习走路做准备。

(2)促进婴儿语言的发展。

(3)初步培养婴儿勇敢、自信的心理品质。

活动过程

家长和宝宝面对面站好，家长拉着宝宝的双手，宝宝的脚踩在家长的脚上。家长一步一步后退，宝宝则一步一步前进。也可以让宝宝和家长同一方向站好，共同前进或后退。

活动指导

(1)为了增加走路的兴趣，家长可以边说儿歌边游戏。

(2)孩子练习走路要适可而止，不要使孩子过于疲惫而失去兴趣。

附：儿歌

走走走，走走走，我带宝宝一起走，
挺起胸，抬起头，迈开大步向前走，
走走走，走走走，妈妈(游戏者)牵着宝宝手，
一二一，一二一，宝宝长大自己走。

(二)照顾自己

1. 整理物品

活动六：摆鞋子

活动目的

(1)教会宝宝正确地摆放鞋子，锻炼自我管理的能力。

(2)培养宝宝逻辑思维能力和解决问题的能力。

(3)学习初步的一一对应，为学习数学打基础。

活动准备　爸爸鞋子、妈妈鞋子、宝宝鞋子。

活动过程

(1)在鞋子存放处粘贴有脚印标志的即时贴。

(2)将鞋子打乱顺序后要求宝宝将爸爸、妈妈、宝宝的鞋子分别挑出来，放在即时贴的相应位置。

(3)引导宝宝观察鞋子的摆放顺序。

(4)通过学习儿歌，引导宝宝正确地摆放鞋子。

我的鞋儿像小船，船头大来船尾尖，摆在一起仔细看，船尖一定对里面。伸完左脚伸右脚，穿好鞋儿才能跑。

活动指导

(1)引导宝宝注意观察，日常生活中及时提示宝宝将鞋子摆放好。

(2)吃饭时可以让宝宝帮助分发碗筷，渗透数字与数量的对应概念。

2. 清洁练习

活动七：擤鼻涕

活动目的

(1)擦干净鼻子，养成良好的卫生习惯。

(2)学会对自己进行观察，培养宝宝的独立性和专注力。

活动准备　手帕、卫生纸。

活动过程

(1)拿出卫生纸并展开。

(2)对折后双手拿住两边，掩住鼻子。

(3)用食指和中指压住一边鼻孔，从另一边鼻孔以呼气的方式擤鼻涕。

(4)接着换另一边。

(5)两手手指捏合，将卫生纸向前拉出，折叠。

(6)再把鼻子擦干净，对折卫生纸后扔进废纸篓。

活动指导

(1)引导宝宝擤鼻子不要用力过大。

(2)注意鼓励性语言的运用。

3. 穿与脱的练习

活动八：衣饰架之拉链

活动目的

(1)学会拉拉链，发展手眼协调能力，培养宝宝独立穿衣的习惯。

(2)锻炼宝宝手部肌肉，尤其是三指的灵活性。

(3)培养宝宝的秩序感。

活动准备

1块正方形木框，左右2块布在中央相合，用拉链连接。

活动过程

略(同项目五拉链的工作操作步骤)。

活动指导

可换用其他种类的衣饰框；教育者可根据宝宝发展的实际情况自行设计操作，操作时动作分解要清晰，保证宝宝能够理解和接受。

(三)照顾环境

1. 清扫

活动九：打扫室内

活动目的

(1)培养清洁感、秩序感。

(2)培养独立性和责任感。

活动准备

扫帚、小簸箕、围裙、抹布；在地上散放一些垃圾，如碎纸屑、瓜子皮、珠子等。

活动过程

略(同项目五扫的工作操作步骤)。

活动指导

(1)扫帚有不同种类、拿法，针对具体情况应予以正确指导。

(2)清洁工具的实用方法因人而异。

2. 擦洗

活动十：擦地板

活动目的

(1)培养宝宝爱清洁、讲卫生的好习惯。

(2)培养独立性和生活自理能力。

活动准备　抹布、盛水的盆、洒在地上的果汁。

活动过程

(1)正在喝的果汁不小心洒落一地，找抹布，由上至下、由左至右擦拭。

(2)将抹布放在水盆里洗净，拧干，再次擦拭地板。

(3)将抹布洗干净晾晒出去。

活动指导

(1)家里经常出现洒水、地面脏等情况，可以让宝宝去试着擦地板。

(2)还可以在饭后让宝宝帮忙擦桌子。

(四)社交礼仪

1. 基本的社交礼仪

活动十一：打招呼与告别

活动目的

(1)教孩子懂礼貌。

(2)教导孩子如何控制自己。

活动过程

略(同项目五打招呼与告别的工作操作步骤)。

活动指导

(1)学会和身边的亲人相处。

(2)正确地与人打招呼和告别。

2. 动作礼仪

活动十二：递交物品的方法

活动目的

(1)学习尖锐物品的递交方法，树立对他人的尊敬与信赖。

(2)培养独立性和专注力。

活动准备

剪刀、刀子、铅笔、图钉、画册、花束、礼品等。将其中尖锐的物品放置于盘中；各种大纸张如画册、笔记本及花束等礼品放在桌上。

活动过程

(1)尖锐一端朝向自己，让对方拿到后马上就可使用，传递物品时要注意对方的眼神。

(2)必须和对方保持一定的距离。

(3)右手拿物品时，在对方右手的斜前方递交给对方，并保持笑容。

注：剪刀要握住闭合的刀刃，将剪刀把手递给对方；握刀子时注意不要让刀刃划伤对方，将刀柄递给对方；铅笔要拿一半以下的地方，笔尖朝向自己，递给对方。

画册、纸张等要拿着纸的右下角或左下角轻轻地递给对方，稍重的画册要用手接稳。

活动指导

(1)尖锐物品由大家轮流传递。

(2)生日礼物、圣诞礼物的传递练习。

活动十三：咳嗽、打喷嚏、打哈欠的方法

活动目的

(1)教孩子懂礼节。

(2)培养孩子的自我控制能力和独立性。

活动准备

(1)手帕、卫生纸。

(2)老师和儿童面对面。

(3)在孩子有咳嗽、打哈欠行为时练习。

活动过程

(1)咳嗽、打喷嚏、打哈欠时，不要让周围的小朋友和老师感到不舒服。

(2)脸要稍微转向旁边、用手帕掩口。

(3)捂住嘴巴。

活动指导

如在咳嗽、打喷嚏、打哈欠时来不及用卫生纸或手帕，就用两手捂住嘴巴。手弄脏后用手帕或手纸擦干净。

二、0～3岁蒙台梭利感官教育活动的设计、组织与实施

(一)粉红塔

活动一：粉红塔

活动目的

(1)通过视觉感知立体空间的差别变化，了解递进、递减的关系。

(2)发展宝宝动作及视觉、触觉的协调性。

(3)发展手眼协调及肌肉运动的控制力。

活动准备

由10个粉红色的木制立方体构成。立方体的各边长度从10cm到1cm以1cm为公差递减。

活动过程

略(同项目六粉红塔第一次展示的工作操作步骤)。

活动指导

(1)观察周围生活中的物品，辨别它们的大小。

(2)利用各种生活物品做大小排序的游戏。

(二)红棒

活动二：红棒

活动目的

(1)通过视觉、触觉的辨别，在知觉上对长度的差别有正确地认识，建立顺序的概念。

(2)感知长度的测量方法，为数的认识做准备。

(3)发展手、眼与肌肉的协调能力。

活动准备

由10根红色的木制角棒构成。角棒长度由10cm到100cm，每根相差10cm。

活动过程

略(同项目六红棒的第一次展示的工作操作步骤)。

活动指导

(1)观察生活中的各种物品，比较它们的长短。

(2)利用生活中各种物品做长短的排序练习。

(三)色板

活动三：色板

活动目的

(1)培养宝宝分辨颜色的能力。

(2)培养宝宝对色彩的美感。

活动准备 红、黄、蓝三原色色板各2块，合计6块色板。

活动过程

略(同项目六色板第一盒名称练习的工作操作步骤)。

活动指导

(1)观察周围的世界，感受大自然中的色彩变化。

(2)引导宝宝玩“配色”的游戏，引发其对色彩的兴趣。

(3)在各类美术活动中引导宝宝正确认识颜色。

活动四：小熊过桥

活动目的

(1)平衡感的训练。

(2)触觉练习有助于宝宝食欲的增加。

活动准备 各种质地(毛、棉、纱等)的围巾5条，颜色各异。

活动过程

(1)将不同质地、不同颜色的围巾拼接起来当作小桥。

(2)宝宝光脚丫在拼接起来的小桥上行走。

(3)在儿歌的伴随下，用击掌或击鼓的方式控制快慢，让宝宝感知节奏，从而变换行走速度。

小熊过桥

小熊小熊来过桥，走一走，瞧一瞧，歪歪扭扭过了桥。

活动指导

(1)除了进行小脚丫的触觉按摩，还可以进行小手的触觉按摩，让宝宝手持质地不同的各种物品，增强宝宝手部的触觉刺激。

(2)还可以在小桥上做各种简单的小律动以增强宝宝的兴趣。

活动五：小馋虫吃馒头

扫码看视频

活动目的

(1)锻炼宝宝的视觉耐力。

(2)锻炼记忆力与想象力。

(3)学会耐心与等待。

活动准备　3个纸杯，旺仔小馒头。

活动过程

(1)首先将3个纸杯平行倒放好，将一个小馒头放在任意一个纸杯下面。

(2)任意移动有小馒头的纸杯的位置，让宝宝自己认真观察，然后确定小馒头在哪个纸杯下面，找对了就可以吃掉小馒头，找错了就要重新找。

活动指导

(1)选择的食物最好是宝宝感兴趣、特别想得到的东西。

(2)根据宝宝实际情况确定所藏物品的数量。

(3)注意游戏过程中表扬性语言的运用。

三、0～3岁蒙台梭利语言教育活动的设计、组织与实施

活动一：指认五官

活动目的

使婴儿初步知道五官的位置，在家长的帮助下，听到"鼻子""眼睛""嘴巴"等五官的名称后，能与相应的部位建立最初的联系，发展婴儿的自我意识；并通过儿歌朗读或演唱，发展婴儿的语言能力与乐感。

活动准备

镜子、玩具娃娃、动物玩具。

活动过程

(1)家长指着自己的眼睛说"眼睛，眼睛"，再指着宝宝的眼睛说"眼睛，眼睛"。然后抓着宝宝的手让他摸摸家长的眼睛、再摸摸自己的眼睛，然后做眨眼、闭眼等动作让宝宝模仿。用类似的方法训练宝宝认识其他五官部位。

(2)家长抱着宝宝站在镜子前，问宝宝："妈妈的眼睛呢?"鼓励宝宝指出镜中家长的眼睛，继续用同样的方法指出宝宝自己的眼睛，同时让宝宝做眨眼的动作。

(3)出示玩具娃娃，家长问："娃娃的眼睛在哪里?"然后抓着宝宝的手摸摸娃娃的眼睛说："娃娃的眼睛在这里，眼睛，眼睛。"如果准备的娃娃会眨眼，就跟宝宝说："娃娃还会眨眼睛呢！我们一起来眨眼睛。"让宝宝模仿。用同样的方法训练宝宝认识其他五官部位。

(4)出示动物玩具，问宝宝："小兔子的眼睛在哪里?"然后抓着宝宝的手摸摸玩具小兔子的眼睛。

(5)配合儿歌，抚摸相应的五官位置。

指五官

眼睛眼睛在哪里？眼睛眼睛在这里。

鼻子鼻子在哪里？鼻子鼻子在这里。

嘴巴嘴巴在哪里？嘴巴嘴巴在这里。

耳朵耳朵在哪里？耳朵耳朵在这里。

眼睛眨眨（指指眼睛），

鼻子嗅嗅（指指鼻子），

嘴巴哈哈（指指嘴巴），

耳朵听听（指指耳朵）。

(6)配合手指音乐游戏进行练习，锻炼手指灵活性。

合拢放开

合拢放开，合拢放开，小手拍一拍。

合拢放开，合拢放开，小手放腿上。

爬呀，爬呀，爬呀爬。

这是眼睛，这是鼻子，这是小嘴巴。

活动指导

(1)教育者可以将多种指认方式变换、交叉进行，避免孩子因活动单一而失去兴趣。

(2)根据孩子的实际能力，还可以跟孩子玩“找五官”“贴五官”等游戏。

(3)随着孩子月龄的增加，除了认识五官外，还可以慢慢教孩子指认身体的其他部位，如头发、手、脚、胳膊、腿等。

活动二：动物游戏

扫码看视频

活动目的

学会指认生活中熟悉的动物，并了解各动物的典型特征。锻炼婴儿的肢体动作，提高婴儿听觉能力和语言表达能力。

活动准备

青蛙、小兔子、鸭子、小花猫等动物图片及录音磁带。

活动过程

(1)教育者依次出示准备好的动物图片，分别向婴儿介绍它们的名称，并依次让婴儿指认。

(2)分别介绍每种动物的叫声，并引导婴儿模仿叫声，让婴儿有初步的感性认识。

(3)出示录音磁带，示范各种动物的走路姿势，加深婴儿的印象并鼓励其积极模仿。

(4)学唱儿歌做动作。

小动物走路

小兔走，跳一跳；小猫走，静悄悄；小鸭走，摇一摇；大象走，慢吞吞。

活动指导

(1)教育者可以从婴儿感兴趣的小动物入手，引导他们学习小动物的各种典型特征。

(2)根据婴儿发展的实际情况，还可以学习和模仿更多的小动物。

(3)在操作的过程中，注意及时对婴儿予以鼓励和夸赞，激发其参与的热情。

活动三：蒸馒头

活动目的

(1)通过儿歌的朗读及动作的配合，帮助婴儿理解语言。

(2)活动婴儿的手指，增强其手指的灵活性。

(3)培养愉悦情绪，建立良好的亲子关系。

活动过程

让宝宝躺在床上，妈妈跪坐在宝宝的身边，让宝宝能够看到妈妈的脸，妈妈用温柔、清晰的声音边说儿歌边抚触。

附：儿歌及动作说明。

蒸、蒸、蒸馒头，(有节奏地按摩宝宝的胳膊)

帮我蒸一个大馒头，(有节奏地按摩宝宝的胳膊)

揉好面，(有节奏地按摩宝宝的胳膊)

拍一拍，(拍拍宝宝的小手)

然后再来揉一揉，(有节奏地按摩宝宝的胳膊)

再在中间点个点儿，(用手指点宝宝的小鼻尖)

放在蒸锅蒸一蒸，(有节奏地按摩宝宝的胳膊)

馒头蒸好啦，把它送给谁？(停顿)

送给我心爱的小宝贝。(挠宝宝的手心、胳肢窝，或亲吻宝宝的肚皮，拥抱宝宝等)

活动指导

(1)注意与宝宝眼神的交流。

(2)朗读儿歌语速放慢，口形夸张，便于宝宝模仿。

(3)按摩的力度适中，可在家里经常与宝宝做类似的按摩游戏。

活动四：开心果

活动目的

(1)让宝宝练习听指令做动作。

(2)提升幼儿语言理解能力及反应能力。

(3)锻炼孩子的模仿能力，促进亲子情感。

活动过程

(1)教育者发出口令，宝宝按口令做动作。如“开心果，开心果，请你眨眨眼”；“开心果、开心果，请你笑一笑”；“开心果，开心果，请你转个圈”；“开心果，开心果，请你跳一跳”。

(2)儿歌或童谣的速度由慢变快，或者由一层意思转为两层或三层意思的要求，即提示宝宝跟着大人一起说歌谣或边说歌谣边做动作，这样可以让宝宝更开心。

(3)当宝宝不理解大人的动作口令、不会做动作时，教育者应为宝宝做示范，以便宝宝理解和接受。

活动指导

(1)家长可根据宝宝的实际发展情况调整歌谣的难度，从而增加游戏的趣味性和挑战性。

(2)要经常鼓励宝宝的工作，提高其参与活动的热情和信心。

活动五：没有牙齿的大老虎

活动目的

(1)能安静地听故事，理解故事内容。

(2)知道糖果不能多吃的生活常识，以及早晚刷牙才能保护牙齿的道理。

(3)能准确、完整地回答家长的提问，发展语言表达能力。

活动过程

(1)家长给宝宝完整地讲故事《没有牙齿的大老虎》，并引导宝宝思考："大老虎原来有牙齿吗？后来为什么没有牙齿了？"

(2)针对宝宝的回答，家长再次讲述故事，进一步启发宝宝思考："大老虎的牙齿为什么会疼呢？老虎应该怎样做才会不牙疼？"让宝宝知道糖果不能多吃，特别是晚上睡觉前不能吃，要早晚刷牙、饭后漱口才能保护牙齿。

活动指导

(1)此活动可做延伸，如让孩子认识牙刷和牙膏，并学习正确的刷牙方法；还可以在家长的帮助下，让孩子动手实际刷牙。

(2)2 岁 6 个月的孩子乳牙基本出齐，但牙齿的结构和钙化程度都不成熟，牙龋病随时会乘虚而入，这个阶段保护牙齿很重要。孩子刷牙要从学漱口开始，再到用清水刷牙，到了乳牙出齐后可以使用牙膏刷牙。这时要为孩子选择儿童专用的牙刷和牙膏。

四、0～3 岁蒙台梭利数学教育活动的设计、组织与实施

活动一：手指变变变

活动目的

(1)灵活手指的肌肉。

(2)培养模仿意识，提升想象力。

(3)培养语言感知能力和表达能力。

(4)初步感知数的概念。

活动过程

创编一些关于手指活动的儿歌，让宝宝根据歌词内容进行手指的互动游戏。比如：

一根手指头，变变变，变成毛毛虫，爬爬爬。两根手指头，变变变，变成小白兔，跳跳跳。三根手指头，变变变，变成小花猫，喵喵喵。四根手指头，变变变，变成大螃蟹，走走走。五根手指头，变变变，变成大老虎，嗷嗷嗷。我的手指头，变变变，我的手指头，真好玩。

活动指导

关于手指的游戏有很多，平时可以从最简单的分别伸出每个手指做起，然后再加上律动的童谣，激发宝宝兴趣的同时，锻炼了其手指的灵活性。做手指游戏的时候，善于观察宝宝的每一点进步，及时给予鼓励，增强宝宝的自信心，有利于其良好人格的发展。

活动二：排排队

活动目的

引导宝宝感知大小，并尝试按大小简单排序。

活动准备

大小不同的圆形彩色纸片人手一份。

活动过程

(1)教师示范比较圆形纸片的大小和颜色。

取出两个不同的圆形纸片："宝贝们，看看老师手中的泡泡是什么颜色的?"引导宝宝说说不同的颜色，再引导宝宝观察比较："看一看，比一比，哪个大，哪个小?"强调："这是大的，这是小的。"

(2)教师演示按大小排序的方法。

教师："大泡泡，大泡泡，拿出来，摆摆好。"边说边找出大泡泡放成一排。再用同样的方法把小泡泡拿出来排排队。排好后用手指着大泡泡和小泡泡强调："这是大泡泡。这是小泡泡。"

教师："大泡泡和小泡泡手拉手来排排队。"一边说一边把泡泡排成大小大小的顺序。排好后用手指着泡泡，强调："这回排的队是大小、大小。"然后将泡泡整理好放入盘子。

(3)宝宝上来拿操作材料，玩"比一比，排排队"的游戏。

活动指导

(1)在比较大小的时候，引导宝宝自己观察比较，以加深对大小的认识。

(2)排序时，提醒宝宝将相同的排一排，再引导宝宝按大小不同的圆片排序。

活动三：1～5的数配对

活动目的

(1)认识1～5的阿拉伯数字。

(2)培养宝宝的专注力和敏锐的观察力。

活动准备

在不同色纸上写有1～5数字的卡片若干。

活动过程

(1)教师逐一出示1～5的数字卡片，边出示边说："这是1，这是2，这是3，这是4，这是5。"

(2)教师将数字卡片有序地排在工作毯上。教师问："1在哪？2在哪？……"请知道的宝宝指认。

(3)教师分发教具，请家长指导宝宝认读。

(4)教师请宝宝将数字卡片送回到教师的工作毯上，同样的数字放在一起，如所有1都放在一起。

(5)取出用各色卡纸制作的数字卡片，请宝宝根据颜色、数字进行配对游戏。

活动指导

(1)利用周围生活中的物品，如图11-2-6、图11-2-7，让宝宝逐渐了解数字与数量的对应。

图11-2-6　葡萄熟了

图11-2-7　装珠子

(2)善于利用环境中的数学对宝宝进行科学启蒙教育。

活动四：纺锤棒与纺锤棒箱

活动目的

(1)知道“0”的概念，加强数字与数量的对应概念。

(2)培养注意力与专注力。

(3)学习点数1～9的量，具有敏锐的观察力。

活动准备

由两个样式相同的木箱和45根木制的纺锤棒构成，每个木箱分为5格，空格上印有顺序的数字，一边是0～4，另一边是5～9。

活动过程

略(同项目七纺锤棒与纺锤棒箱的工作操作步骤)。

活动指导

指导宝宝在生活中感受“0”的存在及意义。

五、0～3岁蒙台梭利科学文化教育活动的设计、组织与实施

活动一：静电游戏

活动目的

(1)发展宝宝手部的精细动作能力。

(2)培养宝宝观察能力和想象力。

(3)培养宝宝学科学的兴趣。

活动准备　梳子、碎电光纸、气球。

活动过程

(1)分别将梳子、气球在头发上摩擦。

(2)将摩擦完的气球直接粘贴在墙上，摩擦完的梳子靠近碎屑电光纸时发现电光纸全部都吸在梳子上了。

(3)告诉宝宝这就是静电现象。

活动指导

(1)引导宝宝观察生活中的静电现象。

(2)试一试怎样避免静电现象。

活动二：冰块不见

活动目的

(1)发展宝宝的观察能力。

(2)引导宝宝探索发现事物变化的过程。

(3)提高宝宝的语言表达能力。

活动准备　饮料瓶盖大小的冰块2块、小碗2个。

活动过程

(1)出示事先准备好的冰块，每个小碗内一块，让宝宝进行观察并说出物品的名称。

(2)将一只碗置于日光下10分钟，另一只碗放在冰箱内继续冷藏。

(3)观察结果，总结。

活动指导

(1)引导宝宝观察并说出观察结果。

(2)培养宝宝在日常生活中的观察意识。

活动三：神奇的树叶

活动目的

(1)培养宝宝观察树叶的能力。

(2)发展宝宝手腕控制力和手眼协调能力。

(3)培养宝宝的审美能力和欣赏能力，引导宝宝发现生活中美好的事物。

活动准备　各种形状的树叶、蜡笔若干、A4彩纸若干、硬纸板若干、剪刀若干。

活动过程

(1)出示树叶，引导宝宝观察树叶形状，介绍树叶的主要构成。

(2)将树叶平放在硬纸板上，彩纸放置在树叶上，将彩纸固定好，用蜡笔在彩纸上方用力拓印图画，观察彩纸的变化。

(3)引导宝宝剪下树叶形状。

活动指导

(1)引导宝宝观察生活中还有哪些事物可以做拓印游戏。

(2)观察与体验不同硬度的纸张拓印的效果。

活动四：为动物贴尾巴

活动目的

(1)引导宝宝观察常见动物尾巴的典型特征。

(2)提高宝宝辨别不同尾巴的能力。

(3)培养宝宝热爱小动物。

活动准备 小猫、狗、孔雀、狐狸等动物的图片，动物的尾巴粘贴画等。

活动过程

(1)出示动物图片，引导宝宝观察动物的尾巴，用形象的语言介绍尾巴像什么，让宝宝指认动物的尾巴。

(2)将准备好的尾巴粘贴画提供给宝宝，让宝宝为动物贴尾巴。

(3)巩固宝宝对动物尾巴的认识，评价宝宝的工作过程。

活动指导

(1)引导宝宝观察生活中各种动物的尾巴。

(2)能够用语言进行描述并可以用绘画等形式去表现各种动物。

活动五：宝宝的一天

活动目的

(1)培养宝宝对时间的初步认识能力。

(2)能够根据图示建立时间和事物之间的关系，并用语言进行简单的描述。

(3)引导宝宝观察时间的变化。

活动准备 宝宝起床、吃早餐、游戏活动、午睡、游戏、晚上入睡等情景的图片，太阳、月亮等图片。

活动过程

(1)出示宝宝熟悉的一日生活中的图片，让宝宝介绍图片中发生了什么事情，图片中的宝宝在做什么等。

(2)为宝宝介绍图片内容，并有意识地引导宝宝观察太阳、月亮，介绍太阳和月亮与白天和晚上之间的关系。

(3)宝宝自己说出白天和晚上各可以做哪些活动。

活动指导

(1)引导宝宝认识太阳和月亮出现时代表了一天中的不同时间。

(2)为宝宝渗透一天中上午、中午和下午等时间段宝宝可以做的事情，对白天和晚上有初步的认识。

尴尬的冷场——“谁偷了他们的热情”

张同学去某早教园实习。蒙班开班的第一天，她的班上来了7名16～18个月的宝宝。张同学精心准备了很多教具，很认真地组织着每一个活动。在点名活动时，张同学模仿经验丰富老师的样子先介绍自己：“今天蒙班成立了，我是你们的张老师，我今年20岁，是一名女老师，下面老师特别想知道每位宝宝的名字。”然后她叫到某个宝宝的名字，便要求宝宝到老师面前拥抱一下或握个手。可无论张同学多么热情地叫宝宝名字，向宝宝招手，宝宝们都对她的热情视而不见，大部分都不愿意走到老师面前，家长在孩子后面一个劲儿动员也无济于事。接下来在介绍操作活动时，宝宝们对老师的提问都反应淡漠，大多时候张同学都是自问自答，整个亲子活动显得较冷场，好像都是她一个人在表演。在活动后的反思中，张同学显得非常灰心：“孩子这么小，说什么都不配合，《纲要》说要师幼互动，课上这么久，全是我一个人在动，家长们看了一定会笑话我……”

反思与分析：蒙台梭利亲子活动中教师的角色除了是幼儿的环境提供者、观察者、示范者，还应给家长介绍活动目的，介绍家长需要遵守的活动规则以及活动的家庭延伸，以求得家长在活动中的积极、正确、有效的配合。张同学的苦恼，不是因为孩子小不能与老师互动，而是因为她没有认识到家长在蒙氏亲子活动中的作用，没有调动家长参与亲子活动。亲子活动教育作用的发挥，需要教师、孩子、家长的合作，在亲子活动中，家长既是受教育的对象，同时也是教师的合作者。如果教师只是将目光落在孩子身上，则很难达到教育效果的最优化。发现问题的根源之后，张同学需要制定改进策略，比如在点名活动中要做到：

第一，因人而异。对该班的宝宝点名时，遇到宝宝不敢自己上来与老师问好的，则引导家长带着宝宝上来，共同向老师问好或者老师走到小朋友的面前向小朋友问好，逐步建立起孩子与老师的亲近、依恋感，从而喜欢上点名活动。

第二，形式多样。用多种方式进行点名，除了叫名字的方式，还可以尝试唱歌点名、打节奏点名、蒙眼点名的方式。如老师蒙上眼睛，摸到某位小朋友，猜出他的名字，与孩子相互问好。

第三，家长配合。对于宝宝勇敢、大方的表现，要求家长以热烈的掌声给予欢迎；或者在唱歌点名时，请家长和老师一起唱，增强活动的互动性，激发孩子参与活动的主动性。

如果老师能尊重孩子差异、变换活动形式并征得家长的配合，点名活动将生动起来，宝宝们也会主动参与进来。同样，在后面的每一个环节，教师都应按这样的理念和方法进行，牢记家长和孩子都是学习主体，采用生动、浅显、夸张、儿童化的语言给孩子演示、讲解游戏方法，采用清晰、简洁、直白的语言向家长介绍该活动对孩子发展的意义，并指导家长在家庭的日常生活中拓展教育活动。如此一来，家长的任务意识将在孩子的操作和游戏过程中得到提升，家长便能更细致地观察、引导孩子，不对孩子过分干预，从而确保亲子活动的秩序，营造出良好的亲子活动氛围，再不会出现张同学那样的尴尬和苦恼了。

项目回顾

内　容	掌握等级
0～3 岁蒙台梭利早期教育概述	☆☆☆☆☆
0～3 岁蒙台梭利日常生活教育的内容	☆☆☆☆☆
0～3 岁蒙台梭利感官教育的内容	☆☆☆☆
0～3 岁蒙台梭利语言教育的内容	☆☆☆☆
0～3 岁蒙台梭利数学教育的内容	☆☆☆☆☆
0～3 岁蒙台梭利科学文化教育的内容	☆☆☆☆

思考与练习

1. 0～3 岁蒙台梭利早期教育的主要内容与主要特点是什么？

2. 0～3 岁蒙台梭利早期教育与 3～6 岁蒙台梭利教育有什么区别与联系？

3. 根据 0～3 岁蒙台梭利早期教育的特点，以学习小组为单位，改编或创编各领域的教育活动。

学习自评卡

请同学根据实际掌握情况填写下表。

所属内容	掌握程度		分享与总结
	能掌握并运用的部分	能理解并识记的部分	
0～3 岁蒙台梭利日常生活教育			
0～3 岁蒙台梭利数学教育			
0～3 岁蒙台梭利感官教育			
0～3 岁蒙台梭利语言教育			
0～3 岁蒙台梭利科学文化教育			

项目十二
蒙台梭利主题教育活动

学习目标

1. 了解蒙台梭利主题教育活动的含义与特征。
2. 领会蒙台梭利主题教育活动的目的。
3. 能设计、组织、实施蒙台梭利主题教育活动。

内容图解

任务一　蒙台梭利主题教育活动概述

一、蒙台梭利主题教育活动的含义与特点
二、蒙台梭利主题教育活动的目的

任务二　蒙台梭利主题教育活动的设计、组织与实施

一、蒙台梭利主题教育活动的设计
二、蒙台梭利主题教育活动的组织与实施案例

项目导言

王老师是一名有着1年工作经验的蒙氏教师，在长期的观察中她发现儿童在不同时期对操作教具会产生很多共同的兴趣点，如操作建构三角形时会对多变的图形产生浓厚的兴趣，操作温觉板时会对温度感觉及天气的变化产生强烈的好奇。王老师不知道该通过什么样的活动来满足儿童这种需求。你知道该怎样做吗？本项目内容将告诉你答案。

任务一　蒙台梭利主题教育活动概述

一、蒙台梭利主题教育活动的含义与特点

(一)蒙台梭利主题教育活动的含义

蒙氏主题教育活动，是指在蒙台梭利教育原则指导下，以主题教育为核心，将健康、语言、社会、科学、艺术五大领域与蒙台梭利教育的基本内容有机结合，以此作为主题活动实施的前提基础，同时把幼儿在幼儿园的一日生活、“工作”和游戏、户外锻炼同社区、家庭、学校三者的共育合作相融合共同进行的活动。蒙台梭利主题教育活动的内容通常由活动来源、主题活动时间和依据、主题活动设计、主题活动准备、组织、实施等几部分组成①。

(二)蒙台梭利主题教育活动的特点

1. 以幼儿个体为中心

在蒙氏主题活动中，参与者大多是异龄的儿童，他们之间具有一定年龄差别，相比于同龄群体，这些儿童的发展差异更大。在此情况下，采取以幼儿个体为中心的组织形式就显得十分必要。在混龄编班的背景下，教师要充分尊重幼儿、发挥他们的能动性就要在蒙氏主题教育活动中创造性地开展有特色且能适应本班幼儿需求的活动，为幼儿提供多种机会，不断发展他们的运动机能及交往能力，通过幼儿自主的探索及思考来达到教育工作者所预期的主题活动目标。

2. 异龄幼儿间的互动

在进行蒙氏主题教育活动时，应将教室环境因素与充分发挥幼儿的积极性融会贯通。和谐美好的环境是幼儿集中注意力，享受并快乐地加入主题活动的重要因素。巧妙地让异龄幼儿参与互动活动是支持他们彼此不断深入了解并一起学习进步的关键，也是协调

① 崔晓颖．如何开展蒙台梭利主题活动[EB/OL]．浙江学前教育网，2009(9)．

同主题的良好环境的重要环节。强调幼儿的主动学习，鼓励幼儿自主探索以及在与团队协作的互助学习中不断进步，这使得各个年龄段的幼儿都有了一个相互了解的机会，从而使幼儿的能力得到不同程度的发展。

3. 主题教育活动的自主创设

幼儿教师要尊重幼儿的创造性，支持和提供幼儿自主游戏、自主学习、自主交往的空间，给予其充足的可供选择的材料，鼓励幼儿在与环境的互动中参与各种主题活动游戏和身体运动，从而使每位幼儿都能够在自由地运动过程中感受到游戏、学习与相互交往的快乐。

4. 组织混龄集体游戏

游戏是学前儿童的基本活动，是教学活动中的一条主线。组织儿童进行集体游戏，有利于将每名幼儿的个性特点淋漓尽致地挖掘出来，让其在大集体的游戏中更好、更快乐地进步；同时，这也为异龄儿童提供了相互合作的机会，以便消除交往中的不和谐音符。组织混龄集体游戏是蒙台梭利教育法的重要组成部分，创造性地开展混龄集体游戏是蒙氏主题教育活动的灵魂。

5. 实现区域活动和主题活动的对接

随着蒙氏教育的深入发展，应把主题活动有机地融入区域活动之中，为幼儿提供多样化的材料，进一步满足幼儿的深入探究意愿。教师在观察区域活动时可投放与主题活动相关联的材料，不断尝试从幼儿的工作中发现幼儿的兴趣点，从而完善主题教育活动，最终达到区域活动与主题活动的双向对接。蒙台梭利特别注重让幼儿在有准备的环境中发展，这就要求幼儿教师根据不同幼儿的需求、以主题为依据为幼儿提供教具。

二、蒙台梭利主题教育活动的目的

(一)改善蒙氏教学重形式而忽略其思想精髓的现状

蒙台梭利教育法引入我国以后，在教育领域产生了很大的影响，尤其在学前教育领域，很快便引起了幼儿园教育的一场革命，这对丰富和改进幼儿教育模式、提高幼儿教育质量有很重要的意义，同时也为我国学前教育注入了新鲜血液。但蒙氏教育在本土化的过程中出现了形式主义的倾向，很多实践者忽略了其思想精髓。比如，蒙氏教具是蒙台梭利教育法中很有特色的一部分，然而在一些幼儿园里，却将蒙台梭利教育简单化，认为只要教室里摆放着蒙台梭利教具就是在实施蒙台梭利教育。这是一个误区，是没有把孩子的发展与有准备的环境有效地结合起来。课程组织的中心环节是儿童，而不是对教具的简单机械的操作。在实践中，要把握好蒙氏课程的实质，即回应学习者，支持他们与环境的相互作用，而不要过分拘泥于形式。

蒙台梭利教育法从 20 世纪 90 年代在中国幼儿教育界开始流行至今，全国已有 300 多个蒙台梭利教室，且仍有增加的趋势[①]。随着经济的不断发展，人们逐渐意识到幼儿教育的重要性，大规模的建园，急需大量高素质的幼儿教师，一些幼儿园招聘了很多没有受过专业训练的人来当幼儿教师，导致很大程度上影响了教学质量，也耽误了幼儿身心全面健康发展。这样的教师即使受过专门的培训，也很难将蒙氏教育思想真正贯彻和落实，因为他们在实际工作中存在着“不求甚解”“囫囵吞枣”的现象。更有甚者则只是盲目、机械地套用蒙台梭利教育法的模式，却没有真正去研究其教育思想的精髓。这就导致了蒙氏教室的开设失去了它应有的意义。

(二)探索适合中国国情的蒙台梭利教育组织形式

2001年颁布的《幼儿园教育指导纲要(试行)》指导我国幼儿园深入开展素质教育，2012年颁布的《3～6岁儿童学习与发展指南》推动了新一轮的幼教改革，更加强调科学保教。蒙台梭利教育是幼儿园教育的一种教学模式，作为“舶来品”，怎样调整才能使其在中国新时期的幼儿教育土壤中生根、发芽、茁壮成长，需要形式的灵活转变，需要内容的融合、整合；既要保持蒙台梭利教育模式的原有精华，又要结合中国当前幼儿教育的需求和改革方向。可以说，蒙台梭利主题教育活动就是弥补蒙氏预成性教学较多、生成性较少，或现成性较多、创造性较少问题的一种活动模式。蒙氏主题教育活动的积极开展会成为幼儿园蒙氏教育科学发展的必要条件和有效途径。

任务二　蒙台梭利主题教育活动的设计、组织与实施

一、蒙台梭利主题教育活动的设计

(一)利用蒙台梭利教育中有准备的环境来开展主题教育活动

蒙台梭利非常强调环境在儿童心理发展中所起的重要作用，幼儿的发展就是与有准备的环境相互作用的结果，环境是蒙台梭利教育的核心。在蒙台梭利教育中，教师的任务就是为幼儿创设有准备的、适宜的、良好的环境，支持幼儿的探索和学习。这些环境是综合性的，有室内和室外的，有幼儿和成人的，有精神和物质的，蒙台梭利教育可操作性的环境为主题活动的开展提供了良好的氛围，能为主题活动提供自主发展的空间。

主题教育活动的来源一般有两个途径：教师根据幼儿现阶段的发展情况来确定主题，然后引导幼儿进入主题活动，这属于计划性主题；教师根据幼儿的兴趣点生成的主题，是非计划性主题。幼儿的兴趣点更容易通过操作蒙台梭利学具而激发出来，即使是计划

① 霍力岩．中国应怎样借鉴“蒙台梭利”[J]．学前教育研究，2001(1)．

性主题，只要有可操作性的学具，也能够增强幼儿对活动的兴趣。例如：感官领域的建构三角形盒，通过展示工作，幼儿对图形产生了浓厚的兴趣，每天都抢着操作，有时还相互比赛拼各种造型。于是，教师抓住幼儿对图形感兴趣的教育契机，开展了以蒙台梭利教具操作为基础的认识图形的主题教育活动“图形变变变”。通过教师的探索和尝试，我们发现，蒙特梭利工作中生成的主题活动比其他主题活动更容易吸引幼儿。

(二)在各个区域中渗透主题教育活动的内容

蒙台梭利教育包括多个区域的工作：日常生活练习区、感官区、数学区、科学文化区、语言区，其中，也包括丰富的可操作的学具。我们可以根据主题的内容，充分利用学具的功能和教育价值，将主题教育活动的内容有机地渗透其中。特别是主题内容的预习、巩固和迁移，促使蒙台梭利区域活动和集体活动有机结合在一起，充分发挥了蒙台梭利区域活动和集体教育活动各自不同的教育功能。

(三)在各个区域中，根据幼儿的兴趣随机生成主题教育活动

幼儿在自发、自主操作学具的过程中，更容易显露出其兴趣点，教师可根据幼儿的兴趣确定主题的内容。对幼儿不感兴趣的内容，教师不应强迫幼儿接受，而应灵活取消原定计划，寻找与蒙台梭利教育的结合点。

(四)利用蒙台梭利多样的教具来丰富主题

蒙台梭利教具非常丰富，教师只要善于利用，主题活动的素材有很大选择的空间。如“图形变变变”主题，感官区的构成三角形、几何立体组、几何图形橱都是非常好的教具和材料。此外，教师还可以根据蒙台梭利教具的创设规律，自制更多的学具和材料。

(五)将蒙台梭利工作渗透到主题教育活动中

教师可在经典阅读、主题课、线上游戏、走线、工作展示等活动中，渗透主题内容。某些主题教育活动内容可以随机融入到蒙台梭利教育活动中。如主题活动“植物大观园”，教师要进行闻花香的安全教育，就可以利用蒙台梭利活动中的嗅觉瓶进行“如何闻花香”的教学铺垫。

二、蒙台梭利主题教育活动的组织与实施案例

案例一：我上幼儿园了

时间：秋季　　年龄：蒙氏小班①				
主题：我上幼儿园了				
领域	个体自主操作活动	小组活动	集体活动	生活渗透
日常生活	目标：锻炼幼儿双手协调性，学习照顾自己、照顾新朋友			
	练习穿脱鞋子、袜子	系扣子比赛	自我介绍	互相帮助穿脱衣服等
感官	目标：通过观察了解新朋友			
	玩具配对	插座圆柱体(一)	套娃套筒排序	一起游戏
数学	目标：生活中感受数概念			
			你有几个好朋友	寻找生活中的数字
语言	目标：鼓励幼儿愿意用语言与人进行交流，喜欢应答			
	绘本阅读：好朋友	儿歌：小朋友爱上幼儿园	自我介绍	对自己的好朋友说悄悄话
科学文化	目标：感知和认识自己的成长过程			
	和爸爸妈妈整理、制作自己的脚印成长三步卡，排序	向好朋友讲述自己的成长故事	说说朋友的名字和故事	认识自己、了解朋友
艺术	目标：用画五官的方式表现对朋友、老师和幼儿园的了解；体验节奏，能边打节奏边介绍自己			
	绘画：好朋友的脸	歌曲：头发、肩膀、膝盖、脚	为好朋友制作贺卡	和好朋友一起唱歌、跳舞、画画
体育	目标：学习在垫子上左右翻滚			
	玩滑梯	小鸡小鸭运玩具	一网不捞鱼	能自己上下楼梯

案例二：月亮的变化

时间：依教学进度而定　　年龄：蒙氏小班				
主题：月亮的变化				
领域	个体自主操作活动	小组活动	集体活动	生活渗透
日常生活	目标：能用自己的方法展示月亮不同时期的变化特征			
	缝的工作：月亮形状	剪的工作：月亮形状	制作月饼	制作月亮变化的三步卡
感官	目标：根据月亮的变化规律发现大小、形状变化特征			
	几何图形橱第一层：圆形名称练习	制作月亮变化形式卡	月亮形式卡接龙	观察月亮的阴晴圆缺

① 此处蒙氏小班是指新成立的蒙氏班。

续表

数学	目标：认识圆形，能按不同特征排序			
	找出和圆形相似的数字	圆形排序	拓印圆形嵌板	观察哪个阶段的月亮是圆形
语言	目标：能有意识地倾听他人讲话，并乐于与人交谈			
	绘本阅读：月亮姐姐	古诗：静夜思	故事：姥姥家的月亮	描述月亮的变化
科学文化	目标：通过观察月亮的变化，萌发对星球及科学知识的兴趣			
	绘本：月亮上有什么	绘制月亮变化的周期图	视频欣赏：神奇的月球	参观科技馆
艺术	目标：根据月亮变化，学习画弧线，学习团纸			
	画、撕月亮并涂色	泥工：圆圆的月饼	夜空闪闪：在黑色纸上粘贴月亮、星星的图片	奥尔夫游戏：月亮上的小火车
体育	目标：椭圆形轮胎转动能保持平衡			
	走圆形迷宫	圆圈游戏	钻山洞	转圈练习

案例三：中秋节

围绕中秋节的主题开展相关语言活动、音乐活动、美术活动与科学文化活动。

语言活动：

熟读儿歌《中秋夜》，诵读古诗《月下独酌》，分享阅读《中秋夜》，进行中秋节语言游戏活动。利用砂纸字母板进行拼写活动，如拼出“中秋节”三个字的拼音。培养幼儿的阅读兴趣，提高幼儿阅读能力与初步的书写能力。

中秋夜

天上月亮圆又圆，
盘中月饼甜又甜，
全家围着月亮坐，
高高兴兴庆团圆。

音乐活动：

欣赏歌曲《爷爷为我打月饼》，初步理解、感受歌曲的内容和所表达的情感。要求幼儿尝试用声音、动作等方式表达自己对歌曲的理解。

爷爷为我打月饼

八月十五月儿明呀，爷爷为我打月饼呀。月饼圆圆甜又香啊，一块月饼一片情啊。

爷爷是个老红军哪，爷爷待我亲又亲哪。我为爷爷唱歌谣啊，献给爷爷一片心哪。

美术活动：

用橡皮泥制作月饼，让幼儿尝试用团圆、压扁的方法制作“月饼”，并用辅助材料印出花纹。首先，教师由故事导入，引起幼儿制作“月饼”的兴趣。“我们都见过月饼，谁来说说月饼是什么样子的？是怎么做出来的?”再让幼儿认真观察老师怎么做“月饼”，了解材料的使用方法和制作过程。之后，幼儿自己尝试做“月饼”，欣赏自己制作的“月饼”，体验成功的快乐。最后，把做好的“月饼”，放到区角商店进行“出售”。

科学文化活动：

了解中秋节的来历和有关习俗，感受节日的欢乐气氛，知道中秋节是中国的传统节日，邀请家长参加中秋节活动。

评析：

该主题教育活动打破了蒙氏教学只是单纯操作教具的局限。突出中国本土文化特色，通过幼儿的亲身体验，让其了解中国的传统节日，感知中国的文化底蕴。

由以上蒙台梭利主题活动的案例可以发现，主题活动不仅可以丰富和充实幼儿的实践与体验，还能统整相关知识与经验，使幼儿认知体系化；不仅可以汲取蒙氏教具操作的营养，还能与本土教育形式、特点相结合，使蒙氏教育本土化。

实训经验分享

学生实习期间参与编写的蒙氏教学计划

非主题教育操作活动周教学计划表(一)

年龄：小班

<table>
<tr><th>月份
课时</th><th>3月</th><th>4月</th><th>5月</th><th>6月</th></tr>
<tr><td rowspan="2">第一周</td><td>认识自己的名字</td><td rowspan="2">声　筒</td><td>大套盒</td><td>相　关
事物卡</td></tr>
<tr><td>色板 1/2</td><td>物品分类</td><td>星　期
的认识</td></tr>
<tr><td rowspan="2">第二周</td><td rowspan="2">插　座
圆柱体</td><td>温觉板</td><td rowspan="2">红　棒</td><td rowspan="2">数　字
与印章</td></tr>
<tr><td>认识天气</td></tr>
<tr><td rowspan="2">第三周</td><td>配　对</td><td rowspan="2">纺锤棒</td><td rowspan="2">彩　色
圆柱体</td><td rowspan="2">数字嵌板</td></tr>
<tr><td>方向的
认　识</td></tr>
<tr><td>第四周</td><td>砂纸数字板</td><td>彩　色
圆柱体</td><td>小熊穿衣</td><td>汉　字
配对卡</td></tr>
</table>

注：各班可根据实际情况作相应的调整。

非主题教育操作活动周教学计划表(二)

年龄：中班

<table>
<tr><th>月份
课时</th><th>3月</th><th>4月</th><th>5月</th><th>6月</th></tr>
<tr><td rowspan="2">第一周</td><td>圆柱体组合</td><td>分数小人</td><td>数字卡片1～100</td><td rowspan="2">量与数字卡片</td></tr>
<tr><td>构成三角形1</td><td>数字卷(1～20)</td><td>家庭成员年龄的统计</td></tr>
<tr><td rowspan="2">第二周</td><td rowspan="2">几何形体1</td><td rowspan="2">塞根板Ⅱ</td><td>塞根板与金色串珠</td><td rowspan="2">构成三角形3</td></tr>
<tr><td>字母嵌板</td></tr>
<tr><td rowspan="2">第三周</td><td>相对词卡</td><td rowspan="2">立体几何2</td><td rowspan="2">构成三角形2</td><td rowspan="2">分数卡</td></tr>
<tr><td>认识整点</td></tr>
<tr><td rowspan="2">第四周</td><td rowspan="2">二倍体</td><td>生日的统计</td><td rowspan="2">交换的游戏</td><td rowspan="2">排图讲述</td></tr>
<tr><td>叠叠高盒</td></tr>
</table>

注：各班可根据实际情况作相应的调整。

非主题教育操作活动周教学计划表(三)

年龄：大班

<table>
<tr><th>月份
课时</th><th>9月</th><th>10月</th><th>11月</th><th>12月</th></tr>
<tr><td rowspan="2">第一周</td><td>塞根板</td><td rowspan="2">几何形体的分解</td><td rowspan="2">乘法板</td><td rowspan="2">邮票游戏减法</td></tr>
<tr><td>100板</td></tr>
<tr><td rowspan="2">第二周</td><td>数字</td><td>金色串珠组加法</td><td rowspan="2">彩色串珠简便运算</td><td rowspan="2">除法板</td></tr>
<tr><td>扑克游戏(10的加法)</td><td>扑克游戏(和是两位数)</td></tr>
<tr><td rowspan="2">第三周</td><td>加法口诀表</td><td>填空心算板</td><td>地图嵌板</td><td rowspan="2">邮票游戏除法</td></tr>
<tr><td>色板3</td><td>加法的记录</td><td>加法记忆练习</td></tr>
<tr><td>第四周</td><td>金色串珠组加法</td><td>邮票游戏加法</td><td>金色串珠组减法</td><td>认识国旗</td></tr>
</table>

注：各班可根据班级情况作相应的调整。

项目回顾

内容	掌握等级
蒙台梭利主题教育活动的含义	☆☆☆☆
蒙台梭利主题教育活动的特点	☆☆☆☆
蒙台梭利主题教育活动的设计、组织与实施	☆☆☆☆☆

思考与练习

1. 什么是蒙台梭利主题教育活动?

2. 蒙台梭利主题教育活动具有哪些特征?

3. 以学习小组为单位，设计一个蒙台梭利主题教育活动。

4. 根据实训资源分享部分提供的非主题教育活动计划，比较蒙台梭利主题教育活动与非主题教育活动的区别与联系。

学习自评卡

请同学根据实际掌握情况填写下表。

<table>
<tr><th rowspan="2">所属内容</th><th colspan="2">掌握程度</th><th rowspan="2">分享与总结</th></tr>
<tr><th>能掌握并运用的部分</th><th>能理解并识记的部分</th></tr>
<tr><td>蒙台梭利主题教育活动的含义</td><td></td><td></td><td></td></tr>
<tr><td>蒙台梭利主题教育活动的设计、组织与实施</td><td></td><td></td><td></td></tr>
</table>

视频索引

1. 秩序敏感期 …… 14
2. 故事分享：永不放弃的小蜗牛 …… 57
3. 五指抓 …… 71
4. 三指捏木桩 …… 72
5. 二指捏硬币 …… 73
6. 一指按 …… 74
7. 舀的工作 …… 75
8. 夹的工作 …… 76
9. 扫的工作 …… 78
10. 衣饰框——拉链 …… 88
11. 衣饰框——纽扣 …… 89
12. 衣饰框——蝴蝶结 …… 94
13. 插座圆柱体——配对 …… 105
14. 插座圆柱体——排序 …… 107
15. 插座圆柱体——名称练习 …… 108
16. 插座圆柱体——指示棒的工作 …… 109
17. 粉红塔——垂直积塔 …… 112
18. 粉红塔——名称练习 …… 113
19. 粉红塔——记忆练习 …… 115
20. 棕色梯——水平排序 …… 117

21. 棕色梯——名称练习 …… 118
22. 红棒——长短排序 …… 121
23. 彩色圆柱体——排序 …… 125
24. 色板第一盒名称练习 …… 130
25. 色板第二盒名称练习 …… 131
26. 色板第三盒名称练习 …… 132
27. 几何图形示范屉的名称练习 …… 134
28. 建构三角形——长方形盒Ⅰ …… 138
29. 建构三角形——长方形盒Ⅱ …… 139
30. 建构三角形——三角形盒 …… 140
31. 建构三角形——大六边形盒 …… 141
32. 建构三角形——小六边形盒 …… 142
33. 几何立体组 …… 144
34. 二项式 …… 149
35. 数棒——名称练习 …… 167
36. 纺锤棒与纺锤棒箱 …… 172
37. 数字与筹码 …… 174
38. 彩色串珠梯 …… 176
39. 金色串珠的命名 …… 178
40. 数字卡片的命名 …… 179
41. 9的危机 …… 181
42. 加法板 …… 204
43. 除法板 …… 207
44. 任意数的蛇形加法 …… 209
45. 铁质嵌板 …… 228
46. 脊椎动物——鱼的嵌板 …… 248
47. 小馋虫吃馒头 …… 275
48. 动物游戏 …… 277

参考文献

1. [意]玛丽亚·蒙台梭利. 蒙台梭利儿童教育手册[M]. 肖咏捷，译. 北京：中国发展出版社，2006.

2. [意]玛丽亚·蒙台梭利. 蒙台梭利早期教育法[M]. 祝东平，译. 北京：中国发展出版社，2006.

3. [意]玛丽亚·蒙台梭利. 童年的秘密[M]. 金晶，孔伟，译. 北京：中国发展出版社，2006.

4. [意]玛丽亚·蒙台梭利. 有吸收力的心灵[M]. 高潮，薛杰，译. 北京：中国发展出版社，2006.

5. 任代文，主译校. 蒙台梭利幼儿教育科学方法[M]. 北京：人民教育出版社，2001.

6. 崔国华. 蒙台梭利教育实践攻略[M]. 北京：九州出版社，2010.

7. 殷红博. 婴儿数学潜能开发[M]. 北京：中国戏剧出版社，2000.

8. 好妈咪. 3岁方案[M]. 赤峰：内蒙古科学技术出版社，2006.

9. 李淑娟. 0～3岁婴幼儿早教必读[M]. 北京：中国纺织出版社，2012.

10. 梁志燊. 蒙台梭利教育在幼儿园中的成功运用[M]. 上海：上海第二军医大学出版社，2004.

11. 梁志燊等. 蒙台梭利主题活动课程[M]. 北京：中国档案出版社，2005.

12. 卢乐山. 蒙台梭利的幼儿教育[M]. 北京：北京师范大学出版社，1985.

13. 晨曦. 4～6岁幼儿的智力潜能开发[M]. 合肥：安徽人民出版社，2002.

14. 丁海东. 学前游戏论[M]. 大连：辽宁师范大学出版社，2003.

15. 吴晓丹. 蒙台梭利教育思想与方法[M]. 上海：复旦大学出版社，2013.

16. 段云波，林丽，王玉廷等. 蒙台梭利日常生活教育及教具操作手册[M]. 温哥华：北美教育大学联合体教育出版社，2006.

17. 段云波，林丽，曲小溪等. 蒙台梭利标准教具与制作[M]. 温哥华：北美教育大学联合体教育出版社，2006.

18. 段云波，何胜美，周晓兰. 蒙台梭利幼儿数学操作手册[M]. 长春：北方妇女儿童出版社，2010.

19. 段云波，林丽，齐平等. 蒙台梭利幼儿语言操作手册[M]. 长春：北方妇女儿童出版社，2011.

20. 钟向春，林丽，曲小溪等. 蒙台梭利感觉教育[M]. 长春：北方妇女儿童出版社，2011.

21. 段云波，林丽，隋家忠等. 蒙台梭利科学文化教育[M]. 济南：山东教育出版社，2008.

22. 段云波，林丽，兰小茹等. 蒙台梭利和平教育[M]. 长春：北方妇女儿童出版社，2010.

23. 中国蒙台梭利协会. 蒙台梭利幼儿实用成长宝典[M]. 哈尔滨：哈尔滨出版社，2009.

24. 段云波，张琨，林丽等. 蒙台梭利幼儿家庭教育法[M]. 济南：山东教育出版社，2006.

25. 李生兰. 幼儿园与家庭、社区合作共育的研究[M]. 上海：华东师范大学出版社，2003.

26. 段锦丝. 蒙台梭利游戏思想研究——基于对《蒙台梭利幼儿教育科学方法》的文本解读[D]. 西南大学硕士学位论文，2010.

27. 高展鹏. 蒙台梭利教师教育[D]. 福建师范大学硕士学位论文，2009.

28. 陈惠虹. 论蒙台梭利体系之感觉教育[D]. 华东师范大学博士学位论文，2006.

29. 官晓清. 蒙台梭利教具及其使用方法研究[D]. 福建师范大学硕士学位论文，2010.

30. 米勒. 谈蒙台梭利教育原则及运用[J]. 早期教育，2007(10).

31. 李颖，赵海燕. 蒙台梭利教育中的混龄教育[J]. 淄博师专学报，2008(2).

32. 王方. 科学运用蒙台梭利早期教育思想[J]. 阜阳师范学院学报(社会科学版)，2010(6).

33. 李雪娇. 蒙台梭利教育对实施主题教育活动的作用初探[J]. 课程教材教学研究，2009(1).

34. 刘兆洪. 自制蒙台梭利教具的探索与实践[J]. 校园英语，2014(4).

35. 裴嵘军，原朝霞. 浅谈如何学习蒙台梭利的早期教育思想[J]. 太原教育学院学报，2004(9).

教学资源获取说明

尊敬的老师：

欢迎您选用由国家一级出版社、全国百佳图书出版单位——北京师范大学出版社出版的教材。我们坚持“出版精品教材，全程服务教学”的理念，在开发教材的过程中，配套开发了教学资源，以期为您的教学提供方便。如您希望获取该教学资源，请将“教学资源获取回执表”如实填写好后传真、邮寄或用电子邮件传给北京师范大学出版社，具体联系方式如下。

邮寄地址：北京市西城区新街口外大街 12－3 号北京师范大学出版集团职业教育分社 100088

联系电话：010-58808049

电子信箱：yxq@bnupg. com

教学资源获取回执表

（特别说明：为保证您及时获得教学资源，请您务必如实填写相关信息。）

<table>
<tr><td>教师姓名</td><td></td><td>职称/职务</td><td></td><td>QQ</td><td></td></tr>
<tr><td>联系电话</td><td colspan="2"></td><td>电子信箱</td><td colspan="2"></td></tr>
<tr><td>通信地址</td><td colspan="3"></td><td>邮编</td><td></td></tr>
<tr><td>所在学校</td><td colspan="2"></td><td>任教课程</td><td colspan="2"></td></tr>
<tr><td rowspan="2">选用教材
情　况</td><td>教材名称</td><td colspan="2"></td><td>主　编</td><td></td></tr>
<tr><td>书　　号</td><td colspan="2"></td><td>选用学生
数量</td><td></td></tr>
</table>